KB202718

수 안에서 자녀가 성공하기 원하는 분들의 필독서

자녀들을 성공시키는 하나님

강요셉 지음

이 책을 통해 하나님의 성공 법칙을 깨닫게 될 것이다.

자녀들을 통하여 이땅에 하나님의 나라를 만들어 가신다.
성령으로 인도하면서 강하게 훈련하시고 성공하게 하신다.

자녀들이 성공하는 것은 하나님의 뜻이다.

성령출판사

자녀들을 성공시키는
하나님

성령

들어가는 말

하나님은 사랑의 하나님이십니다. 하나님은 예수를 믿는 모든 하나님의 자녀들이 세상에서 성공하기를 소원하고 계십니다. 예수를 믿는 자녀들이 잘되는 것은 하나님의 뜻입니다. 모든 부모님들 역시 자녀들이 성공하기를 바라고 소원합니다. 분명하게 예수를 영접하여 바른 복음을 듣고, 성령의 인도를 받으면 인생을 성공하게 됩니다. 왜냐하면 하나님이 자녀들을 성공하기를 원하시기 때문입니다. 그런데 실제로는 그렇지 못하는 분들이 있다는 것입니다. 필자는 16년이란 세월동안 말씀과 성령으로 치유사역을 했습니다. 치유사역하면서 깨달은 것은 예수를 믿는 모든 자녀들이 잘되어야 한다는 것입니다. 신구약 말씀을 보면 하나님께 선택받아 훈련을 받은 사람들은 모두 인생을 성공했기 때문입니다. 하나님은 인생을 성공하게 하시되, 성령의 인도를 받으면서 훈련에 통과한 후에 성공하게 하셨다는 것입니다. 하나님은 절대로 훈련에 통과하지 않으면 개인에게 주시고자하는 축복을 풀어놓지 않습니다.

이제 답이 나왔습니다. 예수를 믿어 성령의 인도를 받으며 인생을 성공하려면 하나님께서 원하시는 법칙에 순종해야 하는 것입니다. 이 책에는 하나님께 택함을 받아 성령의 인도를 받으며 인생을 성공하는 영적인 진리가 제시되어 있습니다. 누구나 이 책에 제시되는 영적인 원리대로 적용하여 자녀들을 양육하면 모든 자녀들이 인생에 성공하게 될 것입니다. 자녀들이 세상에서 성공하는 것은 하나님의 뜻이기 때문입니다.

문제는 하나님께서 원하시는 대로 훈련을 받느냐 입니다. 하나님은 하나님과 교통할 수 있는 영적인 수준이 되도록 성령의 인도를 받으면서 훈련하십니다. 훈련하시면서 시험을 거듭하시다가 합격하면 인생을 책임져 주십니다. 그렇기 때문에 하나님의 마음에 합한 사람이 되어 택함을 받아야 한다는 것입니다. 하나님은 택한 사람만을 성령으로 훈련하시기 때문입니다. 이 책을 정독하면 모든 자녀들이 하나님의 택함을 받아 세상에서 성공할 수가 있습니다. 이 책을 통하여 예수를 믿는 모든 자녀들이 하나님께 택함을 받아 인생을 성공하기를 바랍니다.

주후 2015년 1월 10일

충만한 교회 성전에서

저자 강요셉목사.

세부적인목차

1장 자녀가 성공하게 하시는 하나님

(갈3:14)"이는 그리스도 예수 안에서 아브라함의 복이 이방인에게 미치게 하고 또 우리로 하여금 믿음으로 말미암아 성령의 약속을 받게 하려 함이라"

하나님의 소원은 예수를 믿는 자녀들이 세상에서 성공하는 것입니다. 믿음의 자녀들이 모두 성공하는 것이 하나님의 뜻이라는 것입니다. 하나님은 믿음의 자녀들이 아브라함의 복을 받으면서 살아가기를 원하십니다. 또한 모든 부모들의 소원은 자녀들이 성공하는 것입니다. 그런데 문제는 대다수의 부모님들이 어떻게 하면 자녀들이 성공하는지에 대한 확실한 영적인 원리를 이해하지 못하는 경우가 많습니다. 그래서 막연하게 성공하게 해달라고 나약한 기도를 합니다. 얼마 전에 저의 사모가 이렇게 말했습니다. 교회에 다니는 성도들의 자녀들의 앞길이 잘 풀려야 한다는 것입니다. 목사인 저에게 기도를 강하게 하라는 것입니다. 그래서 하나님께 물었습니다. 하나님 어떻게 자녀들의 앞길이 잘 열릴 수가 있겠습니까? 3일을 기도했습니다. 3일을 기도하자 하나님께서 성령으로 응답을 하셨습니다. 하나님께서 이렇게 말씀하셨습니다. '방법은 단 한 가지이다.' '나(하나님)와 동행하는 자녀가 되게 하라.' 어떻게 보면 간단하면서 어려운 방법입니다. 이것은 어려서부터 습관이 되기 전에는 쉽지 않은 방법입니다. 그러나 맞습니다. 자녀들이 어려서부터 하나님과 동행하는 신앙이 되면 자녀들의 앞길을 열리게 되어 있습니다.

자녀들의 신앙이 바르게 정립되어 어려서부터 성령의 인도를 받으며 하나님과 동행하는 신앙이 되도록 훈련하면 성령이 인도하면서 잘 되도록 한다는 것입니다. 다시 기도를 했습니다. 어떻게 하면 성령의 인도를 받으며 하나님과 동행하는 자녀들이 되게 할 수 있습니까? 그러니까, 아브라함의 신앙을 본받게 하면 된다는 것입니다. 아브라함을 하나님께서 동행하면서 복을 받게 했다는 것입니다. 그래서 이 책의 제목을 "자녀들을 성공시키는 하나님"이라고 정하고 책을 집필하게 된 것입니다. 자녀들이 아브라함의 복을 받아 성공하게 하려면 어떻게 해야 할까요? 부모님들의 신앙을 재정비해야 합니다.

첫째, 부모님들의 마음의 생각을 정비해야만 하는 것입니다. 하나님은 우리들의 생각을 통해서 역사하시는 것입니다. 하나님은 우리들의 생각을 통해서 역사하십니다. 우리 몸은 하나님의 성령이 거하시는 성전이라고 말했는데 예수 믿으면 하나님의 성령이 우리 영속에 와서 거하십니다. 그러나 성령이 거하는 영이 지성소라면 우리 마음은 성소요 우리 몸은 성전 뜰입니다. 하나님의 성령은 우리의 영에서 역사하여, 마음을 경유해서, 우리의 육체를 뚫고 나타나는 것입니다. 이렇기 때문에 아무리 성령이 우리에게 충만해도 우리 마음이 정비돼 있지 못하면 하나님께서 나타날 수가 없는 것입니다.

　성경에는 "지킬만한 것보다 네 마음을 지켜라 생명의 근원이 이에서 남이라고" 말씀하셨으며 우리의 온갖 구하는 것이나 생각하는 것에 넘치도록 능히 하시는 하나님이라고 말씀하시고 있는 것입니다. 그러므로 우리의 생각을 자신 안에 계신 하나님과의 관계를 여는 신앙으로 정비해야 합니다. 그러면 생각을 어떻게 정비할까요? 우리는 먼저 보이는 성전 중심 신앙생활의 생각을 바꾸어야 합니다. 보이는 성전(유형교회)에 50% 관심을 두고, 마음 성전(무형교회)이 잘되는 일에 50% 관심을 두어야 합니다. 마음 성전이 잘되기 위하여 보이는 교회에 나가는 것입니다.

　저는 성령치유 사역을 16년간 했습니다. 많은 부모님들이 자녀들의 문제로 상담을 합니다. 대다수의 부모님들이 생각이 이렇습니다. 어려서 교회에 잘나가면 신앙이 된 것으로 착각을 합니다. 찬송 부르고 예배드리고 성경을 읽으면 믿음이 된 것으로 생각을 합니다. 무조건 교회에 잘 나가면 된다는 사고입니다.

　그런데 문제는 아이의 내면(무의식과 잠재의식)에 있다는 것입니다. 아이들의 내면의 문제는 성령의 역사가 있어야 치유되고 변화됩니다. 내면이 치유되어야 한다는 것입니다. 내면의 치유는 성령으로 세례받아야 치유되기 시작을 합니다. 영의 눈이 열리지 않았으니 내면의 세계를 이해하지 못합니다. 또 다른 이유는 세상에서 샤머니즘적인 신앙생활을 하여 교회에 가서 하나님의 섬기는 신앙의 사고가 고정되어 있다는 것입니다.

교회에 열심히 가서 하나님을 잘 섬기면 믿음이 좋은 것으로 믿어버립니다. 그래서 자신 안에 계신 하나님과 교통하는 신앙생활을 이해하지 못하는 것입니다. 이렇게 신앙생활을 하다가 보니 자신 안에 계신 하나님과 교통하지 못하는 것입니다. 보이는 성전중심의 신앙생활을 하게 됨으로 자신의 내면에 관심을 갖지 못합니다. 문제도 자신의 내면에 있고, 하나님도 자신의 내면에 임재하여 계십니다. 그런데 자신의 내면에 관심을 갖지 않는 것입니다. 우리가 바르게 알아야 할 것은 내면에 잠재하여 있는 문제는 교회에 나가서 예배드리는 것으로 해결되지 못합니다. 반드시 성령으로 세례를 받고 내면을 치유하여 성령으로 충만해야 합니다. 문제의 뒤에는 사람의 힘보다 강한 귀신이 역사하기 때문입니다.

자녀들의 사고를 바꾸어야 합니다. 성령으로 충만하지 않으면 언제든지 귀신이 침입할 수 있다고 믿게 해야 합니다. 자신의 하나님과 멀어져 육체가 되면 하시라도 귀신이 침입한 다는 것을 알고 체험하게 해야 합니다. 이를 방지하기 위하여 성령의 인도를 받으며 하나님과 동행하며 친하게 지내는 습관이 되게 해야 합니다. 어려서 영적으로 바뀌도록 치유해야 합니다. 자신 안에 역사하는 귀신은 교회에 다닌다고 떠나가지 않습니다.

제가 매주 토요일 날 하는 집중 치유할 때 어떤 분은 우리나라에서 성령의 역사가 가장 강하게 일어난다고 하는 교회를 십년이상 다녔는데도 귀신이 떠나가지를 않았다는 것입니다. 그래서 집중치유를 하니 2시간 15분 만에 혀를 10센티나 내밀면서 떠나가는 것입니다. 이렇게 성령이 충만한 교회에 십년을 다녀도 귀신이 나가지 않습니다. 그렇게 잠재하여 있는 귀신은 나이가 들면 치유하는데 시간도 많이 걸리고 치유받기도 힘이 듭니다. 대다수의 부모님들이 자녀들의 내면을 성령으로 치유하지 못하여 자녀들의 인생을 망가지게 하는 경우가 있습니다. 자녀들의 내면에 잠재하여 있는 문제는 나아가 들어가면서 더 강해집니다. 한 살이라도 덜 먹어서 치유하는 것이 좋습니다. 자녀들의 내면에 있는 문제는 자녀들의 믿음이 자라지 못하도록 방해합니다. 성령의 인도를 받는 것도 방해합니다. 하나님의 음성을 듣지 못하게 합니다. 어려서 치유하여 성령의 인도를 받으며 내면에 계신 하나님을 무시로 찾는 신앙으로 바뀌어야 합니다.

우리 자녀들의 신앙은 부모님들의 신앙을 따라가게 되어 있습니다. 저는 개인적으로 이런 생각을 하고 있습니다. 과거 우리 부모님들의 신앙이 복음 중심이 되지 못했다는 것입니다. 지금 교회의 지도자들이 영적으로 병든 자들에게나 육적으로 병든 자들에게 더욱 기도하고 헌신하라는 말만 되풀이 합니다. 무조건 기도하고 열심히 하면 영육의 문제가 해결이 된다고 합니다. 예수님이 주신 초자연적인 권능은 뒷전으로 하고, 행위와 보이는 열심히 문제를 해결하려고 합니다. 이렇게 알고 문제를 해결하기 위하여 성전에 가서 살다시피 하면서 기도합니다. 물질을 드리기도 합니다. 그러나 문제가 해결이 되지 않습니다.

이를 보면서 자란 자녀들이 교회를 좋은 인식을 가지고 바라보지 않게 되었다는 것입니다. 교회를 더 멀리하는 핑계를 만들었다는 것입니다. 우리 어머니, 아버지가 교회에 살다시피 하면서 기도하고 봉사하고 헌금했는데 변한 것이 무엇인가, 의구심을 갖는 자녀들도 있습니다. 이렇게 만든 것은 부모님들이 기독교 복음을 바르게 알지 못한 결과라는 것입니다. 기독교 복음은 말씀과 성령으로 자신이 변하는 것입니다. 하나님께서 부여한 권능을 사용하여 문제를 풀어가야 합니다. 그런데 하나님께서 해주시기를 바라면서 기도하고 봉사했다는 것입니다. 이는 세상에서 하던 샤머니즘의 신앙의 잔재를 버리지 못한 연고입니다. 샤머니즘의 신앙이 자신이 숭배하는 신을 섬겨서 신이 문제를 해결해주기를 바라는 것입니다. 그런데 복음은 그렇지 못합니다. 자신이 말씀과 성령으로 변하면서 하나님께서 부여한 권능을 사용할 때 문제가 해결이 되는 것입니다. 하나님은 분명하게 마가복음 16장 17-18절에서 "믿는 자들에게는 이런 표적이 따르리니 곧 그들이 내 이름으로 귀신을 쫓아내며 새 방언을 말하며, 뱀을 집어 올리며 무슨 독을 마실지라도 해를 받지 아니하며 병든 사람에게 손을 얹은즉 나으리라 하시더라" 말씀하셨습니다. 하나님의 말씀대로 하지 않고 하나님께서 문제를 해결하여 주실 것으로 믿고 기도하고 봉사하고 헌금을 한 것입니다. 근본이 방향이 잘못된 것입니다. 우리 자녀들에게 의식을 바꿔주어야 합니다.

예수를 믿었으면 교회에 가서 기도하면서 성령으로 세례를 받고, 자신의 무의식과 잠재의식에 있는 상처를 치유하고, 잘못된 자아를 말씀과 성령으로 부수고, 혈통에 역사하는 귀신들을 떠나보내야 한다는 것을 알고 체험하게 해야 합니다. 성령의 인도를 받으면서 하나님께서 자신에게 부여한 권능을 사용하는 하나님의 군사가 되도록 인도해야 합니다. 세상을 살아가면서 하나님과 동행하는 신앙이 되도록 인도해야 합니다. 그래야 자녀들이 세상을 살아가면서 아브라함의 복을 받을 수가 있습니다.

둘째, 부모님들이 꿈을 마음속에 품고 살아야만 됩니다. 자신이 꿈을 품으면 꿈이 자신을 만들어 가는 것입니다. 왜냐하면 성령께서는 바로 우리에게 꿈을 주시는 분이신 것입니다. 말세에 모든 육체에게 성령을 부어주노니 너희 젊은이들은 환상을 보고 늙은이들은 꿈을 꾸리라고 말한 것입니다. 그러므로 꿈이 없고 환상이 없는 백성은 하나님께로부터 버림받은 백성이요 폐인이 되는 것입니다. 언제나 창조적이고 생산적인 꿈을 마음속에 품을 줄 알아야 되는 것입니다. 왜냐하면 꿈과 환상을 통해서 영이신 하나님과 동행할 수 있는 것입니다.

성경은 로마서 4장 17절에 "하나님은 죽은 자를 살리시며 없는 것을 있는 것 같이 부르시는 하나님이라고 말씀하신 것입니다." 없는 것을 어떻게 있는 것처럼 부를 수 있어요? 이것은 오직 우리가 꿈을 통해서 믿음으로 환상을 그려 볼 수밖에 없는 것입니다. 꿈과 환상이 아니고는 없는 것을 있는 것처럼 생각하고 말할 수가 없습니다. 그렇기 때문에 하나님과 동행하려면 우리는 시공을 초월해서 없는 것을 있는 것 같이 꿈을 꾸어보며 환상을 그려보는 길밖에는 없는 것입니다.

성경에는 "무엇이든지 기도하고 구한 것은 받은 줄로 믿으라. 그리하면 그대로 되리라"고 했는데 기도하여 구하여서 아직 없는데도 받은 줄로 믿으라고 했는데 어떻게 받은 줄로 믿습니까? 내가 꽃을 달라고 기도했는데 아직 꽃이 없는 데도 불구하고 꽃이 있는 줄로 믿으라고 하는데 이것은 없는 꽃을 있는 것처럼 우리의 마음속에 환상을 그려보라는 것입니다.

우리가 그 꽃을 꿈속에 받아들이라는 것입니다. 이러므로 꿈과 환상을 통해서만이 우리는 하나님과 동행할 수가 있는 것입니다. 그렇기 때문에 꿈이 없는 백성은 망한다고 한 것입니다. 꿈이 없으면 하나님이 동행할 수 없고 하나님이 같이 하지 않는 백성은 결국 파멸해 버리고 말 것이기 때문인 것입니다.

꿈은 믿음의 어머니인 것입니다. 성경은 말하기를 믿음은 바라는 것들의 실상이라고 말했는데 바라는 것이 뭡니까? 바라는 것은 바로 꿈입니다. 자녀들이 아브라함의 복을 받으며 살아가기를 바랍니까? 그것은 자녀들이 아브라함의 복을 받고 살아가는 것을 꿈꾸고 있는 것입니다. 자식들이 공부 잘하기를 바랍니까? 자식들이 성공하기를 바랍니까? 자식들이 공부 잘하고 성공하기를 꿈꾸고 있는 것입니다. 건강하며 장수하기를 바랍니까? 그러면 건강하며 장수하는 것을 꿈꾸게 됩니다.

바란다는 것은 즉 마음속에 소원을 가지고 꿈과 환상을 가지고 있다는 것입니다. 그러므로 믿음이란 것은 바라는 것들의 실상이라 바라는 꿈과 환상이 있어야 믿음이 실상이 되는 것입니다. 우리가 아무리 '믿습니다'고 고함쳐도 마음속에 꿈과 환상이 없으면 믿음은 아무 소용이 없는 것입니다. 그렇기 때문에 하나님께서는 아브라함에게 동서남북을 바라보라고 했었습니다. 그가 무일푼으로 애굽에 내려가서 고생을 하고 난 다음 애굽에서 올라 왔었을 때, 하나님께서 가나안 땅에 올라온 아브라함에게 '너는 눈을 들러 동서남북을 바라보라 네 눈으로 보이는 그 땅을 너와 네 자손에게 영원히 주리라'고 말씀한 것입니다.

눈으로 바라봄으로 말미암아 그 마음속에 환상을 가질 수가 있었습니다. 그러자 그는 믿을 수가 있었고 그리고 믿음을 통하여 그 땅을 얻을 수가 있은 것입니다. 아브라함의 나이 백 살이 되고 그 아내 사라의 나이 구십 살이 되었었습니다. 인간적인 생각으로 자식을 나을 수 있는 가능성은 추호도 없었습니다. 그럼에도 불구하고 그들은 자식 갖기를 원했었으나 마음속에 전혀 신념이 없었습니다. 그럴 때 하나님께서 아브라함에게 밤중에 나와서 하늘을 쳐다보고 별들을 헤아리게 한 것입니다. 별들을 헤아리고 헤아려서 별들이 마음에 가득해지자 하나님께서 말씀하기를 네 후손이 저 별들처럼 많으리라고 말했었습니다. 그래서 별들을 헤아림을 통해서 아브라함의 마음속에 꿈을 심어준 것입니다.

그는 그때로부터 시작해서 그 자손이 하늘에 별들처럼 많을 것을 꿈꾸어보자 그것을 바라자 그 바람이 믿음으로 변화된 것입니다. 그래서 그 꿈이 믿음을 산출하여 아브라함은 믿었고, 그 아내 사라도 믿었었습니다. 그 결과 일 년이 지나서 이삭이라는 아름다운 아들을 낳는 기적을 체험하게 된 것입니다.

이처럼 분명한 목표를 설정하고 꿈을 그리며, 동서남북을 바라보고 나아갈 때, 하나님께서 믿음을 허락하시며 기적을 창조해 주실 것입니다. 꿈이 없이 인생을 살지 마십시오. 부모님이 먼저 하나님 앞에서 꿈을 가슴에 품고 살아가십시오. 자녀들에게 꿈을 가슴에 품고 살아가게 하십시오. 그런 꿈이 부모와 자녀에게 기적을 산출해 주실 것입니다. 하나님은 꿈을 품고 살아가는 성도와 동행하십니다.

셋째, 부모님들이 하나님의 말씀에 귀를 기울이며 살아야 합니다. 성경에는 "믿음은 들음에서 나며 들음은 그리스도의 말씀으로 말미암는다고" 말하고 있는 것입니다. 이 성경 말씀은 과거에 기록된 책입니다. 이 성경에 말씀은 하나님께서 선지자들과 제사장들과 왕들과 여러 사람을 통해서 기록해서 완성된 책인 것입니다. 이 성경을 읽으면 하나님께서 과거에 어떻게 역사하셨는가를 우리에게 소상하게 보여 주고 있는 것입니다. 우리는 현재에 살고 있는 것입니다. 그러면 현재에 이 말씀을 어디에서 얻을까요? 과거에 역사하시는 하나님의 기록을 우리가 읽을 때 하나님의 성령께서 그 말씀을 가지고 갑자기 우리 마음 축에 부딪혀 옵니다.

이 성경을 읽을 때 이 성경말씀이 현재에 살아서 내 마음속에 부딪히는 음성으로 들려올 때 하나님은 그 말씀을 통해서 지금 자신에게 말씀하고 있는 것입니다. 과거에 기록한 성경말씀은 헬라어로 로고스라고 말합니다. 그러나 현재에 마음에 부딪혀 오는 하나님의 말씀은 헬라어로 레마라고 말합니다. 이 로고스가 우리가 하나님 앞에서 말씀을 읽을 때 성령으로 말미암아 내 마음속에 부딪혀 들어오는 말씀이 될 때는 레마가 되고 레마를 들으면 마음 속에 믿음이 생겨나는 것입니다.

또한 하나님 말씀을 들을 때 설교들을 때 그 말씀이 마음에 부딪혀 옵니다. 보통 때는 설교를 들으면 그저 참 은혜롭고 좋다고 생각을 했는데 어떤 때는 그 말씀이 마치 숲을 태우는 불과 같이 바위를 깨뜨리는 방망이 같이 내 마음속에 부딪혀오는 음성이 들려옵니다. 내 마음에 부딪혀 올 때 그것은 하나님 말씀이 바로 현재 자신에게 하나님이 말씀하는 것이 되고 마는 것입니다. 또한 기도할 때 열심히 기도하는데 갑자기 마음속에 부딪혀오는 음성이 있습니다. 갑자기 너희 큰 아들을 위하여 기도하라. 그러면 큰 아들을 위하여 하나님께 바라는 것들을 기도하는 것입니다.

혹은 문제가 있어서 기도하는데 갑자기 어디를 가라. 하면 만사를 뒤로하고 그것을 찾아가는 것입니다. 그곳에 찾아가면 반드시 문제를 해결할 수 있는 방법이 있습니다. 또 남편이나 부인을 위하여 기도하라. 이렇게 마음에 부딪혀오는 음성이 들려올 때가 있습니다. 그러면 남편이나 부인의 문제와 평소 하나님께 바라는 것들을 기도하는 것입니다.

이것은 하나님께서 현재 직접 말씀하는 음성이 되는 것입니다. 그렇지 않으면 혹은 목사님이나 직분자들이나 평신도끼리 서로 이야기하는데 갑자기 그 대화의 내용이 내 마음속에 부딪혀 옵니다. 마치 바위를 때리듯이 부딪쳐 옵니다. 그럴 때는 하나님께서 그 사람의 입을 통해서 내게 말씀하는 것입니다.

그래서 오늘날도 하나님은 이 로고스를 통해서 또 우리 설교를 들을 때 기도할 때 또 대화중에서 우리의 마음속에 갑자기 다가와서 말씀해 주는 것입니다. 우리가 그 말씀에 귀를 기울일 때 그 말씀은 자신의 마음속에 하나님께서 주시는 믿음이 되고, 아이디어가 되고, 지혜가 되고, 지식이 되고, 판단력이 되는 것입니다.

오늘날 수없이 많은 사람들이 지혜가 부족해서 이 세상에 낭패와 실망을 당합니다. 하나님께선 오늘날 주의 백성들에게 지혜를 주시기를 원하십니다. 성경에는 "너희 중에 지혜가 부족하거든 꾸짖지 아니하시고 후히 주시는 하나님께 구하라 그리하면 저가 주시리라고" 말씀한 것입니다. 우리는 하나님의 지혜를 받았으면 수많은 위기에서 모면할 수가 있고 수많은 문제를 해결할 수가 있고 수많은 일에 창조적이고 생산적이 될 수가 있었을 것입니다.

그러나 사람의 지식이나 지혜나 판단력은 한계점에 도달해 있습니다. 그러나 우리가 하나님께 기도하고 하나님께 기다리면 하나님께서는 성경말씀을 통하여, 목사님의 설교를 통하여, 기도를 통하여 대화를 통하여, 우리의 마음속에 인간의 두뇌를 초월해서 고요하고 잠잠하게 부딪혀오는 음성이 있는 것입니다.

그 음성을 통해서 우리가 아이디어를 캐치하고 우리 지혜를 얻고 판단력을 얻고 지식을 얻고 믿음을 얻으면 우리는 이제 인간적인 레벨에서 살지 아니하고, 하나님의 지혜와 하나님의 판단력, 하나님의 총명, 하나님의 믿음으로서 인생을 살아갈 수 있게 되는 것입니다.

저는 항상 하나님께 물어보는 습관이 있습니다. 그러면 하나님께서 기발한 아이디어를 주십니다. 기도할 때 갑자기 성령께서 내 마음속에 부딪혀 와서 내게 새로운 아이디어를 주십니다. 나는 그 아이디어를 받아서 일들을 처리한 결과 모두 잘 되었습니다. 이제 우리의 자녀들의 사고를 바꾸어주어야 합니다.

앞에서 말씀한 것과 같이 일상생활하면서 하나님과 지속적으로 대화하며, 물어보며 하나님의 응답을 받아내는 자녀들이 되도록 해야 합니다. 자녀들이 교회에 가서 예배드리는 것으로 만족하지 말고, 성령의 인도를 받으며, 하나님과 대화하며 물어보며 믿음 생활을 하는 자녀들이 되도록 훈련해야 합니다.

다윗과 같이 항상 하나님과 동행하면서 앞에 나타나는 어려운 문제를 하나님의 음성을 듣고 해결하는 자녀가 되게 해야 합니다. "나는 항상 하나님께서 동행하시면서 돕고 계신다." 시험을 볼 때에도 하나님께 마음으로 기도하면서 시험을 치르면 마음이 안정이 되어 어려운 문제도 척척 풀어갈 수가 있을 것입니다.

하나님께서 오늘날도 시시각각으로 우리들에게 말씀하기를 원하십니다. 하나님의 말씀을 들으려고 귀를 기울이는 자에게 하나님은 말씀하시지, 무관심 하는 자에게는 하나님께서는 말씀하지 아니하시는 것입니다. 그러므로 우리 부모님들이 먼저 하나님의 말씀에 귀를 기울이는 마음을 가지고, 하나님의 레마를 받아서 살아가는 습관이 되어야 합니다. 그리고 자녀들에게 알려주어서 자녀들이 항상 하나님과 동행하면서 대화하여 문제들을 풀어가는 하나님의 자녀가 되도록 지도해야 합니다. 그러면 우리 자녀들은 일생동한 하나님과 동행하면서 아브라함의 복을 받는 자녀가 될 것입니다. "나는 항상 하나님께서 동행하시면서 돕고 계신다."

넷째, 부모님들이 강한 믿음의 선언을 하면서 살아가십시다. 사람이 하나님의 형상과 모양대로 지음 받은 것은 바로 하나님처럼 말할 수 있다는 특권이 주어지는 것입니다. 하나님은 말씀으로 천지를 지으셨는데 사람에게도 말할 수 있는 기능을 주심으로 타락하기 전에 사람은 말로서 온 세계를 다스린 것입니다. 그러나 타락하고 난 다음 그 권능을 잃어버렸었으나 우리가 회개하고 예수를 믿고 구원을 받고 하나님의 자녀가 되고 난 다음에 또다시 우리 입에서 나오는 말은 위대한 창조적인 능력을 나타내기 시작한 것입니다.

우리 사도들의 생애를 통해서 보십니다. 베드로와 요한이 미문가에 있는 앉은뱅이를 보고 '은과 금은 내게 없으나 내게 있는 것으로 네게 주노니 나사렛 예수 이름으로 일어나라'고 말할 때 그 말씀의 능력이 그 절름발이를 앉은뱅이를 일으킨 것입니다. 바울이 루스드라에서 태어날 때부터 앉은뱅이된 사람보고 설교 하다가 말고 네 발로 일어나라 하니 일어나 버렸었습니다. 말씀 으로 그 앉은뱅이를 일으킨 것입니다. 베드로는 죽은 도르가에 가서 기도하고 난 다음에 도르가야 일어나라고 말하니 죽은 도르 가가 살아 일어난 것입니다. 구원받은 사람에게는 그 말씀의 위 력이 있는 것입니다.

그렇기 때문에 성경은 말씀하기를 '네 말로 네가 묶였으며 네 말로 네가 사로잡혔다'고 말한 것입니다. 부모님들이 먼저 하나 님께서 부여한 말의 권세를 사용해야 합니다. 자기 말이 자기의 생활에 터전과 내일의 삶을 긍정이나 부정으로 묶어버리는 것입 니다. 나는 못해, 나는 안 돼, 나는 할 수 없어, 나는 낭패야, 나 는 실망이야, 나는 무능력해, 그러한 말들이 우리를 칭칭 감아 묶 어버리는 것입니다. 네 말로 네가 묶였으며 네 말로 네가 사로잡 히게 되었다고 말한 것입니다.

오순절마가의 다락방에서 성령이 불의 혀같이 임하였습니다. 그러자 그들의 언어가 바뀌었습니다. 천국언어를 했다는 것입니 다. 예수를 믿고 성령으로 거듭난 사람은 언어를 바꿔야 되는 것 입니다. 어둡고 깜깜하고 절망적인 파괴적인 땅이 언어를 내어 던져 버리고, 입술을 통해서 하나님이 주신 약속을 통해서 긍정 적이고, 적극적이며, 창조적이고, 생산적인 천국의 말을 해야 합 니다. 5차원의 초자연적인 말을 하여 환경에 역사하는 흑암을 하나님의 능력으로 묶어 놓아야만 되는 것입니다.

자신은 자신의 입에서 나오는 말씀이 자신의 운명을 좌우하는 것입니다. 그렇기 때문에 성경은 '무엇이든지 땅에서 매면 하늘에서 매일 것이요, 땅에서 풀면 하늘에서 풀리리라'고 했는데 우리가 무슨 밧줄이 있어서 땅에서 묶고 풉니까? 우리가 땅에서 묶고 푸는 것은 자신의 입에서 나오는 말로서 묶고 푸는 것입니다. 구원받은 사람이 땅에서 묶는 말을 하면 이것이 하늘에서 묶음으로 응답되고 푸는 말로 하면 하늘에서 푸는 것으로 응답되는 것입니다. 이렇기 때문에 이 땅에 사는 동안에 무슨 말을 하는가 이것이 자신을 묶거나 해방시켜 놓는 것입니다.

이러므로 제가 조언하고 싶은 것은 십자가 밑에서 긍정과 축복의 말씀을 강하게 선포해서 하나님의 영광으로 자신을 묶어 놓기를 주의 이름으로 축원합니다. 십자가 밑에 나와서 '나는 예수그리스도의 십자가의 보혈로 죄사함 받은 의인이 되었다'고 말하십시오. 의인의 힘으로 당신은 장악될 것입니다. '나는 십자가를 통하여 하나님과 화목 되고 성령으로 충만함을 받았다.'성령이 나와 같이 계신다고 말할 때 성령 충만의 능력으로 장악될 것입니다. '십자가 밑에서 나는 원수 마귀의 머리를 깨뜨리고 마귀를 이겼다. 그리고 나는 예수님이 채찍에 맞으신 공로로 말미암아 치료함을 받았다' 고 강하게 선포하면 치료의 능력으로 장악될 것입니다. 그렇게 된다면 마귀는 한길로 왔다가 일곱 길로 도망치고 건강의 생명으로 장악될 것입니다. 사람들은 말하기를 마귀가 와서 나를 이렇게 시험했다. 마귀가 와서 나를 이렇게 때렸다. 나는 마귀의 시험에 들었다. 이런 말을 해서 마귀를 인정하고 마귀를 영광스럽게 하고 마귀의 힘을 시인해주기 때문에 그 사람은 마귀의 칭칭 감은 올무에서 벗어날 수가 없는 것입니다.

그러므로 십자가 밑에서 이미 승리한 하나님의 초자연적인 말씀을 가지고서 자신을 해방해야 되는 것입니다. 성경은 뭐라고 말했습니까? "마귀를 대적하라 그리하면 저가 너를 피하리라 너희가 내 이름으로 귀신을 쫓아 낼 것이라" 이 말씀을 시인하십시오. 그리고 주께서 나의 연약함을 담당하시고 병을 짊어지고 가셨다는 것을 수백번 수천 번이라도 시인하십시오. 왜냐하면 자신의 입술의 시인을 통해서 하나님의 능력이 풀려나는 것입니다. 그뿐 아니라, 십자가 밑에 가서 낭패와 실망 저주와 가난에서 벗어난 것을 시인하십시오.

사람들은 묻습니다. 요사이 경기가 어떻습니까? 사업이 잘됩니까? 대개 우리가 말합니다. 뭘 잘돼요. 형편없어요. 아주 괴로워요. 그러면 실제로 안 되는 것을 된다고 거짓말해야 할까요? 거짓말하라는 것은 아닙니다. 하나님의 말씀을 시인하라는 것입니다. 요사이 사업이 잘 되요? 경기가 어때요? 생활이 어때요? 그렇게 말하면 나는 아브라함이 축복 중에 살고 있습니다.

왜 성경에는 "그리스도께서 우리를 위하여 저주를 받은바 되사 율법의 저주에서 우리를 속량하였으니 이는 기록된바 나무에 달린 자마다 저주 아래 있는 자라 하였음이라 이는 그리스도 예수 안에서 아브라함의 복이 이방인에게 미치게 하려 함이라고" 말씀한 것입니다.

　이방인은 예수를 통해서 저주의 가시에서 풀려나서 아브라함의 축복을 받도록 되어있기 때문에 이 말씀을 우리가 받아들여서 입술로 강하게 시인하게 될 때 아브라함의 축복으로 이 땅에서 묶이게 되는 것이요, 이 땅에서 묶은 것은 하늘에도 그대로 묶여지고 마는 것입니다. 이제 하나님께서는 성도들에게 묶고 푸는 권한을 주신 것입니다. 하나님께 책임을 돌리지 마십시오. 우리가 십자가의 그리스도의 대속의 은총으로 이 땅에서 강하게 시인하면 하나님이 축복으로 이 땅에서 묶임을 받을 것이요, 하늘에도 역시 하나님이 묶어주는 것입니다.

　그러나 이 땅에서 자꾸만 낭패와 실망을 말하면 하나님의 축복에서 풀려나고 말 것이요, 하늘에서도 풀어버리고 말 것인 것입니다. 이러므로 하늘은 이 땅에 있는 사람의 입술의 시인에 따라서 반응한다는 것을 알아야 될 것인 것입니다.

　이러므로 비록 사망이 다가와도 바울선생처럼 "사망아 너의 이기는 것이 어디 있느냐 사망아 너의 서는 것이 어디있느냐, 우리는 그리스도 예수 안에서 이미 하늘에 앉았다고 말할 때" 죽음의 공포는 다 사라져 버리고 말게 될 것입니다. 이렇게 부모님들의 신앙이 바꾸어 질 때 자녀들이 아브라함의 복을 받으며 인생을 성공하게 되는 것입니다.

2장 마음에 합한 자를 찾으시는 하나님

(막 1:16-20)"갈릴리 해변으로 지나가시다가 시몬과 그 형제 안드레가 바다에 그물 던지는 것을 보시니 그들은 어부라. 예수께서 이르시되 나를 따라오라 내가 너희로 사람을 낚는 어부가 되게 하리라 하시니, 곧 그물을 버려두고 따르니라. 조금 더 가시다가 세베대의 아들 야고보와 그 형제 요한을 보시니, 그들도 배에 있어 그물을 깁는데 곧 부르시니 그 아버지 세베대를 품꾼들과 함께 배에 버려두고 예수를 따라가니라"

우리 자녀들이 아브라함의 복을 받게 하려면 하나님의 마음에 합한 자가 되어야 합니다. 하나님은 진흙탕 같은 세상 속에서 하나님의 마음에 합한 사람을 찾고 계십니다. 인간의 가장 큰 특권은 역사를 만들어 가시는 하나님께 불림 받아 쓰임을 받는 자가 될 수 있다는 점입니다. 고린도전서 3장 9절에 보면"우리는 하나님의 동역자들이요. 너희는 하나님의 밭이요. 하나님의 집이니라"고 말씀하고 있습니다. 하나님이 우리를 택하셔서 같이 일하게 하신다는 것인데 이것은 그리스도인들의 특권으로 내가 정한 것이 아니라, 하나님이 정하신 것입니다. 오늘 이 책을 읽는 모든 분들도 하나님의 동역자로 귀하게 쓰임 받게 되시기를 예수님의 이름으로 소원합니다.

본문에는 주님이 4명의 제자를 부르시는 장면이 나옵니다. 이 장면을 보면 하나님이 어떤 사람을 불러 사용하시는지 깨닫게 됩니다. 하나님은 어떤 사람을 불러 사용하실까요?

첫째, 성실한 사람을 찾으십니다. 주님이 4명의 제자를 부를 때 그들은 무엇을 하고 있었습니까? 본문 16절 말씀을 보면 베드로와 안드레는 그물을 던지고 있었고, 본문 19절 말씀을 보면 야고보와 요한은 그물을 깁고 있었습니다. 하나님은 노는 사람보다 항상 성실한 사람을 부릅니다. 그러므로 크게 되기를 원하면 자신을 준비시키고, 자기 자리에서 열심히 땀을 흘려야 합니다. 하나님은 현재의 일에 충실한 사람을 불러서 사용하십니다. 그래서 하나님은 데살로니가 3장 10절에서"우리가 너희와 함께 있을 때에도 너희에게 명하기를 누구든지 일하기 싫어하거든 먹지도 말게 하라 하였더니"이 말씀은 일하지 않는 사람은 굶어서 죽으라는 말과 같습니다.

제가 군대에서 생활할 때부터 지금까지 좌우명처럼 여기는 말이 있습니다. "윗분이 안 볼 때 더 잘하자. 오늘 주어진 자리에 충실하면 내일은 더 많은 것이 주어진다." 그렇습니다. 오늘의 성실한 땀은 내일의 축복으로 귀결됩니다. 지금의 작은 일에 충실하지 못하면 큰일에서도 결코 충실하지 못합니다.

위대한 사람들은 모두 작은 일에 열심히 일한 사람들입니다. 그처럼 보잘것없는 일이라도 자신에게 맡겨진 일을 꾸준히 감당하는 것이 위대함입니다.

1950년대 서울의 한 교회에 30년 동안 교회의 종을 치던 한 집사님이 있었습니다. 정말 꾸준히 무급으로 매일 교회의 종을 쳤습니다. 하나님은 성실하신 하나님이기에 성실한 사람에게는 하늘냄새가 납니다. 30년 동안 그 집사님은 교회의 종치는 봉사만 했지만, 그분에게는 하늘 냄새가 났습니다. 그래서 사람들은 그분을 보잘것없게 보았지만 담임목사는 그분을 성자로 보았습니다. 하나님도 그를 어떤 사람보다 위대하게 보셨을 것입니다.

어느 날, 그분이 돌아가셨습니다. 그래서 교회에서 장례를 치렀는데 수많은 높은 분들이 장례식에 참석하는 것을 보고 교인들이 깜짝 놀랐습니다. 알고 보니 그 보잘 것 없는 집사의 아들이 그 당시 장관이었던 것입니다. 아들이 장관이었지만, 교인들은 전혀 그 사실을 모르고 그저 묵묵히 종만 치는 집사로 알았던 것입니다. 그런 소리 없는 봉사가 천국에서는 큰 소리가 되어 하나님의 마음을 움직일 것입니다.

남들이 수고를 몰라주어도 맡겨진 자리를 꾸준히 지키십시오. 그 일은 쉽지 않은 일입니다. 그러나 조금 시류에 느린 것 같아도 자기 자리를 변함없이 지키는 사람이 결국 승리합니다. 예수님의 십자가를 보십시오! 얼마나 상식을 초월한 시류에 늦은 수단입니까? 그러나 그 십자가를 통해 인류 구원의 역사가 이루어졌습니다. 그처럼 하나님은 자기 자리에 충실한 사람에게 더욱 복된 자리를 허락하십니다. 누가 보던지 안 보던지 묵묵히 주어진 일에 충실 하는 사람을 찾으십니다.

둘째, 강하고 담대한 사람을 찾으십니다. 하나님은 사람을 통하여 자신의 일을 하십니다. 그렇기 때문에 합리적인 사람이나 나약한 사람을 통해서는 하나님의 일을 하실 수가 없습니다. 다윗과 같이 강하고 담대한 사람을 통해서 일을 하십니다. 하나님은 여호수아에게 강하고 담대하라고 하셨습니다. 자신 앞에 일어나는 일이 자신이 하는 것이 아니고, 하나님께서 자신을 통하여 하신다는 믿음을 가지고 행하는 사람이 필요한 것입니다.

하나님은 강하고 담대한 마음을 가질 때 그 사람을 통해서 큰 일을 할 수 있습니다. 우리의 주위에 우리를 위협하는 여러 가지 일들이 많이 다가오고 다가옵니다. 태산 같은 경제적인 타격도 다가오고, 원수들도 다가오는 것입니다. 환경의 어려움도 다가옵니다. 우리는 마음이 위축되어서 그만 놀래서 뒤로 물러가려고 합니다. 그러나 성경은 말씀하기를 "나의 의인은 믿음으로 말미암아 살리라 뒤로 물러가면 내 마음이 저를 기뻐하지 아니하리라."고 말씀하신 것입니다. 강하고 담대한 마음을 가진 사람을 하나님은 찾으시는 것입니다.

다윗을 보십시오. 그는 목동이었습니다. 그는 아직 군인이 될 수 있는 나이도 못되었습니다. 그런데 사울이 블레셋 사람을 대적해서 싸우러 나갔을 때 모든 이스라엘의 장정들이 다 동원되어서 나가서 블레셋 대적하여 진을 쳤으니 블레셋 군대 중에 장군 골리앗이 나와서 이스라엘을 모욕을 했습니다. 이스라엘 군인들이 모두 다 놀라고 두려워서 바위 밑으로 나무 밑으로 다 숨어 버렸었습니다. 골리앗은 키가 9척이요, 눈알이 종발 만했다고 했었습니다. 그의 창은 베틀 채만했습니다. 이것 도무지 아무도 그 근처에 나갈 수가 없어요.

그래서 이 다윗은 형들이 전쟁에 나가있기 때문에 형들 위문하러 아버지가 주는 음식을 가지고 갔다가 보니 상황이 이렇습니다. 골리앗이 나와서 산이 쩡쩡 울리도록 "이스라엘이 남자가 있거든 내게 와서 대적하라. 나와 싸워서 이기는 자는 우리가 너희 종이 되고 너희가 지면 너희들이 우리의 종이 되겠다." 이스라엘 군인들 중에 아무도 나가는 사람이 없었습니다. 왜 그랬습니까? 이스라엘이 하나님을 주인으로 모시고 살아가면서도 그들은 자신의 힘으로 골리앗을 잡아야 한다고 생각했습니다. 골리앗과 자신들을 비교하니 도저히 이길 수가 없다고 생각했기 때문입니다. 하나님께서 골리앗을 잡는다는 강하고 담대한 마음을 잃어버렸기 때문에 하나님이 아무도 사용할 수 없었습니다.

그럴 때 다윗이 그 말을 듣고 그가 왕에게 와서 말했습니다. "내가 나가서 싸우겠다. 저 할례 없는 놈이 왜 우리가 두려워하느냐? 내가 아버지 양을 치다가 곰이나 사자가 오면 그를 잡아서 양을 빼앗았고 달려들면 내가 쳐서 죽였다. 저 곰이나 사자보다 못한 저 인생을 무얼 두려워하느냐?" 조그만한 다윗이 그것도 갑옷도 입지 않고 칼도 가지지 않고 자기 목동의 옷 그대로 입고 물매에 물맷돌을 채워 가지고서 골리앗을 향해서 나갔습니다.

다윗이 한말을 들어보면 참 기가 막힙니다. "너는 창과 칼과 단창으로 나왔으나 나는 네가 모욕하는 만군의 여호와 하나님의 이름을 의지하고 네게 가노라. 오늘날 이스라엘 하나님이 계신 것을 내가 만천하로 알리게 하노니 너희를 죽여서 너희 고기를 찢어 공중의 새와 짐승의 밥을 만들겠다." 골리앗이 뭐라고 했습니까? "너 나를 개인 줄 알고 부지깽이를 들고 나오느냐? 이놈 단 칼에 베어 버리겠다." 그러나 이 조그마한 다윗이 강하고 담대한 마음으로 골리앗을 대결하여 하나님의 이름으로 믿음으로 물맷돌을 물매에 먹여서 뛰어 나가서 놓아 버리니까, 그 돌이 정통으로 골리앗의 이마를 때려서 이마를 깨고 골속에 들어가니까, 그 거인 골리앗도 넘어지고 말은 것입니다. 그래서 다윗이 그 목을 베고 그래서 이스라엘의 대승리를 가져온 것입니다.

모든 이스라엘 군인들이 강하고 담대한 마음으로 나왔더라면 하나님이 그런 능력으로 주어서 사용했을 것인데 모두다 겁쟁이가 되었으므로 살아계신 하나님이 계시면서도 사용할 수가 없었습니다. 하나님이 사용하는 막대기가 겁쟁이가 되니까 하나님이 쓸 수가 없었으나 보잘 것 없는 초립동 다윗이 강하고 담대한 믿음을 가지고 나갈 때 하나님이 사용할 수가 있었습니다. 하나님은 다윗과 같은 강하고 담대한 사람을 찾으시는 것입니다.

셋째, 비전을 가진 사람을 찾으십니다. 본문 17절 말씀을 보면 주님은 제자들에게 "나를 따라오너라. 내가 너희로 사람을 낚는 어부가 되게 하리라!"는 비전을 주셨습니다. 비전은 성도를 가장 성도답게 만드는 것입니다. '비전'을 다른 말로 표현하면 '꿈'입니다. '비전'의 반대말은 '비천'입니다. 비전을 가진 사람은 결코 비천하게 되지 않습니다. 비전은 비천한 인생도 최고의 인생으로 만듭니다. 불신은 '비전 없는 끝(end without vision)'을 보지만 신앙은 '끝없는 비전(vision without end)'을 봅니다.

중요한 것은 현재의 위치와 신분이 아니라 비전입니다. 본문에서 예수님에게 부름 받은 4명은 모두 보잘것없는 시골의 어부들이었습니다. 주님은 예루살렘에 살던 수많은 지식인과 높은 사람들을 부르지 않고 갈릴리 어촌에 살던 그들을 부르셨습니다. 그처럼 하나님은 능력 있는 사람을 부르지 않고, 먼저 부르셔서 능력 있는 사람으로 만드십니다. 그러므로 현재 모습이 어떠하든지 시선은 항상 미래에 있어야 합니다.

하나님은 우리의 과거나 현재의 신분에 대해선 별로 관심이 없습니다. 하나님의 진짜 관심은 우리의 가능성과 내일입니다. 그 가능성을 보시고 하나님은 오늘도 여전히 우리를 부르고 계십니다. 아무리 평범한 존재도 비전이 있으면 비범한 존재가 됩니다. 그러므로 사람의 눈으로 자신을 보지 말고, 하나님의 눈으로 자신을 보면서 큰 비전을 가져야 합니다. 비전에 따라 미래는 과거와는 전혀 다른 모습이 될 수 있습니다.

과거를 생각하면 저는 결코 목사가 될 수 없는 사람입니다. 조상의 죄도 죄지만 인격적으로 부족했습니다. 어느날 대표기도 하는 데 '너 그러다가 목사 된다'는 음성에 그 자리에서 아닙니다. 저는 목사가 될 수 없습니다. 저는 죄도 많고, 공부도 잘하지 못했고, 다른 목사님들과 같이 배우지도 못했고, 말을 잘 하지 못합니다. 저는 당황하면 말을 심하게 더듬었습니다. 지금도 어둔하다는 말을 많이 듣습니다. 그런 사람이 어떻게 목사가 됩니까? 그래도 목사가 되었습니다. 지금은 제가 말을 더듬었다는 사실을 아무도 믿지 않습니다. 얼마나 하나님의 역사가 놀랍습니까? 자신을 어떤 한계 안에 가두지 마십시오. 우리는 '아무 것도 아닌 존재'이지만 하나님은 우리를 '특별한 목적을 가진 어떤 존재'로 보십니다.

이제 하나님의 일을 크게 하겠다는 큰 비전과 꿈과 사명감을 가지고 사십시오. 하나님은 창공을 날다가 안전한 착륙의 축복을 약속하셨지, 날지 않는 삶의 축복을 약속하지 않았습니다. 이 세상에 의미 없는 사람은 한 사람도 없습니다. 다 주님이 부르셨고, 지금 부르시고 계십니다. 이제 비전을 새롭게 하십시오. 비전은 고난 중에서도 낙심하지 않게 만듭니다. 비전은 선한 일을 하게 하고, 생명력을 넘치게 합니다. 그리고 비전은 전염이 됩니다.

미국에 '유진 랜드'란 자수성가한 한 백만장자가 있습니다. 어느 날, 그가 할렘가에 있는 한 초등학교를 방문하게 되었습니다. 그리고 학교관계자로부터 6학년 학생 중에 극소수만 중학교에 진학한다는 얘기를 들었습니다. 그때 그는 자신의 삶을 성공으로 이끌었던 비전을 학생들에게 주고 싶었습니다. 그래서 아이들에게 말했습니다. "얘들아! 만약 너희들이 끝까지 학교에 남아 졸업하면 내가 대학교육을 시켜줄게." 그 말에 아이들은 난생 처음으로 비전을 가졌습니다. 그리고 자기 앞에서 자기를 기다리고 있는 어떤 축복을 기대하자, 공부하는 맛과 사는 맛이 생기고 너무 기뻤습니다. 결국 그 학교 6학년 학생 중에 90%의 학생이 중학교에 진학했습니다. 비전은 전염됩니다. 비전은 삶에 생동감을 줍니다. 결국 비전은 모든 것을 바꿉니다. 다만 한 가지 주의할 것이 있습니다. 그것은 사명적인 비전과 이기적인 욕심을 혼동하지 말아야 한다는 것입니다. 자신의 영달을 위한 비전이 되지 말아야 한다는 것입니다. 욕심은 오히려 참된 비전을 망가뜨립니다. 그러므로 비전을 가질 때 그 비전이 정말 하나님의 영광을 위한 비전인지, 아니면 자신의 생계수단과 명예심과 욕심을 위한 야망인지를 성찰해야 합니다. 그래서 참된 비전을 가져야 어떤 환경에서도 흔들리지 않는 행복한 삶을 살 수 있습니다.

예를 들어, 오늘날 많은 부모들이 자녀 교육환경의 문제를 내세워 이민을 계획합니다. 그러나 자녀 교육에서 교육환경의 문제보다 더욱 큰 문제는 부모가 어떤 마음을 가지고 있느냐 하는 것입니다. 한국에서 새는 바가지는 미국에 가서도 새고, 한국에서 튼튼한 바가지는 미국에 가서도 튼튼합니다. 중요한 것은 내면의 바가지를 튼튼하게 해서 부모가 욕심이 아닌 하나님의 비전을 따라 사는 모습을 보여주는 것입니다. 하나님과 관계를 여는 삶을 보여주어야 합니다. 하나님과 영의 통로가 열리지 않으면 어디를 가더라도 풀리지 않습니다. 하나님과 관계가 열리면 어디를 가더라도 풀립니다. 창세기에 나오는 이삭을 보십시오. 창세기 26장에 보면 우물로 인하여 다투는 장면이 나옵니다. 문제는 이삭이 우물을 파는 샘마다 물이 나왔다는 것입니다. 이삭이 하나님의 마음에 합하여 관계가 열리니 사막에서 파는 샘마다 하나님이 물이 나오게 하십니다.

부모에게 욕심이 있으면 남들은 몰라도 자녀는 부모 마음속에 있는 욕심과 이기심을 다 알고 있습니다. 그래서 부모가 욕심을 따라 살면 자녀도 욕심쟁이가 되지만, 부모가 비전을 따라 살면 자녀도 큰 비전을 가지게 됩니다. 결국 자녀교육에서 가장 중요한 것도 부모가 비전을 가지는 것입니다. 그처럼 비전을 가지고 주님을 따르면 무수한 축복이 뒤따르게 될 것입니다.

넷째, 순종하는 사람을 찾으십니다. 본문에 나오는 4명의 제자들은 주님이 "나를 따라 오라!"고 말씀하자 즉시 순종하고 따랐습니다. 복된 존재가 되려면 비전만큼 중요한 것이 순종입니다. 사실 '하나님의 선택을 받았다'는 사실보다 '하나님께 순종한다'는 사실이 더 큰 축복을 불러옵니다. 하나님의 선택이란 사명을 맡기는 선택이지 물질과 지위를 주는 선택이 아닙니다. 그 하나님의 선택을 잘못 이해하면 이스라엘 백성들처럼 선택받은 것 때문에 더 고난을 당합니다.

축복은 '선택된 사람'보다는 '순종하는 사람'에게 주어집니다. 하나님은 선택받고 불순종하는 사람보다 선택과 상관없이 순종하는 사람을 더 기뻐 십니다. 하나님은 어린 시절 부모에게 순종 잘하는 사람을 찾고 계십니다. 순종이 습관이 되어 하나님의 말씀에도 순종을 잘하기 때문입니다. 사람은 말씀에 순종해야 잘 살 수 있도록 창조되었습니다. 말씀은 비행기의 항로와 같습니다. 아무리 큰 비전을 가지고 솟아올라도 말씀에서 이탈하면 언제 충돌하지, 언제 미사일에 맞을지 모르는 불안한 인생이 됩니다. 말씀대로 살아야 결국 비전도 이룰 수 있습니다.

어느 날, 밀림에 있는 뱀의 꼬리가 머리에게 그 동안 항상 가졌던 불만을 쏟아냈습니다. "야! 머리야! 왜 너는 항상 너 가고 싶은 곳으로만 가냐? 너무 불공평하다!" 꼬리가 끊임없이 불평하니까 하루는 머리가 말했습니다. "야! 꼬리야! 그럼 이제부터 네가 가고 싶은 대로 가봐!" 그러자 꼬리가 신이 나서 열심히 갔습니다. 그러다가 가시덤불로 들어가 온 몸이 피투성이가 되어 심하게 고생했다고 합니다. 꼬리는 머리를 따라가야 합니다. 사람이 아무리 똑똑해도 말씀에 앞서려고 하면 반드시 피투성이가 됩니다. 그러므로 진정 하나님의 은혜를 받기를 원하면 말씀대로 살려고 하십시오. 가끔 억울하고 속상한 일을 당하면 사람을 용서하기 싫을 때가 있습니다. 그러나 그때도 하나님은 용서하라고 말씀하셨습니다. 그 말씀에 순종할 때 하나님은 문제가 해결되게 하시고 더욱 큰 축복으로 함께 해주실 것입니다.

특별히 순종할 때도 본문의 제자들처럼 즉각 순종해야 합니다. 토론 후에 순종하는 것은 순종이 아니고, 변명하고 순종하는 것도 순종이 아니고, 한참 지체하다가 순종하는 것도 참된 순종이 아닙니다. 하나님이 감동 주시면 그것은 하나님이 우리를 어떤 일로 부르신 것입니다. 그 일에 즉각적으로 기쁘게 순종해야 합니다. 어떤 성공학 연구가가 성공한 사람들에 대해 면밀히 연구를 했습니다. 그리고 성공의 최대 요인을 '순종'이라고 결론 냈습니다. 순종하는 사람이 결국 성공적인 삶을 산다는 것입니다. 삶이 지루하고 답답하게 느껴지면 더욱 헌신과 순종을 다짐해보십시오. 순종은 축복을 가져다줍니다. 더 나아가 순종하는 마음을 가진 것 자체가 큰 축복입니다.

다섯째, 희생하는 사람을 찾으십니다. 주님의 부르심에 베드로와 안드레는 어떻게 반응했습니까? 본문 18절 말씀을 보십시오. "곧 그물을 버려두고 좇으니라." 야고보와 요한은 어떻게 반응했습니까? 본문 20절 말씀을 보십시오. "곧 부르시니 그 아비 세베대를 삯꾼들과 함께 배에 버려두고 예수를 따라 가니라." 그들은 자기의 소중한 것들과 인간관계를 희생하고 주님을 따랐습니다. 그처럼 복음과 주님을 위해서 나의 소중한 것을 포기하는 희생정신이 있어야 합니다. 위대한 믿음의 선진들은 모두 주님과 복음을 위해 '포기할 줄 아는 능력'을 가진 사람들이었습니다. 초대교회 성도들은 자기 재물을 조금이라도 제 것이라고 여기지 않았습니다(행 4:32), 그런 삶이 능력 있는 삶이고, 그런 마음을 가진 것이 기적 중의 기적입니다. 소유의 기쁨으로 사는 사람이

나눔의 기쁨으로 사는 사람이 되었으니 얼마나 큰 기적입니까?

사람들은 '하나님의 능력'이라고 하면 치유나 기적이 있어야 능력인 줄 압니다. 그러나 진짜 기적은 돈과 소유가 우상이 된 이 시대에서 욕심 많던 사람이 기쁘게 자기 것을 하나님의 뜻대로 드릴 줄 아는 사람으로 변화되는 것입니다. 모든 자신이 가진 소유(재능, 자손, 재산)가 하나님의 것이라고 생각하고 아낌없이 드리는 사람으로 바뀌는 것입니다. 그러므로 진정으로 복된 삶을 살려면 하나님의 일에 호주머니를 잘 비우는 삶을 끊임없이 훈련하고 실천해야 합니다.

여섯째, 깨끗한 사람을 찾으십니다. 하나님은 깨끗한 사람을 찾고 계십니다. 하나님은 거룩하십니다. 그래서 우리에게도 거룩함에 대하여 명령하십니다. "나는 너희의 하나님이 되려고 너희를 애굽 땅에서 인도하여 낸 여호와라 내가 거룩하니 너희도 거룩할지어다"(레 11:45). 거룩함은 하나님의 소유 된 백성으로서 지켜야 할 의무 이기도합니다. "오직 너희는 택하신 족속이요. 왕 같은 제사장들이요. 거룩한 나라요. 그의 소유된 백성이니, 이는 너희를 어두운 데서 불러내어 그의 기이한 빛에 들어가게 하신 자의 아름다운 덕을 선전하게 하려 하심이라"(벧전 2:9)."큰 집에는 금과 은의 그릇이 있을 뿐 아니요. 나무와 질그릇도 있어 귀히 쓰는 것도 있고 천히 쓰는 것도 있나니, 그러므로 누구든지 이런 것에서 자기를 깨끗하게 하면 귀히 쓰는 그릇이 되어 거룩하고 주인의 쓰심에 합당하며 모든 선한 일에 예비함이 되리라"(딤후 2:20-21).

이 말씀을 통해 볼 때, 하나님으로부터 귀하게 쓰임 받는 조건으로 한 가지를 말하고 있습니다. 그것은 자기를 깨끗하게(거룩하게) 하는 것입니다. 깨끗하지 않고, 깨끗한 척하는 것은 스스로 화를 자초하는 것입니다. 주님께서는 외식하는 바리새인들과 서기관들을 꾸짖으셨습니다. 겉은 깨끗한 척하는데, 속은 탐욕과 방탕으로 가득했기 때문입니다. "화 있을진저 외식하는 서기관들과 바리새인들이여 잔과 대접의 겉은 깨끗이 하되 그 안에는 탐욕과 방탕으로 가득하게 하는도다. 소경된 바리새인아 너는 먼저 안을 깨끗이 하라 그리하면 겉도 깨끗하리라"(마 23:25-26).

우리의 속을 더럽게 만드는 것들이 있지만 주님께서 말씀 하신 것들을 살펴보도록 하겠습니다. 탐욕과 방탕이 있습니다(마 23:25-26). 탐욕은 하나님이 허락하신 그 이상의 것을 가지며, 누리고 싶어 하는 마음입니다. 이스라엘 민족이 아닌 다른 족속들의 탐욕을 시작으로 해서, 그 마음은 이스라엘에 전이되어 들어왔고, 이스라엘 사람들이 광야에서 하나님께 범죄 하게 됩니다. "이스라엘 중에 섞어 사는 무리가 탐욕을 품으매 이스라엘 자손도 다시 울며 가로되 누가 우리에게 고기를 주어 먹게 할꼬"(민 11:4). 탐욕이 하나님을 위한다는 명분으로 기독교 지도자들에게도 나타나기도 합니다. 그들에게는 성도들로부터 섬김 받고 싶은 마음과, 존경 받고 싶어 하는 명예와, 자랑하고 싶은 사역이 탐욕이 될 수 있습니다. 악한생각, 살인, 간음, 음란, 도적질, 거짓증거, 훼방 등등(마 15:19), 살인과 간음에 대하여는 마 5장에 잘 기록되어있습니다. 모든 일은 하나님이 자신을 통하여 하신 것입니다. 모든 영광을 하나님에게 돌리는 사람들이 되어야 합니다. 그래서 우리의 마음이 중요합니다.

"무릇 지킬만한 것보다 더욱 네 마음을 지키라 생명의 근원이 이에서 남이니라"(잠 4:23). 다니엘과 세 친구들! 다니엘과 세 친구들은 느부갓네살 왕에 의해 전쟁 포로로 잡혀 갔습니다. 그러나 다니엘과 세 친구들은 왕의 진미와 포도주로 자기를 더럽히지 않겠다고 결정합니다. 그들에게는 거룩함에 대한 소망이 있었습니다. 그래서 하나님께서는 그들을 귀하게 사용하셨습니다.

잡혀간 사람들이 그 네 사람만 있었던 것은 아닙니다. 그들은 잡혀간 많은 사람들 중에 거룩함에 대한 소망이 있었던 소수였습니다. 하나님은 그 소수를 찾으십니다. "그들 중에 유다 자손 곧 다니엘과 하나냐와 미사엘과 아사랴가 있었더니"(단 1:6). 모두 하나님에 마음에 합하여 성령으로 훈련을 받으시기를 바랍니다.

충만한 교회에서는 지방에 계시는 분들을 위하여 성령치유 집회 실황녹음 CD 33개 세트를 준비하고 있습니다. 교재와 CD를 들으면 집회에 참석한 것과 같은 은혜를 받게 됩니다. 교재를 보며 CD를 들으면 들을 수록 영성이 깊어지고 영안이 열리며 말씀의 비밀을 깨닫게 됩니다. 필요하신 분들은 충만한 교회 홈페이지 www.ka0675.com 에 들어가시면 자세하게 설명되어 있습니다.

3장 예수님을 바르게 알게 하시는 하나님

(요3:16)"하나님이 세상을 이처럼 사랑하사 독생자를 주셨
으니 이는 그를 믿는 자마다 멸망하지 않고 영생을 얻게 하려
하심이라"

우리 자녀들이 아브라함의 복을 받아 성공하려면 반드시 예수
님을 영접해야 합니다. 예수님을 주인으로 영접하려면 예수님을
바르게 알아야 합니다. 오늘날 많은 사람들이 예수님을 역사상
위대한 인물 중의 한 사람 정도로만 알고 있습니다. 인류역사에
잠깐 등장했다가 사라진 한 뛰어난 인물로만 생각하고 있는 것입
니다. 그러면 과연 예수 그리스도는 누구일까요?

그가 나신 곳은 고독한 벽촌 베들레헴, 비천한 말구유에서 목
수의 아들로 태어난 그 분, 한 권의 저서도 없으며 아무런 지위도
없었으며, 대학의 학력도 없으며, 그의 전도여행은 기껏 800리
도 못되는 거리, 결국 제자에게 버림을 받아 적에게 넘겨져 십자
가에서 죽기까지 하셨습니다. 그러나 그는 위엄을 가지고 말씀
을 전하셨고 남다른 지혜로 가르치셨습니다.

인류역사에 최대의 영향을 끼친 분은 누구입니까? 인류역사를
주전(B.C)와 주후(A.D)로 구분하신 분이시며, 예수가 전파되는
곳에 결혼신성, 남녀평등, 선거권, 노동법, 노예해방, 아동복리
법, 자유와 사랑과 평화의 운동 등이 일어났습니다. 2천년이 흐

른 지금 그분은 인간들의 중심이 되셨고, 세계발전의 초석이 되셨으니, 그 보다 더 큰 영향력을 미친 이는 아무도 없습니다. 예수님만이 길이요, 진리요, 부활이요, 생명이십니다(요14:6).

첫째, 우리의 죄를 해결할 수 있는 분이 예수님 밖에 없습니다. 사람은 누구나 죄인입니다. 이것이 성경의 선포입니다. 로마서 3장 23절에 "모든 사람이 죄를 범하였으매 하나님의 영광에 이르지 못하더니" 모든 사람이 죄인입니다. 누구도 예외가 없습니다. 여기서 '모든 사람'은 헬라어로 '파스'라는 말인데 '어떤 자든지 다'라는 의미입니다. 인류 최초의 사람인 아담으로부터 시작해서 이 시대에 살고 있는 모든 사람을 말합니다. 심지어 어린아이들까지 포함해서 모든 사람을 말하는 것입니다. 그 어떤 자도 예외가 될 수 없습니다. 모두가 죄인입니다.

모든 사람은 두 가지 측면에서 죄인입니다. 첫째는 원죄 때문에 죄인입니다. 원죄란 인류의 조상인 아담의 범죄로 인해 모든 사람이 가지고 태어나는 죄책과 부패성을 말합니다. 원죄로 인하여 사람은 지정의(知情意) 전체가 전적으로 부패되었습니다. 둘째는 자범죄 때문에 죄인입니다. 자범죄는 원죄의 부패성을 가진 모든 사람이 삶 속에서 짓는 죄를 뜻합니다.

간혹 자기는 이 세상에서 단 한 번도 죄를 범한 일이 없다고 주장하는 사람들이 있습니다. 그 사람은 죄를 범하지 않은 것이 아니라, 양심을 속이는 말을 하는 것이든지 아니면 자기의 죄를 볼 수 있는 눈이 없는 것입니다. 우리가 비누를 사용해서 세수를 하고 나면 얼굴이 깨끗한 것 같습니다. 그런데 현미경으로 보면 셀 수 없을 정도로 많은 세균이 얼굴에 붙어 있는 것을 알 수 있습니다. 눈으로는 보이지 않지만 현미경으로 보면 깜짝 놀랄 만큼 세균이 많습니다. 마찬가지입니다. 자신의 수준에서 보면 자신은 다른 사람들 보다 훨씬 의로운 것 같고 자신에게서는 흠을 찾아볼 수 없는 것 같지만, 도덕성이 더 높은 사람의 눈으로 보면 상당히 많은 죄가 보이는 것이고, 또 하나님의 시각으로 보면 말로 표현할 수 없는 많은 죄를 범한 죄인인 것입니다.

죄의 가장 무거운 영향력은 하나님과의 관계를 단절시키는 것입니다. 로마서 3장 23절에 "모든 사람이 죄를 범하였으매 하나님의 영광에 이르지 못하더니" 죄를 범한 사람들은 하나님의 영광에 이르기 위하여 나름대로의 방법으로 죄를 없애기 위해서 노력해왔습니다. 고대로부터 인간은 철학으로, 도덕적 행위로, 선행으로, 종교생활로 혹은 수도생활을 통해서 죄를 없애려고 노력했으나 죄의 부패성과 죄책에서 벗어날 수가 없었습니다. 사람이 아무리 노력해도 죄의 부패성과 죄책에서 벗어날 수 없는 이유는 사람은 누구나 전적으로 부패했기 때문입니다. 전적으로 부패한 인간의 어떤 노력도 하나님의 공의를 충족시킬 수 없는 것입니다. 전적으로 타락한 인간의 어떤 노력도 하나님을 만족 시킬 수 없는 것입니다. 사람이 죄를 지으면 반드시 죽기 때문입니다.

하나님께서는 사람의 노력으로는 도저히 죄를 없이 할 수 없다는 사실을 아시고 독생자 예수 그리스도를 이 땅에 보내셨습니다. 그리고 예수님께 인류의 죄를 대신 짊어지게 하셨습니다. 예수님은 그 일을 위하여 이 땅에 오셨고 믿는 자들을 위한 대속의 죽음을 당하셨던 것입니다.

이사야서 53장 5-6절에"그가 찔림은 우리의 허물 때문이요 그가 상함은 우리의 죄악 때문이라 그가 징계를 받으므로 우리는 평화를 누리고 그가 채찍에 맞으므로 우리는 나음을 받았도다. 우리는 다 양 같아서 그릇 행하여 각기 제 길로 갔거늘 여호와께서는 우리 모두의 죄악을 그에게 담당시키셨도다" 예수님이 찔리시고 상하시고 징계를 받으시고 채찍에 맞으신 이유는 예수님에게 문제가 있어서가 아닙니다. 우리를 대신해서 우리가 계산해야 할 죄의 값을 대신 지불하신 것입니다. 주님이 우리 대신 우리 죄를 담당하신 것입니다. 담당하셨다는 말은 우리의 죄의 짐을 대신 짊어지셨다는 말입니다.

예수님의 피는 대속의 피 입니다. 예수님의 피는 담당의 피 입니다. 그래서 예수님의 피에 능력이 있는 것입니다. 예수님의 피는 우리의 모든 죄를 사하는 능력의 피 입니다. (요일 1:7)"그 아들 예수의 피가 우리를 모든 죄에서 깨끗하게 하실 것이요" 우리의 죄를 없이 하실 수 있는 분은 예수님 밖에 없습니다. 그래서 예수님을 믿어야 하는 것입니다. 죄를 지으면 반드시 죽어야 합니다. 죄를 사함 받으려면 죽어야 합니다. 죄로 인하여 자신이 죽어야 죄가 사해진다는 말합니다. 자신의 죄를 사함 받게 하려고 예수님이 대신 죽으신 것입니다. 그래서 예수님을 믿어야 하는 것입니다. 예수님을 믿는 순간 자신은 죽는 것입니다. 예수님을 믿는 순간 자신이 죽었다가 다시 부활하신 예수로 태어난 것입니다. 지금 자신이 사는 것은 예수님의 인생을 사는 것입니다. 그렇기 때문에 예수를 믿으면 아브라함의 복을 받는 다고 말하는 것입니다. 미가서 7장 18, 19절을 보면 주님은 우리의 죄를 사하시는데 우리의 죄를 발로 밟으시고 우리의 모든 죄를 깊은 바다에 던지신다고 말씀합니다.

물건을 발로 밟는 것은 부수기 위해서입니다. 부순다는 것은 이제 끝낸다, 이제 돌아보지 않는다는 것입니다. 다시 쓸 것은 발로 밟지 않습니다. 주님은 우리의 죄를 사하시고 돌아보지 않으시는 것입니다. 깊은 바다에 던지신다는 말은 다시는 기억치 않는다는 말입니다. 인류 역사상 제일 깊이 내려간 바다의 깊이가 300m라고 합니다. 그것도 사람을 보호해 주는 특별 장치가 되어 있고 산소와 먹을 것이 있는 우주복 같은 것을 입고 내려갔습니다. 그런데 300m를 내려갔다 올라오는데 한 달이 걸렸답니다. 빨리 올라오면 수압에 의해 즉사하기 때문이랍니다.

사람은 301m 바다에도 들어가지 못합니다. 그런데 하나님께서는 우리 죄를 300m의 바다에 던지시는 것이 아닙니다. 깊은 바다에 던지십니다. 사람이 발견한 가장 깊은 바다는 깊이가 약 11km입니다. 300m 깊이에 던진 것도 찾지 못하는데, 11km 깊이의 바닥에 있는 것을 어떻게 찾겠습니까? 그것은 아예 불가능합니다. 하나님께서 우리의 모든 죄를 발로 밟으시고 깊은 바다, 11km가 더 되는 바다에 던지신 것을 믿으시기 바랍니다. 예수 그리스도의 공로로 그렇게 하시는 것입니다. 예수님은 우리의 죄를 해결 하실 수 있는 유일한 분입니다.

둘째, 우리를 영원한 천국으로 인도할 수 있는 분이 예수님 밖에 없습니다. 어느 한 권사님이 연세가 드셔서 운명할 때가 되었습니다. 그런데 꿈을 꾸다가 그만 천국과 지옥을 보게 되었습니다. 이것을 보고 온 권사님은 놀래서 많은 것을 회개하였습니다. 특히 목사님의 마음에 상처를 준 것이 생각나서 목사님을 찾아가서 용서를 구하고, 목사님과 화해를 하였습니다. 권사님이 꿈 이야기를 목사님에게 하였더니 목사님이 심각한 얼굴을 하고 들으시더니, 조금 자난 후에 목사님께서 그 권사님을 서재로 부르시고는 심각하게 묻더라는 것입니다. "권사님! 정말 천국이 있기는 있는 것입니까?" 목사님도 천국에 대한 확신이 없이 목회를 했다는 것입니다. 천국에 대한 확신이 없이 기독교 신앙을 가졌다는 것은 그의 신앙이 성경적이지 못하다는 것입니다. 성경은 천국과 지옥이 있음을 분명히 말하고 있습니다.

어느 날 여객선이 파선되어 모두가 바다에 빠져 죽어가고 있었습니다. 다행스럽게도 타고 있던 목사님은 구명튜브를 지니고 있었습니다. 모두가 살려고 아우성이었습니다. 목사님이 옆에 있는 죽어 가고 있는 젊은이를 보고 물었습니다. "자네 예수를 믿는가?" "아니요." "그럼 이 튜브를 자네가 가지게." "목사님을 어떻게 하려고 하십니까?" "나는 예수를 믿네! 나는 지금 죽어도 천국에 가네! 자네는 예수를 안 믿으니까 지금 죽으면 지옥에 가는 거야! 내가 이 구명튜브를 주고 죽을 터이니 자네는 살아나거든 예수 믿고 천국에서 만나세." 그리고 구명튜브를 던져주고 목사님은 익사하였습니다. 그 젊은이는 후에 예수를 믿고 자기 대신 죽은 목사님을 평생 그리워하며 살았답니다.

천국에 대한 확신이 우리를 참된 신자로 만들어주는 것입니다. 우리 모두 천국에 대한 확신을 가지고 천국을 향해 가는 나그네로 이 세상을 살기를 바랍니다. (히 9:27)"한번 죽는 것은 사람에게 정해진 것이요 그 후에는 심판이 있으리니" 사람이 죽으면 모든 것이 끝나는 것이 아닙니다. 죽음 후에는 반드시 심판이 있습니다. 이 심판은 요한계시록 20장에 나옵니다. 희고 큰 보좌 앞에 앉으신 주님 앞에서 지구상에서 살았던 모든 사람들이 심판을 받습니다. 그 심판을 이기지 못한 사람들은 불 못인 영원한 지옥에 던져집니다. 그리고 심판을 통과한 사람들은 새 하늘과 새 땅인 영원한 천국에 들어갑니다. 천국은 하나님께서 계시는 곳이고 예수님께서 계시는 곳입니다.

요한계시록 21장 22,23절에 "성 안에서 내가 성전을 보지 못하였으니 이는 주 하나님 곧 전능하신 이와 및 어린 양이 그 성전이심이라. 그 성은 해나 달의 비침이 쓸 데 없으니 이는 하나님의 영광이 비치고 어린 양이 그 등불이 되심이라" 천국에 하나님이 계시는데 성경은 하나님 앞에 나아가는 길이 예수 그리스도 뿐이라고 말씀하고 있기 때문에 천국에 갈 길도 예수님뿐인 것입니다. 다른 길이 없습니다. (요 14:6)"예수께서 이르시되 내가 곧 길이요 진리요 생명이니 나로 말미암지 않고는 아버지께로 올 자가 없느니라"반드시 예수님을 통해야 천국에 계시는 하나님을 만날 수가 있습니다.

(행4:12)"다른 이로써는 구원을 받을 수 없나니 천하사람 중에 구원을 받을 만한 다른 이름을 우리에게 주신 일이 없음이라 하였더라" 예수님을 통하지 않고는 세상에서 구원을 받을 방법이 없습니다. (딤전 2:5)"하나님은 한 분이시오. 또 하나님과 사람 사이에 중보자도 한 분이시니 곧 사람이신 그리스도 예수라" 우리를 영원하신 아버지 앞으로 인도하실 분이 예수님 밖에 없습니다. 우리를 영원한 천국으로 인도하실 분이 예수님 밖에 없습니다. 그렇기 때문에 사람들은 예수님을 믿어야 하는 것입니다.

어떤 목사님께서 어린 아이들에게 설교를 하시다가 이런 질문을 했습니다. "예수 믿으면 죽어서 천국을 가는데 너희들은 나중에 죽어서 천국을 가고 싶으냐? 아니면 지옥을 가고 싶으냐?"라고 묻자 모든 아이들이 일제히 손을 들고서 "천국을 가고 싶어요!"라고 소리를 쳤습니다. 너무나 기쁜 마음에 목사님께서 또 다른 질문을 하셨습니다. "그럼, 너희가 천국을 갈려면 어떻게 해야 되지?"라고 묻자 한 아이가 번쩍 손을 들었습니다.

목사님은 속으로 틀림없이 이 아이가 "예수님을 믿어야 되요!"

라고 말할 것을 기대하면서 그 아이에게 답변할 수 있는 기회를 주었습니다. 자신 있게 손을 든 아이는 자리에서 일어나서 이렇게 크게 말했다고 합니다. "네, 우리가 천국에 가기 위해서는 먼저 죽어야 해요!" 네! 죽어야 됩니다. 맞는 말입니다. 지금 자신이 죽지 않고 천국에 갈수가 없습니다. 예수님을 믿으면 믿는 동시에 자신이 죽는 것이기 때문입니다. 또한 동시에 예수님으로 다시 태어나는 것입니다. 천국을 가려면 반드시 예수님을 믿어야 합니다. 예수님은 우리를 천국으로 인도할 수 있는 유일한 분입니다.

셋째, 예수님이 우리를 영원토록 함께하며 도우십니다. 하나님의 함께하심을 믿고 느끼면 그때 용기백배하고 큰 힘이 생깁니다. 예수님은 요한복음 14장 16절로 18절에서 "내가 아버지께 구하겠으니 그가 또 다른 보혜사를 너희에게 주사 영원토록 너희와 함께 있게 하리니 그는 진리의 영이라 세상은 능히 그를 받지 못하나니 이는 그를 보지도 못하고 알지도 못함이라. 그러나 너희는 그를 아나니 그는 너희와 함께 거하심이요. 또 너희 속에 계시겠음이라. 내가 너희를 고아와 같이 버려두지 아니하고 너희에게로 오리라" 예수님께서 보혜사 성령을 보내주셔서 영원토록 함께하시면서 우리를 도와주시는 것입니다. 어떻게 하나님이 나와 같이 계신 것을 내가 늘 마음속에 느낄 수가 있나요? 믿음으로 느낄 수가 있습니다. 성령을 통하여 알 수가 있습니다. 왜 하나님은 눈에 안보입니까? 하나님을 왜 옷자락 손에 잡지 못합니까?

하나님은 오늘날 시대에는 말씀을 통해서 성령으로 우리에게 찾아오시는 것입니다. 그래서 영원토록 함께하시는 것입니다. 저는 항상 하나님께서 함께 하신다는 믿음으로 성공적인 삶을 살고 있습니다. 우리가 이 세상을 살아갈 때 우리를 도우시고 보호하시고 인도하시는 분이 계십니다. 바로 우리의 보혜사 성령님이십니다. 성령님이 예수님의 은혜를 알게 하고 믿게 하시는 것입니다. 예수님은 십자가에서 죽으신지 사흘 만에 다시 살아나셨고 이 땅에 40일을 계시다가 제자들이 보는 앞에서 하늘로 올라가셨습니다. 그리고 하늘에 오르신 예수님은 지금 하늘 보좌 우편에서 대표적으로 세 가지 일을 하고 계십니다.

첫째는 하늘 보좌 우편에서 우리를 위하여 중보기도 하고 계십니다. (롬 8:34)"다시 살아나신 이는 그리스도 예수시니 그는 하나님 우편에 계신 자요 우리를 위하여 간구하시는 자시니라" 둘째는 우리를 위하여 천국에 거처를 예비하고 계십니다. (요 14:2,3)"내가 너희를 위하여 거처를 예비하러 가노니 가서 너희를 위하여 거처를 예비하면 내가 다시 와서 너희를 내게로 영접하여 나 있는 곳에 너희도 있게 하리라" 셋째는 고난 받는 자들을 응원하고 계십니다. (행 7:55,56)"스데반이 성령 충만하여 하늘을 우러러 주목하여 하나님의 영광과 및 예수께서 하나님 우편에 서신 것을 보고 말하되 보라 하늘이 열리고 인자가 하나님 우편에 서신 것을 보노라 한 대" 스데반이 돌에 맞아 죽을 때 주님은 하늘 보좌에서 일어나셔서 스데반을 응원하시며 위로하셨습니다.

주님이 승천하시기 직전에 제자들에게 말씀하셨습니다. (마 28:20)"볼지어다 내가 세상 끝 날까지 너희와 항상 함께 있으리라" 이 말씀이 좀 이상하지 않습니까? 당신은 가시는데 세상 끝 날까지 항상 함께 하시겠다고 말씀하셨습니다. 좀 모순이 있는 말씀 아닙니까? 가시면 함께 하실 수 없는데 가시면서 함께 하신다고 말씀하셨습니다. 주님께서 승천 직전에 모순처럼 들리는 말씀을 하신 이유는 무엇일까요? 그 이유는 예수님이 승천하시면 진리의 영이신 성령님께서 오셔서 믿는 자들과 함께 하실 것이기 때문입니다.

(요 14:17)"그는 진리의 영이라 세상은 능히 그를 받지 못하나니 이는 그를 보지도 못하고 알지도 못함이라 그러나 너희는 그를 아나니 그는 너희와 함께 거하심이요 또 너희 속에 계시겠음이라" 믿음이 없는 사람들은 성령님을 모릅니다. 성령님을 받지도 못하고 보지도 못하고 알지도 못합니다. 그러나 믿는 사람들은 성령님을 아는 것입니다. 왜냐하면 그분이 오셔서 우리와 함께 하시고 우리 속에 거하시기 때문입니다. 성령님은 하나님과 예수님을 바르게 알도록 하십니다.

성령님이 믿는 자 속에 오셔서 무슨 일을 하십니까? 믿음의 사람들을 인도하시고 도와주십니다. (롬 8:14)"무릇 하나님의 영으로 인도함을 받는 사람은 곧 하나님의 아들이라" (롬 8:26)"이와 같이 성령도 우리의 연약함을 도우시나니" 성령님이 오셔서 우리를 도와주셔서 어떤 결과가 만들어집니까? 두 가지 결과입니다.

첫째는 성령님은 예수님을 대신해서 모든 것이 합력하여 선을 이루게 하십니다(롬 8:28).저는 합력하여 선을 이룬다는 이 말씀이 너무 좋습니다. 내가 비록 부족해도 하나님을 의지하며 살면 합력하여 선을 이루게 되고, 내가 실수를 했어도 하나님이 도우시면 합력하여 선을 이루는 것입니다. 합력하여 선을 이룬다는 믿음만 확실하면 우리는 어떤 상황을 만나도 감사할 수 있습니다.

필자는 군대에서 열과 성의를 다하여 충성했지만 승진이 되지 않아 22년간 천직으로 생각한 군대생활을 접어야 했습니다. 정말 마음에 큰 충격이었습니다. 하나님께 땀이 파가 되도록 기도하니 하나님께서 목회자가 되라는 환상과 음성을 들려주셨습니다. 음성을 듣고 순종하여 신학대학원에 들어가 공부하고 목사가 되어 지금 성령치유 사역으로 하나님께 귀하게 쓰임을 받고 있습니다. 예수를 믿고 그리스도인이 된 사람들 중에는 합력하여 선을 이루어, 화가 화로 끝나는 것이 아니라, 복이 된 경우가 너무나 많습니다. 종국에는 예수를 믿는 우리를 영-혼-육의 전인적인 거부가 되게 하시는 것이 하나님의 뜻이기 때문입니다.

케몬스 윌슨이라는 미국의 한 남자가 회사에서 해고를 당했습니다. 남자들에게 직장에서 해고를 당했다는 것은 인생의 위기이며 기근을 만났다는 것입니다. 보통 남자들은 이럴 때 낙심하고 절망합니다. 그리고 자신을 해고 시킨 회사와 상사를 원망하게 됩니다. 그런데 케몬스 윌슨은 낙심하고 절망하고 원망하는 대신 해고 통지서를 들고 하나님 앞에 무릎을 꿇었습니다. 그리고 하나님 앞에 기도했습니다. "하나님, 이 해고의 의미가 무엇입니까? 저는 앞으로 어떻게 해야 됩니까?" 그때 하나님께서 그에게 '여관 사업을 해라. 사람들이 편안하게 쉴 수 있는 여관을 만들어 보아라.'라는 감동을 주셨습니다.

그는 기도 중에 받은 그 감동에 순종해서 작지만 깨끗한 여관을 만들었습니다. 그런데 손님이 얼마나 많이 오는지 많은 돈을 벌게 되었고, 차츰 여관의 수를 늘리기 시작해서 전 세계에 수많은 호텔을 가지고 있는 재벌이 되었습니다. 그 호텔이 바로 홀리데이인 호텔입니다. 케몬스 윌슨은 인생의 위기 앞에서 자신의 약함을 알고 하나님 앞에 엎드려 기도하다가 홀리데이인 호텔을 창업하여 재벌이 된 것입니다. 해고를 당해도 성령으로 기도하는 사람에게는 하나님께서 새 길을 주시는 것입니다. 합력하여 선을 이루는 것입니다.

우리가 예수님을 믿고 예수님을 적극적으로 인정하면 예수님은 성령으로 우리를 도우셔서 모든 것이 합력하여 선을 이루게 해주시는 분입니다. 둘째는 성령님은 예수님을 대신해서 우리를 예수 그리스도를 닮게 만드십니다. 성령님이 오셔서 우리를 도우셔서 우리의 구습을 치유하고 땅의 사람을 하나님의 자녀로 바꾸어 예수님을 닮게 만들어주시는 것입니다. 신앙생활에는 분명한 목표가 있습니다. 그 중 하나가 예수님을 닮는 것입니다. 성령님이 우리를 도우셔서 예수님을 닮도록 역사하십니다.

예수님을 믿고 성령으로 세례를 받아 그리스도인으로 거듭나면 성령이 역사하시는 진리를 듣고 자연스럽게 변화가 일어납니다. 전에는 나쁜 생각을 하고, 나쁜 말을 하고, 나쁜 행동을 해도 양심에 걸리지 않던 사람이, 이제는 나쁜 생각과 말과 행동을 하면 양심에 걸려서 마음이 불편하고, 하나님께 죄송한 생각이 들어서 마음이 많이 불편해 집니다. 성령님께서 마음속에서 역사하셔서 죄에 대해서 책망하시기 때문에 일어나는 현상입니다. 그렇게 되면 잘못을 회개하게 되고 돌이키게 됩니다. 그래서 하나님이 기뻐하시는 생각과 말과 행동을 하게 됩니다. 성령님은 이런 과정을 통해서 우리의 언행심사가 주님을 닮아가게 하시는 것입니다. 성령으로 충만해지니 세상에서 들어온 악한 마음이 떠나가기 때문입니다. 예수를 믿으면 반드시 성령의 역사로 변화가 일어나게 되어있습니다. 예수님에 대하여 더 자세하게 알고 싶은 분은 "예수이름의 권능을 사용하는 법"과 "보혈의 권능을 사용하는 법"을 읽어보시기를 바랍니다.

충만한교회에서는 매주 토요일 10:00-12:30까지 정한 선교헌금을 하고 1주전 예약하여 각각 2시간 30분씩 개별집중기적치유 시간이 있습니다. 여기서도 저기서도 치유와 능력을 받지 못한 분/ 불치병, 귀신역사를 빨리 치유받을 분/ 목허리디스크, 허리어깨통증, 근육통, 온몸이 아프고 무거움에서 치유해방 받고 싶은 분/ 자녀나 본인의 우울증, 공황장애, 조울증, 불면증을 빨리치유받을 분/ 가슴이 답답하고 기도하기가 힘이 드는 분/ 축복과 영의 통로를 뚫고 싶은 분/ 성령의 불세례를 체험하고 싶은 분/ 최단기간에 성령치유 능력받고 싶은 분이 참석하시면 기적적인 치유와 능력을 받습니다. 반드시 1주전에 전화하시고 예약해야 합니다.

4장 예수님과 동행하게 하시는 하나님

(창 39:20-23)"이에 요셉의 주인이 그를 잡아 옥에 가두니 그 옥은 왕의 죄수를 가두는 곳이었더라 요셉이 옥에 갇혔으나 여호와께서 요셉과 함께 하시고 그에게 인자를 더하사 간수장에게 은혜를 받게 하시매 간수장이 옥중 죄수를 다 요셉의 손에 맡기므로 그 제반 사무를 요셉이 처리하고 간수장은 그의 손에 맡긴 것을 무엇이든지 살펴보지 아니하였으니 이는 여호와께서 요셉과 함께 하심이라 여호와께서 그를 범사에 형통하게 하셨더라"

하나님과 동행하는 믿음이 되어야 합니다. 자녀들이 나는 항상 하나님께서 동행하신다는 신앙의 자세로 변해야 합니다. 항상 하나님께 질문하고 대화하는 신앙이 동행하는 믿음입니다. 하나님은 주인으로 인정하고 찾아야 역사하십니다. 하나님께서 함께 하시면서 동행하도록 찾고 찾으시기 바랍니다.

한 젊은 육상 선수가 올림픽에서 명성을 얻은 뒤 성공을 거둔 소감을 말하라는 요청을 받았습니다. 그는 이렇게 말했습니다. "하나님께서 발을 내딛는 순간마다 나와 함께 달려주셨기 때문에 제가 최선을 다할 수 있었다고 생각합니다." 스포츠 해설가는 믿을 수 없다는 듯이 "하나님께서 오늘 당신이 이기도록 도우셨다는 말은 아니지요?"라고 물었습니다. 그 젊은이는 잠시 생각하다가 다음과 같이 말했습니다. "하나님께서 계시지 않았더라면 내가 오늘 이 자리에 설 수도 없었을 것입니다. 훈련하는 데 필요한 준비도 못했을 것이고, 내가 하고 있는 일에서 최고가 되어야 할 필요성도 깨닫지 못했을 것입니다. 이런 이유들 때문에 하나님께서 나와 함께 달려 주셨다고 한 것입니다. 하나님께서 계시지 않았더라면 나는 오늘 경기에서 이기지 못했을 것입니다."

이 얼마나 놀라운 믿음의 고백입니까? 우리는 너무도 자주 매일의 삶 가운데 함께하시는 하나님을 잊어버립니다. 우리가 살아있다는 단순한 사실에서부터 지금껏 살아온 하루하루 삶의 기적, 그리고 우리가 가진 재능에 이르기까지 우리의 삶과 이 세상 속에 함께하시는 하나님의 임재를 느껴야 할 것입니다. 우리의 삶 가운데 계신 그분을 인정할 때 우리가 무슨 일을 하든 동행해주시는 하나님을 믿고 안심할 수 있습니다.

성경은 아름다운 동행자에 대한 얘기로 가득 차 있습니다. 동행이란 단어 때문에 유명한 이가 에녹입니다. 에녹은 성경에서 아주 짧게 기록돼 있는데도 많이 알려져 있습니다. 동행이라는 말 때문에 에녹은 우리에게 감동을 줍니다. 에녹은 므두셀라를 낳고 300년을 하나님과 동행했다고 성경은 말하고 있습니다.

동행할 수 있는 분 가운데서 가장 좋은 분이 있습니다. 그분과 동행하면 분명히 복을 받습니다. 그 분은 하나님이십니다. 에녹은 하나님과 동행했습니다. 하나님과 에녹의 동행은 참으로 아름다운 것이었음이 분명합니다. 에녹에 대한 기록에서 다른 곳에서는 찾아보기 힘든 특징이 눈에 띕니다. 에녹의 죽음에 대한 표현입니다. 성경은 에녹이 죽었다고 말하지 않았습니다. 창세기 5장의 에녹이 포함된 족보에서 누가 누구를 낳고 몇 살까지 살다가 죽었다는 표현이 공통적이었지만 에녹은 예외였습니다. 에녹의 죽음을 말할 때 "하나님이 그를 데려가시므로"고 표현하고 있습니다. 하나님이 에녹을 너무너무 좋아하신 것이 아닐까 싶습니다. 그래서 데려가셨던 건 아닐까요? 우리 하나님과 사람들 앞에서 할 수만 있으면 사랑 받는 자가 됩시다. 그러나 둘 중 하나를 선택해야 할 경우라면 성도는 하나님을 기쁘시게 하고 하나님의 사랑을 받아야 합니다. 하나님은 창세기 31장 3절에서"여호와께서 야곱에게 이르시되 네 조상의 땅 네 족속에게로 돌아가라 내가 너와 함께 있으리라 하신지라"말씀하십니다.

어떤 교회의 한 어린이가 헌금봉투에 하나님께 보내는 편지를 적어 내었습니다."사랑하는 하나님, 안녕하세요? 저희 가족이 이번 주에 휴가를 떠나서 부탁드릴게 있어요. 사흘 동안은 먼 곳을 갔다 와야 하니까 그 기간 동안은 어디 가지 마시고 저희 가족을 지켜주세요. 아, 그리고 혹시나 급한 일이 생기거나 어디로 휴가를 가게 되실 경우에는 미리 알려주세요. 그래야 집에서 멀리 나가지 않고 휴가를 떠난 하나님을 위해 기도할 수 있을 테니까요"

편지를 읽은 목사님은 예배가 끝난 후 그 아이를 불러서 하나님은 언제나 우리와 함께 계시고, 동행하시며, 우리를 항상 지켜주시는 분이란 것을 알려주었습니다. 목사님의 이야기를 들은 아이는 자신의 걱정이 쓸데없는 것이란 걸 깨닫고 환한 미소와 함께 즐겁게 집으로 돌아갔습니다.

하나님은 언제나 우리와 함께 동행하십니다. 그분은 특정 순간에만 우리와 함께 하시고 돌보시는 분이 아닙니다. 언제나 우리를 지키시고 우리를 위해 기도하는 분이십니다. 언제나 하나님이 함께한다는 확신을 가지십시오. 믿음을 가지십시오. 하나님은 이사야서 41장 10절에서 "두려워하지 말라 내가 너와 함께 함이라 놀라지 말라 나는 네 하나님이 됨이라 내가 너를 굳세게 하리라 참으로 너를 도와주리라. 참으로 나의 의로운 오른손으로 너를 붙들리라" 말씀하십니다.

사람이 혼자 사는 것은 쉽지 않은 것입니다. 그만큼 사람은 고독과 외로움에 약한 존재입니다. 하나님께서는 아담이 혼자 사는 것이 좋지 아니함을 알고 돕는 배필 하와를 창조하셨습니다(창 2:18). 그것도 모자라 주님께서는 "내가 세상 끝날까지 항상 함께 있으리라"(마 28:20)고 하셨습니다. 우리는 혼자가 아니라 하나님과 동행하는 자들입니다. 이것처럼 우리에게 큰 위로를 주는 것은 없을 것입니다. 이것만 확실하다면 우리는 현재의 어떤 고난도 잘 견딜 수 있습니다. 그렇다면 하나님과 동행하려면 어떻게 해야 할까요?

첫째, 진리를 말하고 들어야 합니다. 하나님의 은혜로 아브라함의 복을 받으려면 듣고 말하는 것도 주의해야 합니다. 율법을 듣고 말하는 사람은 바리새인이 됩니다. 율법은 말 그대로 법입니다. 지키면 살고 지키지 않으면 죽는 것입니다. 율법은 머리로 알고 움직이기 때문에 생명이 없기 때문입니다. 율법은 반드시 피 흘림이 있어야 복음이 됩니다. 그러나 진리를 듣고 말하면 영이 살아나는 것입니다. 진리는 성령의 역사가 일어나기 때문에 생명이 있습니다. 왜냐하면 예수를 믿으면 성령이 우리 마음 안에 들어오십니다. 성령께서 진리를 깨달아 알게 하시고 들리게 하시기 때문입니다. 성령의 사람만이 진리를 말하고 알아듣기 때문입니다. 진리(복음)를 알아듣고 말하는 사람은 성령의 인도를 받는 성도입니다. 성령의 인도로 하나님과 바른 관계를 갖고 있으면 자연적으로 범사가 형통하게 되는 것입니다.

율법을 듣고 말하는 성도는 보이는 성전을 중요하게 생각하고 교회 중심의 신앙생활을 합니다. 진리를 알아듣고 말하는 성도는 자신 안에 있는 심령 교회를 중요하게 생각합니다. 율법을 듣고 믿고 신앙 생활하는 성도는 하나님을 위해서 섬기기 위하여 신앙생활을 합니다. 하나님을 위해서 섬기려니 보이는 하나님이 교회에만 계신다고 믿어 교회를 중요하게 생각하는 것입니다. 왜냐하면 많은 분들이 세상에서 샤머니즘의 신앙생활을 하다가 예수를 믿었습니다. 자신이 믿던 신을 위해서 섬겨서 복을 받으려고 섬기는 신을 모신 신전을 찾던 것이 습관이 되었습니다. 그래서 예수를 믿었어도 하나님을 위해서 섬기려면 교회를 가야 한다는 생각을 탈피하지 못하는 것입니다.

하나님은 사도행전 17장 24-25절에서 "우주와 그 가운데 있는 만물을 지으신 하나님께서는 천지의 주재시니 손으로 지은 전에 계시지 아니하시고, 또 무엇이 부족한 것처럼, 사람의 손으로 섬김을 받으시는 것이 아니니, 이는 만민에게 생명과 호흡과 만물을 친히 주시는 이심이라" 하나님은 사람의 손으로 섬김을 받지 않는 분입니다. 하나님은 예수님을 믿는 자들에게 생명과 호흡과 만물을 친히 주시는 하님이십니다. 섬기는 믿음 생활을 하다가 보면 자연스럽게 자신 안에 계신 하나님과는 관계를 열수가 없습니다. 하나님은 사도행전 17장 24절에서 "우주와 그 가운데 있는 만물을 지으신 하나님께서는 천지의 주재시니 손으로 지은 전에 계시지 아니하시고" 분명하게 사람의 손으로 지은 전에 계시지 않는 다고 말씀하십니다. 우리 하나님은 우리의 심령 성전에 계십니다. 우리는 바르고 정확하게 알고 믿음 생활을 해야 합니다. 막연하게 알고 믿음 생활하면 낭패를 당합니다. 하나님과의 관계가 열리지 않으니 하나님의 복을 받을 수 없는 것입니다.

반대로 진리를 알아듣고 말하면서 믿음 생활하는 성도는 하나님과 동행하는 신앙생활을 합니다. 성령께서 자신에게 진리를 알아듣고 말하게 하시기 때문입니다. 진리를 알아듣고 섬기는 성도는 성령님을 통하여 자신 안에 계신 하나님과 교통하면서 믿음 생활을 하기 때문에 항상 하나님과 동행합니다. 예수님을 믿고 믿음 생활하면서 하나님의 복을 받아 거부가 되려면 하나님과 동행하는 성도가 되어야 합니다. 가정이나 사업이나 불통하는 이유는 하나님과 관계가 원활하니 못하기 때문인 것입니다. 에덴동산은 범사가 잘 되는 낙원이었습니다. 하나님이 중심이 되고 하나님이 주인이 되어 있으니까 에덴동산에는 아무런 부정적인 것이 없었습니다. 그런데 아담이 하나님께서 돌보시는 그 삶을 저버리고 나왔기 때문에 저주가 다가오고, 가난이 다가오고 슬픔도 다가온 것입니다. 이 모든 문제가 하나님과 올바른 관계를 맺으면 하나님의 명령 한마디에 갈릴리 풍파가 잠잠해진 것처럼, 죽은 나사로가 무덤에서 살아나 온 것처럼, 순식간에 문제가 해결되어 버리고 말 것입니다. 하나님과 동행하는 신앙으로 회복이 되어야 하나님과 동행하며 아브라함의 복을 받을 수가 있습니다. 지금 하나님은 우리의 마음 안에 들어와 좌정하고 계십니다. 하나님은 성령으로 진리를 깨닫게 하십니다. 성령으로 진리를 깨달으면서 살아가는 사람은 성령의 인도를 받는 자녀입니다.

둘째, 고난이 찾아와도 요동하지 말아야 합니다. 요셉에게 찾아온 고난은 자신의 죄 때문이 아니었습니다. 그는 오히려 죄를 짓지 않기 위해 노력하다가 억울한 누명을 쓰고 옥에 갇히게 된 것입니다. 요셉은 자신의 처지에 대해 불평하지 않습니다. 하나님을 원망하지 않습니다. 오히려 여호와를 신뢰하며 선을 행하였습니다(시 37:3). 바울과 실라가 복음을 전하다가 옥에 갇혔지만 그들은 불평하지 않습니다. 성실히 주어진 일에 최선을 다합니다. 찬양으로 하나님께 영광을 돌려드립니다. 그리고 복음을 증거합니다(행 16장). 이 삶이 하나님과 동행하는 자의 삶입니다. 오늘 나는 고난 중에서도 하나님을 불평하지 않고 나에게 주어진 일에 대하여 성실히 일을 합니까? 우리의 한계를 인정합시다. 고난과 역경은 성실한 우리의 신앙적 삶을 통해 하나님께서 이기게 하시고, 없애주실 줄 믿습니다.

하나님은 시편 119편 71절에서 "고난당한 것이 내게 유익이라 이로 말미암아 내가 주의 율례들을 배우게 되었나이다" 말씀하십니다. 고난이 찾아오니 하나님을 찾게 됩니다. 하나님을 찾으니 영이신 하나님과 통하게 됩니다. 영이신 하나님은 우리가 성령으로 충만한 영적인 상태가 되어야 동행할 수가 있습니다. 하나님과 동행을 하려면 하나님을 무시로 찾는 것이 습관이 되어야 가능한 것입니다. 고난이 찾아오면 감사할 줄 아는 자녀들이 되어야 합니다. 그래야 하나님과 관계가 열려서 하나님과 교통하면서 인생을 살아갈 수가 있습니다. 하나님은 자꾸 찾고 인정해야 함께 하십니다. 우리 자녀들이 세상을 살아가면서 대소사를 하나님과 의논하는 신앙이 되어야 하나님과 동행할 수가 있습니다. 하나님의 음성을 듣고 순종할 때 모든 것이 이루어지는 것입니다.

하나님과 동행하며 대화할 때 마음에 평안이 찾아오게 됩니다. 마음에 평안이 찾아왔다면 하나님이 동행하시는 보증입니다. 하나님은 살아계십니다. 그렇기 때문에 하나님은 우리가 몸으로 마음으로 느끼게 하십니다. 하나님은 절대로 말씀만 하시는 하나님이 아니십니다. 말씀하시고 실제로 나타내 보이시는 하나님이십니다. 그렇기 때문에 예수를 믿었으면 실제로 변화가 일어나야 합니다. 하나님과 동행한다면 실제로 삶에서 기사와 이적이 나타나야 합니다.

하나님은 요한복음 16장 33절에서 "이것을 너희에게 이름은 너희로 내 안에서 평안을 누리게 하려함이라 세상에서는 너희가 환난을 당하나 담대하라. 내가 세상을 이기었노라 하시니라"말씀하십니다. 실제로 동행함을 느끼는 믿음이 되시기를 바랍니다.

셋째, 모든 일이 형통하므로 긍정의 자세입니다(창39:23). 하나님께서 동행하시므로 매사가 잘 풀리는 것입니다. 하나님께서 자신의 믿음을 보시고 그대로 역사하시기 때문입니다. 하나님께서 자신과 동행하시는데 무엇이 두렵겠습니까? 두려운 것은 본인의 믿음이 없는 것이 두려운 것입니다. 하나님께서 동행하신다고 가만히 있는데 문제가 해결되지 않습니다. 문제가 나타나면 하나님께 기도해야 합니다. 하나님께 성령으로 기도하여 알려주시는 데로 행할 때 문제가 풀리는 기적을 체험하는 것입니다. 절대로 하나님께서 해주시기를 기다리면 아무런 기적도 체험할 수가 없습니다. 순종하고 행하면 기적을 체험하게 됩니다.

하나님께서 동행하시니 형통한 것입니다.'형통케'히브리어 '짜라흐' 뜻은 '번영케 하셨다'라는 뜻입니다. 하나님께서 성실한 요셉과 동행하자 요셉의 모든 일이 번영케 되었다는 뜻입니다. 모든 만물의 아버지이신 하나님께서는 인간의 삶에 축복을 주실 수도 그리고 저주를 주실 수도 있는 분이십니다. 하나님께서 요셉과 동행한다는 말은 요셉이 하나님의 말씀에 순종했기 때문입니다. 그가 하나님을 경외하기에 하나님께서 그에게 복을 주셨습니다.

우리 인생에 모든 일이 자꾸 꼬이고 제대로 되지 않을 때 제일 먼저 점검할 것이 있다면 그것은 하나님께서 나와 동행하시고 있느냐는 것입니다. 또, 하나님과 동행하는데 하나님께서 알려주시는 방법대로 순종하느냐 입니다. 하나님께서 나와 함께하신다면 모든 일이 풀리고 열릴 것입니다. 그러나 그분이 동행하기를 거절하신다면 모든 일에서 실패합니다. 하나님과 동행하시기 바랍니다. 하나님께서 함께하시면 범사가 형통합니다.

하나님은 역대상 17장 8절에서 "네가 어디로 가든지 내가 너와 함께 있어 네 모든 대적을 네 앞에서 멸하였은즉 세상에서 존귀한 자들의 이름 같은 이름을 네게 만들어 주리라" 말씀하십니다. 하나님과 동행하는 자녀는 세상에서 존귀하게 됩니다.

넷째, 환난 중에도 당황하지 않습니다(창39:21, 빌3:4). 우리는 자녀들에게 하나님이 항상 동행한다는 믿음을 가지게 하는 것이 좋습니다. 많은 부모님들이 자녀들의 신앙을 판단할 때 성전에 잘 나가야 안 나가냐를 가지고 판단합니다. 즉 예배를 잘 드리느냐 안 드리느냐를 잣대로 삼는 다는 것입니다. 행위로 믿음의 분량을 정한다는 것입니다. 물론 외형적으로 보면 맞습니다. 그런데 저는 이렇게 외형적으로 신앙생활을 하지 말고 항상 하나님과 동행하는 신앙이 되어야 한다는 것입니다.

제가 그동안 성령치유 사역을 하면서 문제 자녀를 둔 목사님, 장로님, 권사님들과 대화를 합니다. 이분들이 이구동성으로 하는 말이 교회에 빠짐없이 잘 나갔다는 것입니다. 성경도 읽고 쓰기도 했다는 것입니다. 그런데 어느 날부터 교회를 나가지 않고 있다는 것입니다. 저는 이렇게 대답을 합니다. 물론 교회에 빠짐없이 나가서 예배드리는 것은 중요합니다. 그러나 보이는 신앙에 만족함을 가지고 신앙생활을 시키다가 보니 하나님이 동행하시는 신앙생활이 되지 않았다는 것입니다.

항상 하나님을 찾고 대화하는 자녀가 되어야 합니다. 그런데 교회에 나가서 예배를 드리느냐 안 드리느냐의 신앙으로 평가합니다. 이렇게 보이는 신앙생활을 하다가 보니 예배드리는 것이 형식이라고 생각을 합니다. 예배 드려서 변화되고 이익이 되는 것이 무엇인가 의아심을 갖습니다. 자꾸 인간적인 생각을 하다가 보니 상처가 치유되지 않아 자꾸 강퍅한 자녀가 됩니다. 심령이 단단해지는 것입니다.

급기야 교회를 나가지 않게 됩니다. 심령이 성령으로 장악되지 않아 육체가 된 현상입니다. 시간이 가면 갈수록 상처가 강해지니 반항아가 됩니다. 정신적인 문제도 발생합니다. 심령에 귀신이 역사하기도 합니다. 그러다가 악한 영의 영향에 완전하게 장악이 됩니다. 그래서 저에게 전화를 하고 찾아 오시는 것입니다. 모두 처음 자녀들이 신앙생활을 할 때 성령의 인도받는 자녀로 만들지 못한 연고입니다. 이는 성령의 강한 역사가 있어야 치유됩니다. 모두 이렇게 되기 전에 말씀과 성령으로 치유해야 할 것입니다. 성령으로 장악이 되게 한 다음에 영의 통로를 뚫으면 치유가 되는 경우가 보통입니다. 어떤 자녀는 저희 교회에서 하는 토요일 집중치유에 와서 치유 받는 자녀도 있습니다. 무엇보다도 부모님들이 영적인 사고로 바뀌는 것이 너무나 중요합니다. 성령의 인도를 받아 하나님과 동행하면 창세기 39장 21절과 같이 "여호와께서 요셉과 함께하시고 그에게 인자를 더하사 간수장에게 은혜를 받게 하시매"같이 되는 것입니다.

주님이 동행하시므로 주님의 은혜가 임하자 도저히 신뢰받지 못할 곳에서도 다른 사람의 신뢰를 받았습니다. 초대교회 성도들은 온 백성에게 칭송을 받음으로써 하나님께서 그들과 함께 계심을 보여주었습니다(행 5:13). 이것이 쉽지는 않습니다. 사람과 사람 사이에 신뢰를 준다는 것은 결코 쉽지 않은 일입니다. 사람에게도 그의 성실한 모습이 좋은 영향력을 미칩니다. 하나님의 뜻은, 믿는 성도들이 삶의 현장에서 다른 사람의 신뢰를 받음으로 하나님께서 함께하심을 열방에 나타내기 원하십니다.

다음은 어느 그리스도인의 고뇌에 찬 고백입니다. "교회는 수십 년 다녔지만 믿기 전에 비해 변한 것이 별로 없습니다. 성품도 삶도 옛날 그대로입니다. 그러다보니 종종 가정은 지옥같이 느껴지고 교회 생활도 형식적이 되어버린 지 오랩니다. 물론 예수를 자발적으로 증거 해 본 경험도 없습니다. 그런데도 교회에만 가면 모범 신자로 대접받다보니 저 자신의 이중성과 위선에 괴로움만 더해갑니다." 이처럼 우리가 그리스도인으로서의 깊은 고뇌 속에 빠지게 될 때, 그 때가 바로 성령의 격려하시는 음성을 듣는 때입니다. 또한 새롭게 성령으로 기도하여 영의통로를 뚫고 일어서야 할 때입니다. 그리스도인이 이 같은 고뇌 속에 빠져 무력해지는 이유는 한 마디로 새로운 신분에 맞는 삶에서 너무나 멀어져 있기 때문일 것입니다. 즉, 그리스도인의 제자로서의 삶보다는 과거의 습관대로 육신의 정욕을 따라 살기 때문입니다. 새로운 신분이란 성령의 인도를 받으며 하나님과 동행하는 삶입니다. 빨리 알아차리고 나와야 합니다. 그래야 변합니다.

자녀들에게 무엇보다도 중요한 것이 성령의 인도를 받는 것입니다. 형식적인 신앙생활은 권태기가 찾아오기 마련입니다. 성령으로 세례 받아 성령의 인도를 받으며 하나님과 동행하는 신앙으로 화복해야 합니다. 회복을 하려면 시간이 걸립니다. 또 전문적인 치유도 받아야 합니다. 혼자 해결이 되지 않습니다.

날마다 이렇게 성령으로 기도하기 바랍니다. 언제나 나와 함께하시는 주님, 내게 있는 모든 일을 주님과 함께하기 원합니다. 그리하여 나를 통해 하나님이 증거 되기 원하오니 주님의 생각을 분변하며 순종하게 하소서. 또한 주님이 행하신 일들을 기억하며 감사하는 자로 살게 하소서. 언제나 나와 함께 해주시는 하나님을 믿사오니 항상 흔들림 없는 임마누엘의 신앙 속에 살아가게 해주시옵소서. 성령의 인도를 받게 하옵시고. 언제 어디서나 하나님과 동행하는 생활을 하게 하옵소서. 주와 동행하며 어떤 환경에서도 그리스도인임을 잊지 않게 하소서. 주님과 날마다 동행하는 삶이 되도록 은혜를 베풀어 주옵소서. 나의 삶이 주님과 동행함으로 날마다 형통한 삶이 되게 하옵소서. 예수님의 이름으로 기도하옵니다. 아멘.

충만한 교회는 매주 다른 과목을 가지고 매주 화-수-목(11:00-16:30)집회를 인도합니다. 그래서 많은 분들이 교수 과목에 대하여 질문을 많이 합니다. 즉, 성령의 불세례 받는 집회는 언제 합니까? 내적치유는 언제 합니까? 신유집회는 언제 합니까? 귀신축사는 언제 합니까? 기도 훈련은 언제 합니까? 성령은사 집회는 언제 합니까? 재정 축복집회는 언제 합니까? 등등 질문을 하십니다. 충만한교회 집회는 "성령의 불세례, 내적치유, 귀신축사, 신유, 성령의 은사 전이, 깊은 영의기도"는 기본으로 깔아놓고 집회를 인도합니다. 어느 집회에 오시더라도 "성령의 불세례, 내적치유, 귀신축사, 신유, 성령의 은사 전이, 깊은 영의기도"를 받을 수 있다는 말입니다.

매주 같은 과목으로 집회를 하면 영성을 깊게 개발할 수가 없습니다. 매주 다른 여러 가지 과목을 학습하면서 과목마다 다르게 역사하는 성령으로 상처와 질병과 귀신들이 떠나갑니다. 과목마다 성령께서 역사하는 방향이 다르기 때문입니다. 병원이나 세상 방법으로 해결하지 못하는 무슨 문제든지 해결 받겠다는 믿음을 가지고 오시면 15가지 질병과 문제도 모두 해결 받습니다.

5장 영적인 세계에 눈을 뜨게 하시는 하나님

(고전 2:10)"오직 하나님이 성령으로 이것을 우리에게 보이
셨으니 성령은 모든 것 곧 하나님의 깊은 것까지도 통달하시느
니라"

하나님은 예수를 믿고 교회에 들어오면 성령을 체험하게 하십
니다. 성령을 체험하면서 영적인 면에 관심이 많아집니다. 예수
를 믿고 교회에 들어오면 성령께서 축복을 받는 것에 관심을 갖
는 것에 앞서서 영적인 면에 관심을 갖도록 인도하시는 것입니
다. 땅만 보고 땅의 것을 보는 눈을 하늘의 것을 보는 영의 눈으
로 여는 훈련을 하십니다. 영적인 눈이 열려서 하늘나라 사람으
로 변해야 아브라함의 복을 받을 수 있기 때문입니다.

아브라함의 복을 받으려면 영적인 눈이 열려서 영의 사람이 되
어야 하기 때문입니다. 영적인 세계에 관심을 가짐과 동시에 영
적인 궁금증이 생깁니다. 능력은 어떻게 받을까? 환상은 어떻
게 열릴까? 영적인 세계에 무엇이 존재할까? 영안은 어떻게 열릴
까? 성령은사는 어떻게 해야 받을 수 있을까? 영들은 어떻게 분
별할까? 방언 기도는 어떻게 받게 될까? 이런 궁금증을 해결하기
위하여 책도 읽고 집회도 참석하여 영의 눈이 뜨이게 됩니다.

세상에서 불신자로 살아갈 때는 영이 육에 눌려서 기능을 제
대로 발휘하지 못합니다. 한마디로 갑갑한 인생입니다. 복음을
전도 받고 교회에 나와 예수 믿고 성령으로 세례를 받으면서 처

음으로 느끼는 영적인 체험을 하는 것입니다. 인간이 본능적으로 세상을 살아가다가 말씀을 통하여 성령이 운행하시어 빛이 비치고 영적인 눈이 열리며 깨닫기 시작하는 것입니다.

크리스천은 누구입니까? 하나님의 군사입니다. 크리스천들은 영적인 세계가 있다는 것을 바르게 알아야 하나님의 군사가 될 수 있습니다. 세상을 말씀으로 지으시고 통치하시는 하나님과 인류의 죄를 위해 십자가에서 대속의 보혈을 흘려주신 예수 그리스도와 성령 하나님을 믿는 무리들입니다. 말하자면 세상 사람들이 인정하지 않은 성경말씀을 진리로 믿는 사람들입니다. 그 성경에는 육신의 눈으로 보이지 않는 영적 존재인 하나님과 천사, 그리고 사탄과 귀신들이 있습니다. 생명이 끝나면 영혼은 죽지하지 않고, 이 땅에서의 살아온 잣대에 따라 천국과 지옥으로 가서 영원히 살게 될 것을 믿는 사람들입니다. 말하자면 크리스천들은 영적 세계와 영적 존재를 믿는 무리인 셈입니다.

그렇다면 당신이 전도하고 싶은 누군가에게 가서 복음을 전했다고 합시다. 그렇다면 그들은 대개 하나님과 천사와 사탄과 귀신들을 보았느냐며 코웃음을 칠 것이 분명합니다. 그 말을 들은 당신은 발끈해서, 예수님을 주인으로 믿는 믿음이 없다면 지옥에 가게 될 것이라고 대꾸하기 십상입니다. 그러면 상대방은 도끼눈을 뜨고 잡아먹을 기세로 덤벼들 것입니다. 그 순간 당황해진 당신은 꽁무니를 빼면서 뒷걸음질 치기에 바쁠 것입니다.

무엇이 잘못된 것일까요? 당신의 잘못인가요? 아님 상대방의 무지한 탓인가요? 이 상황을 초대교회 버전으로 되돌려보겠습니다. 베드로의 설교 한 번에 삼천 명의 사람들이 기독교에 입교했습니다. 그들은 베드로가 설교를 잘 한 것에 탄복해서가 아니라, 귀신이 쫓겨나고 불치병자가 나으며, 죽은 사람이 살아나는, 믿을 수 없는 광경을 두 눈으로 확인한 탓입니다. 말하자면 하나님이 살아계신 것을 확인했기에 교회를 찾아와 베드로의 설교를 듣고 입교를 결심한 것입니다. 그런데 당신은 사람들에게 거꾸로 얘기하고 있습니다. 복음을 전하고 나서 하나님의 살아계심을 믿으라고 합니다. 그러니까 그들은 하나님이 어디 있냐고 하면서 증거를 보면 믿겠다고 하지 않습니까? 더 이상 말문이 막힌 당신은 머쓱해져서 발걸음을 되돌리기 일 수입니다.

그런 사람에게 필자가 한 마디 묻겠습니다. 당신은 하나님과 천사, 그리고 사탄과 귀신의 존재를 믿으며 영적 세계를 훤하니 알고 있습니까? 물론 하나님이 살아계심을 철썩 같이 믿고 있노라 하겠지만, 그럼 증거를 보이라는 필자의 말에 더 이상 할 말을 못하고 뒷머리를 긁고 있는 사람도 있을 것입니다. 필자가 하나님을 믿고 있는 사실을 의심하는 아닙니다. 영적 존재와 영적 세계에 대해 무지하니까 이렇게 열매 없는 방식으로 복음을 전하는 것입니다.

만약 우리들이 하나님과 천사, 그리고 사탄과 귀신에 대해 잘 알고 있다는 것은 영안이 뜨였다는 것을 말하는 것이며, 악한 영들을 쫓아내는 능력을 보유했다는 것을 의미하기도 합니다. 귀신을 쫓아내는 영적 능력을 보유한 사람은 기적을 일으키며 병자를 치유하는 능력도 동반해서 지니고 있을 것입니다. 말하자면 오랫동안 신앙생활을 하며 전도행위를 열심히 하고 있어도 삶에 힘이 없고 신앙에 능력이 없는 이유는 영적 세계에 무지하고 영적 능력이 없는 이유입니다.

영적 능력이 있다는 증거는 영안이 뜨이고 영적 존재와 영적 세계에 대해 훤하게 알게 됩니다. 그러나 오랫동안 희생적인 신앙행위를 실행하며 종교의식을 반복하고 있지만, 여전히 하나님을 만나지 못하고 있기에 전전긍긍하며 신앙생활을 이어가고 있는 이유입니다. 말하자면 영적 세계에 무지한 크리스천이라는 말입니다. 크리스천은 하나님을 믿어 영적 능력을 얻게 되므로 영안이 뜨이고, 영적 세계에 대해 알고 있어야 합니다. 그동안 성경을 읽고 설교에 들은 대로 믿지 않는 세상 사람에게 말하고 전도하려고 하니, 그들에게 멸시와 조롱을 당하지 않습니까? 지금까지 이론적으로 신앙생활을 한 것만으로도 충분합니다. 앞으로는 그런 이론적이고 열매 없는 일을 더 이상 반복하지 말고, 본질적인 문제를 해결하는 일에 집중하길 바랍니다. 한마디로 현장중심의 믿음 생활을 하라는 것입니다. 세상에서 살아가면서 영적인 존재들과 영적인 싸움을 하는 군사가 되라는 말입니다.

필자가 말한 것들은 인정한다면 이제부터 영적 세계를 알고 체험하는 노력을 기울여야 합니다. 하나님을 만나고 악령의 존재와 공격을 깨달아야 합니다. 말하자면 영적 존재인 하나님을 굳게 믿고 성경에서 언급한 사탄과 악령의 공격을 인정해야 합니다. 그런 크리스천이라면 누구나 예외 없이 성령과 깊고 친밀한 관계를 누리는 영적 습관을 들여야 하며, 예수그리스도의 보혈의 능력을 얻어 악한 영과 싸워 이길 수 있는 기도의 능력을 보유해야 합니다. 하나님께서 주신 권능을 가지고 악한 영들을 물리쳐야 합니다.

초대교회의 시작은 교회당을 크게 짓고 전도행사를 대대적으로 하는 것으로 시작하지 않았습니다. 그들은 먼저 마가요한의 다락방에 모여 성령의 내주를 갈망하며 밤낮으로 혼신을 다해 기도하였습니다. 그러자 성령세례를 받고 영적 능력을 얻어 방언을 하며 귀신을 쫓아내고 불치의 병을 낫게 하는 등의 기적을 불러일으키는 기도를 할 수 있게 되었습니다. 그러자 성령의 인도하심과 도우심을 얻게 되었으며 사탄과 귀신의 공격을 제어할 힘도 더불어 생겨난 것입니다. 성령 하나님의 도우심을 얻는 능력과 사탄과 귀신을 쫓아내고, 그들의 공격으로 인해 불행한 삶에 빠진 양들을 구해냈다는 것은 영안이 열리고 영적 세계를 훤히 알게 되었다는 증거가 아닙니까?

그러나 아쉽게도 현 시절 우리네 교회의 크리스천들은 하나님을 믿고 성경을 하나님의 말씀이라고 믿고 있다고 하지만, 이는 머리로 아는 것에 불과합니다. 삶의 현장에서 하나님의 능력을 체험하지 못하고 있으니 사탄과 귀신들의 공격을 어찌 막아낼 수 있으며 알아낼 수 있겠습니까? 이러한 모습은 영적 세계에 대한 확신이 없다는 증거입니다. 만약 하나님이 살아계심을 확신하고 사탄과 귀신들의 공격으로, 양들이 생명과 영혼을 사냥당하고 있다는 것은 확실하게 알고 있다면 지금처럼 안일하게 희생적인 신앙행위와 예배의식을 반복하고 있겠습니까? 그렇게 불행에 빠지고 고통에 신음하면서 쳐다보고만 있겠습니까?

전문성이 없는 것은 무능한 교사에게 학생을 맡기고, 무능한 의사에게 병을 고치러가며, 무능한 변호사에게 민 형사 사건을 의뢰하는 것과 같습니다. 시간과 돈을 낭비할 뿐입니다. 이는 영적 세계를 모르는 목회자가 있는 교회에 앉아 있는 교인들도 마찬가지입니다. 영적 세계에 무지하기에 영적 능력이 있는 지도자와 무능한 목자를 분별하지 못합니다. 그래서 지금까지 무기력하고 무능하게 살아온 이유입니다. 자신이 다니는 교회가 영적 세계에 무지하고, 담임목사가 영적 능력이 없더라도 슬퍼하고 한탄하지 말고, 자신이 영적세계에 무지하고, 영적 능력에 무능한 탓이라는 것을 뼈저리게 깨닫고 조용히 빠져나와야 할 것입니다. 그리고 스스로 길을 찾아 나서야 살수가 있습니다. 그래야 비로소 마음을 새롭게 할 각오를 다지게 되며, 하나님을 간절히 부르고 혹독하게 성령의 내주를 간구하는 동력을 얻게 될 것입니다. 이젠 더 이상 과거의 어리석음을 반복하지 말고 하나님을 다시 찾는 데 온 힘을 다해야 합니다. 영적 세계를 알지 못한다면 당신의 영혼은 희망이 없음을 결코 잊지 말기 바랍니다.

하나님은 자신의 영안이 열리지 않았다는 것을 인정하는 순간부터 성령으로 인도하십니다. 성령으로 인도하시면서 여러 영적인 세계를 체험하게 하십니다. 우리는 영적이란 말을 자주 종교적이라는 말과 혼동합니다. 세속적인 일이 아닌 종교적인 일을 하는 것을 영적인 일이라고 표현하지만, 사실 엄격하게 말하면 그 말은 틀립니다. 종교적인 일과 영적인 일은 근본적으로 다릅니다. 전혀 영적이지 않은 사람들도 종교적인 일을 할 수 있습니다. 거듭나지 않고 영적 감동과 흥미를 전혀 느끼지 못하는 사람이라 할지라도 종교적인 일은 얼마든지 할 수 있습니다. 열심만 있으면 종교적인 일은 얼마든지 할 수가 있습니다. 그러나 영적인 일은 성령을 받지 않고는 할 수 없는 일이며, 성령의 움직임을 파악하지 못하고는 전혀 할 수 없는 일입니다. 영이신 하나님에게 쓰임을 받아야 하기 때문입니다.

영적인 일은 영적이지 못한 다수의 신앙인들로 인해서 오해를 받게 됩니다. 예를 든다면 교회는 평안해야 한다는 것입니다. 그래서 예배를 드리며 말씀을 들을 때 영적인 두려움이 찾아오면 자신에게 문제가 있다고 인정하는 것이 아니고, 교회가 문제가 있다고 단정해 버리는 것입니다. 성령의 역사가 일어나면 영적인 두려움이 자신을 주장할 수가 있습니다. 이는 자신의 육체에 역사하는 세력이 두렵게 하는 것인데 이러한 현상이 생소하고 한 번도 들어보지도 체험하지도 못했기 때문에 받아들이지 않는 것입니다. 그래서 마음을 닫거나 장소를 이탈하거나 다시 찾지 않는 다는 것입니다. 그래서 점점 영적 감각이 둔한 사람이 되어가는 것입니다.

영적 감각이 둔한 사람들은 자신들의 입장을 고수하기 위해서 영적인 사람들을 무시하거나 비난합니다. 이런 일로 인해서 영적인 일에 대해서 두려움을 가집니다. 영적 세계에는 하나님만 계시는 것이 아니라 무수한 악령이 존재합니다. 그러므로 이런 악령에 대해서 두려움을 가지고 있습니다. 악령에 대한 지식이 부족한 사람들은 막연한 두려움을 가지고 있습니다. 이들은 세속적인 지식으로 인해서 마귀에 대해 거부감과 두려움을 지니게 됩니다. 그래서 영적인 눈이 열리지 않게 됩니다. 예수를 믿으나 성령의 역사를 이해하지 못하는 육신적인 신앙인이 되는 것입니다.

두려움은 무지에서 비롯됩니다. 성장과 변화에 대한 올바른 지식이 없기 때문에 자신에게 이상한 변화가 나타나면 두려워합니다. 혹시 잘못되는 것이 아닌가 하고 의심합니다. 다른 사람이 자신들과 다른 행동을 하게 되면 색안경을 쓰고 봅니다. 영적 지식이 부족하기 때문에 자신에게나 주변에서 나타나는 변화를 제대로 이해하지 못하고 두려워합니다. 한국 교회 성도들이 영적인 일에 지식이 부족하기 때문에 막연하게 두려워하는 것입니다. 영적인 일과 영적 세계는 보이지 않기 때문에 목회자와 성도들의 관심밖에 있기 때문입니다. 예수님이 어두운 바다를 걸어서 제자들이 타고 있는 배로 다가왔을 때 제자들은 두려워하면서 떨었습니다. 상식을 초월하는 현상을 목격한 제자들이 겪는 당연한 두려움이었습니다. 우리 역시 상식을 넘어서는 변화가 자신과 주변에서 일어나면 두려워하게 됩니다. 영적인 변화에 대한 지식이 부족하면 우리는 즉시 두려워하게 되고 그런 변화를 받아들이지 못하고 거부하게 됩니다.

영적인 변화는 예고하고 찾아오는 것이 아닙니다. 성령님은 처음 성도를 장악하실 때 비인격적으로 역사하십니다. 성도가 어느 정도 장악이 되면 인격적으로 역사하십니다. 그래서 우리가 생각하지 못한 이상한 변화는 언제라도 우리 가운데 나타날 수 있습니다. 그러므로 우리가 경험하지 못한 것에 대한 지식들을 풍성하게 갖추는 것이 두려움을 이기는 비결입니다. 많은 영적 지식들은 자신의 삶 속에서 다가오는 영적 변화를 자신 있게 맞이할 수 있게 해 줍니다.

두려움은 다수의 선택을 항상 올바른 일로 만듭니다. 우리는 많은 사람이 가는 길이 안전하다고 여깁니다. 다수결의 원칙은 진리처럼 여깁니다. 다수의 선택은 항상 안전하다는 그릇된 상식을 가지고 삽니다. 이것은 우리의 두려움이 만들어낸 잘못된 결론입니다. 성경은 소수의 진리를 자주 언급합니다. 그리고 그 소수의 진리 편에 설 용기를 얻기를 권합니다. 영적인 일은 소수의 편에 서는 일입니다. 그러므로 모험이 따릅니다. 베드로가 물 위에 발걸음을 옮겨놓는 일은 전적으로 모험입니다. 상식을 초월하는 일을 오로지 모험으로 행동했습니다. 영적인 일에는 이런 모험이 절대로 필요하기 때문에 두려움이 없어야 합니다.

하나님의 능력을 덧입는 일은 두려움을 극복했을 때 가능해집니다. 모든 사람들이 불가능하다는 일을 믿음으로 도전하여 성취시키는 일이 능력을 행하는 일입니다. 성공에 대한 아무런 보장이 없습니다. 그렇기 때문에 용기가 필요한 것입니다. 결과를 예측할 수 없는 일을 하는 것은 어리석은 행동임에는 분명합니다. 그러나 이런 일을 할 수 있는 것은 믿음이 있기 때문입니다. 믿음은 두려움을 극복하는 힘이지만 그 믿음을 얻기까지 넘어야 할 산이 많습니다. 두려움을 극복하여 믿음의 길로 나가는 데에는 우리의 노력으로는 사실 불가능합니다. 두려움을 이기기 위해서는 오로지 하나님의 은혜가 필요합니다. 하나님의 은혜는 그냥 얻어지는 것이 아니라 극심한 시험을 통해서 얻어지는 것입니다. 성령의 인도를 받으면서 훈련하며 극복해야 가능합니다.

두려움을 통과하지 않고서는 절대로 영적 성장이 이루어질 수 없습니다. 영적 변화는 사람들에게서 오해도 받을 수 있고, 자신 스스로도 두려워하게 됩니다. 두려움을 이기지 않고서는 성장할 수 없기 때문에 하나님은 우리를 강제로 막다른 길로 이끌어 가지 않으면 안 되게 하시는 것입니다. 그러므로 우리 스스로 영적 변화에 대해서 담대할 필요가 있습니다. 이미 경험한 지도자들의 경험을 자신의 것으로 해서 담대함을 만들어내야 합니다. 선배들의 영적 지식은 담대함을 얻게 하는데 많은 도움이 됩니다. 성도는 체험과 진리를 깨달은 목회자를 잘 만나야 영적인 눈이 빨리 열리게 됩니다.

하나님은 성도와 목회자의 담대함을 기르기 위하여 꿈이나 환상이나 실제 체험을 통하여 영적인 존재들이 실제로 존재하고 있다는 것을 깨달아 알게 하십니다. 이를 위하여 하나님은 성령으로 세례를 받음과 거의 동시에 성령으로 인도하시면서 영적인 눈을 열어 가십니다. 필자의 체험으로는 성령께서 귀신의 공격에 대하여 알게 하십니다. 귀신의 공격을 알게 함과 동시에 천사들이 돕고 있다는 것도 알게 합니다. 제가 하나님의 부름을 받고 신학을 할 때 이런 꿈을 꾸었습니다. 제가 어느 비포장 길을 가는데 길에 빨간 지렁이가 길에 쫙 깔려있어서 발을 내 딛을 수가 없었습니다. 발 거름을 옮기지 못하고 머뭇거리자, 천사들이 몰려와서 지렁이를 모두 집어 먹어버렸습니다. 그때 제가 깨달은 것은 제가 하나님의 뜻을 이루기 위하여 성령님을 따라가는 길에 어떤 장애물이 나타나도 모두 천사가 도와주니 갈수 있다는 것을 보여 주신 것이라고 믿었습니다. 그 꿈을 꾸고 하나님의 뜻을 이루기 위하여 가는 길에 어려움이 찾아오더라도 하나님이 천사를 동원 하여 보호하여 주신다는 담대함을 가질 수 있었습니다.

어느날 꿈에 진 흙창 길을 자전거를 타고 가는데 자전거가 나 가지를 않는 것입니다. 자전거 페달을 아무리 강하게 발로 돌려 도 자전거가 나가지를 않는 것입니다. 힘이 너무 들어서 길 옆을 보니까, 콘크리트로 만든 배수로가 보였습니다. 배수로를 보니 까, 시커먼 뱀이 머리를 내밀면서 혀를 날름거릴 것입니다. 그 래서 막대기로 끄집어냈습니다. 길로 잡아내 가지고 발로 아무 리 밟아도 죽지 않고 점점 커지는 것입니다. 그래서 습관적으로 찬사들이 나를 도와라, 하니까! 키가 늘씬하게 큰 천사 넷이 군 대 지프를 몰고 와서 지나가니까, 그렇게 크던 미물이 납작하게 되는 것입니다. 미물이 납작하게 됨과 동시에 진 흙창 길이 단단 하고 평탄한 길로 변하는 것입니다. 자전거를 타고 가는데 너무 나 쉽게 잘 나가는 것입니다. 제가 그 꿈을 꾸고 깨달은 것은 내 가 하나님을 따라가는 길이 어렵고 힘이 드는 것은 악한 마귀 귀 신이 방해하기 때문이라는 것을 알게 되었습니다. 당신도 하나 님의 뜻을 따라가는 길이 어렵고 힘이 드는 것은 마귀 귀신이 방 해하기 때문입니다. 성령으로 세례 받아 권능을 개발하고 천사 를 동원하여 방해하는 마귀 귀신을 몰아내기를 바랍니다.

제가 하루는 새벽에 기도하다가 비몽사몽이 되었는데 얼굴이 일그러진 험악하게 생긴 놈이 저에게 이렇게 말하는 것입니다. 야! 강 목사, 자네가 그렇게 병을 잘 고친다면서 하더니 내 병도 고쳐보아라, 하면서 달려드는 것입니다. 내가 습관적으로 내가 예수님의 이름으로 명하노니 더러운 귀신은 물러갈지어다. 하고 대적하니 순간 없어지는 것입니다. 이는 성령께서 저의 담대함을 기르기 위해서 훈련하는 것이라고 생각을 했습니다.

어느날 꿈에 뱀과 지하실에서 싸우는 것입니다. 한창 싸우다가 뱀을 지하실 밖으로 내던졌습니다. 그러자 뱀이 밖으로 내동댕이쳐지고, 저는 지하실에서 나왔습니다. 그 일이 있은 후부터 귀신을 축귀하는 것이 쉬워졌습니다.

어느날은 꿈속에서 사람들과 같이 잠을 잤습니다. 꿈을 깨고 일어나려는데 보니까, 뼈만 앙상하게 남은 죽은 사람의 뼈가 내 옆에 누워 있는 것입니다. 꿈속에서도 제가 놀랐습니다. 성령님은 우리의 담대함을 기르기 위하여 꿈속에서 훈련을 하십니다.

성령의 권능이 부족한 채 영적인 사역을 하면 귀신에게 당한다는 것도 깨달아 알게 하십니다. 제가 '남묘호랭개교'를 믿던 집사를 오후에 불러서 3시간 축귀를 했습니다. 성령의 임재가 되니까, 목구멍이 아주 크게 확장이 되면서 황소울음을 17번을 하면서 귀신이 떠나갔습니다. 축귀를 하고 피곤하여 저녁 9시부터 강단 앞에 침대위에서 잠을 자려고 했습니다. 막 잠이 들려고 하는데 시커먼 놈 둘이 저에게 와서 목을 눌렀습니다. 가위눌림을 당한 것입니다. 어떻게 강하게 누르던지 숨을 쉴 수가 없었습니다. 윅윅하고 소리를 지르니까, 뒤에서 자던 사모가 무슨 일이냐고 소리를 지르는 것입니다. 그러자 떠나가는 것입니다. 그 일을 당한 후 저는 이렇게 생각을 했습니다. 성령의 강한 무장 없이 축귀를 하면 더 강한 귀신들에게 당할 수가 있구나, 깨달아 알았습니다. 그 후 더 기도를 많이 하고 사역을 하니 그런 일을 당하지 않았습니다. 성령께서는 성령의 강한 무장 없이 축귀를 하면 귀신에게 당할 수 있다는 것도 깨달아 알게 하여 대비하게 하십니다.

제가 깨달은 것은 꿈속에서 예수 이름으로 귀신을 쫓아내고, 천사를 동원하여 마귀와 귀신을 물리치면서 영적인 전쟁을 하니까, 환경이 서서히 풀리는 것입니다. 꿈속에서도 예수이름을 사용하고, 천사를 동원하여 영적 싸움에 승리하면 실제 환경이 열리기 시작을 합니다. 반대로 꿈속에서 귀신의 공격을 물리치지 못한다면 환경에 어려움이 해결되지 않습니다. 성령하나님이 영적인 눈을 열고, 영적인 사고를 하면서 삶에서 아브라함의 복을 받아 하나님의 일꾼으로 사명을 감당하게 하기 위하여 미물들을 통하여 훈련하시는 것입니다.

영적세계에 대하여 더 알고 싶은 분은"영적 세계가 열려야 성공한다"와 "영안을 밝게 여는 비결"을 읽어보시기를 바랍니다.

6장 성령을 체험하고 인도 받게 하시는 하나님

(행 11:15-16)"내가 말을 시작할 때에 성령이 저희에게 임하시기를 우리에게 하신 것과 같이 하는지라. 내가 주의 말씀에 요한은 물로 세례를 주었으나 너희는 성령으로 세례를 받으리라 하신 것이 생각났노라"

하나님께서는 예수를 믿는 하나님의 자녀들이 성령으로 세례를 받기를 소원하십니다. 성령으로 세례를 받은 자녀와 받지 않은 자녀는 확연하게 다릅니다. 저는 십 년이 넘도록 성령치유 사역을 했습니다. 성령치유 사역을 하다가 보니 성령의 세례를 받으면 그때부터 치유(성화)가 이루어지기 시작했습니다. 저는 성령의 세례를 이렇게 표현하기도 합니다. 성령의 세례는 예수를 영접할 때 내주하신 성령께서 순간 폭발하여 전인격을 사로잡는 것이라고 하기도 합니다. 예수를 믿으면 성령이 내주하십니다. 즉시로 죽었던 영은 살아납니다. 그러나 육체는 성령으로 장악당하지 않은 상태입니다. 육체는 구습을 따르는 옛 사람이 그대로 있다는 말입니다. 그러므로 옛 사람에게 역사하던 세상신이 여전히 주인노릇을 하고 있다는 뜻도 됩니다. 하지만 성령으로 세례를 받으면 성령께서 전인격을 사로잡으므로 옛 사람에게 역사하던 세상신이 떠나가기 시작을 하는 것입니다.

성령을 체험하고 성령으로 세례를 받아 권능 있는 하나님의 일꾼이 되어가는 과정을 좀 더 상세하게 설명하면 이렇습니다. 하나님은 성령을 체험하면서 성령으로 세례를 받게 합니다. 성경에서 성령과 관련하여 사용된 가장 뜻 깊은 표현들 중 하나는 바로 '성령세례'라는 말입니다. 이 표현을 제일 처음 사용한 사람은 세례요한이었습니다. 자신에 대해 그리고 장차 오실 분(예수님)에 대해 언급하면서 그는 이렇게 말했습니다.

"나는 너희로 회개케 하기 위하여 물로 세례를 주거니와 내 뒤에 오시는 이는 나보다 능력이 많으시니 나는 그의 신을 들기도 감당치 못하겠노라 그는 성령과 불로 너희에게 세례를 주실 것이요"(마 3:11). 여기에서 요한은 두 가지의 세례, 즉 '성령세례'와 '불세례'를 말하는 것이 아닙니다. 그는 단지 하나의 세례, 즉, '성령과 불세례'를 말하고 있습니다. 후에 예수님도 '성령세례'에 대해 이렇게 언급하셨습니다. "요한은 물로 세례를 베풀었으나 너희는 몇 날이 못 되어 성령으로 세례를 받으리라"(행 1:5).

후에 세례요한의 예언과 우리 주님의 약속이 성취되었습니다. 이 성취에 대해 사도행전 2장 3,4절에서는 "불의 혀같이 갈라지는 것이 저희에게 보여 각 사람 위에 하나씩 임하여 있더니 저희가 다 성령의 충만함을 받고 성령이 말하게 하심을 따라 다른 방언으로 말하기를 시작하니라"라고 기록합니다. 여기서 우리는 '성령 충만'이라는 표현이 '성령세례'라는 표현과 동의어로 사용되고 있는 것을 보게 됩니다.

사도행전 10장 44-46절에는 이렇게 기록되어 있습니다. "베드로가 이 말 할 때에 성령이 말씀 듣는 모든 사람에게 내려오시니 베드로와 함께 온 할례 받은 신자들이 이방인들에게도 성령 부어주심을 인하여 놀라니 이는 방언을 말하며 하나님 높임을 들음이러라." 후에 베드로는 예루살렘에서 이 체험에 대해 보고하면서 이렇게 말했습니다. "내가 말을 시작할 때에 성령이 저희에게 임하시기를 처음 우리에게 하신 것과 같이 하는지라 내가 주의 말씀에 요한은 물로 세례 주었으나 너희는 성령으로 세례를 받으리라 하신 것이 생각났노라 그런즉 하나님이 우리가 주 예수 그리스도를 믿을 때에 주신 것과 같은 선물을 저희에게도 주셨으니 내가 누구관데 하나님을 능히 막겠느냐 하더라"(행 11:15~17).

여기에서 베드로는 고넬료와 그의 집 사람들에게 일어난 일이 '성령세례'라고 분명히 말합니다. 그러므로 우리는 "성령이 임하셨다" (행 11:15) 라는 표현과 "(성령의) 선물"(행 11:17)이라는 표현이 "성령세례를 받는다"(행 11:16) 라는 표현과 사실상 동의어라는 것을 알 수 있습니다. '성령세례'라는 복된 사건을 표현하기 위한 말들을 성경에서 다양하게 사용되고 있습니다. "성령을 받다"(행 19:2), "성령이 그들에게 임하셨다"(행 19:6), "성령의 선물"(행 2:38;히 2:4), "내가 내 아버지의 약속하신 것을 너희에게 보낼 것이다"(눅 24:49), "위로부터 능력을 입히우다"(눅 24:49)를 들 수 있습니다.

우리는 성령세례에 대하여 올바른 이해해야 합니다. 그래야 하나님의 권능을 가지고 세상에서 하나님의 나라를 이룰 수가 있습니다. 성령세례를 이해할 수 있도록 설명한다면 이렇습니다.

① 성령세례를 받은 사람은 자기가 성령세례를 받았다는 것을 알지 못할 수가 없습니다. 이것은 다음과 같은 세 가지 사실들에서 충분히 입증됩니다.

첫째, 우리 주님은 누가복음 24장 49절에서 "내가 내 아버지의 약속하신 것을 너희에게 보내리니 너희는 위로부터 능력을 입히울 때까지 이 성에 유하라"라고, 사도행정 1장 4절에서는 "예루살렘을 떠나지 말고 내게 들은 바 아버지의 약속하신 것을 기다리라"라고 명령하셨습니다.

둘째, 사도행전 8장 15,16절에서는 "그들이 내려가서 저희를 위하여 성령 받기를 기도하니 이는 아직 한 사람에게도 성령 내리신 일이 없고 오직 주 예수의 이름으로 세례만 받을 뿐이러라"라고 말합니다.

셋째, 사도행전 19장 2절에서 바울은 에베소의 몇몇 신자들에게 "너희가 믿을 때에 성령을 받았느냐"라고 물었습니다. 성령 받는 것은 "당신은 성령을 받았습니까?" 라는 질문에 대해 '예'나 '아니요'로 딱 부러지게 대답할 수 있을 정도로 '분명한'체험이었습니다. 바울이 에베소의 제자들에게 "너희가 믿을 때에 성령을 받았느냐"라고 물었을 때, 그들은 "우리는 성령이 있음도 듣지 못하였노라"(행 19:2) 라고 분명히 대답했습니다.

그들은 성령의 존재에 대해 알지 못했던 것이 아니었습니다. 더욱이 그들은 성령세례의 약속이 있었다는 것도 알고 있었습니다. 다만 그들은 성령세례의 약속이 성취되었다는 이야기를 아직 듣지 못하고 있었던 것입니다. 바울은 그들에게 성령세례의 약속이 성취되었다고 말해주었으며, 그들에게 안수하여 그들의 모임이 끝나기 전에 성령세례를 받게 하였습니다.

성령을 받는 것이 "당신은 성령을 받았습니까?"라는 질문에 대해 딱 부러지게 '예'나 '아니요'로 대답할 수 있을 정도로 '분명한' 체험이라는 사실은 갈라디아서 3장 2절에서도 분명히 입증됩니다. 갈라디아서 3장 2절에서 바울은 갈라디아교인들에게 "내가 너희에게 다만 이것을 알려 하노니 너희가 성령을 받은 것은 율법의 행위로냐 듣고 믿음으로냐"라고 묻습니다.

여기에서 바울은 그들이 성령을 받은 사실을 그의 주장의 논거로 삼고 있습니다. 그들이 성령을 받은 체험은 그가 그의 주장의 논거로 삼을 만큼 '분명한 의식적 체험'이었습니다. 필자가 지난 16년간 체험한 사실로도 성령으로 세례를 받게 되면 첫째, 자신이 느끼고 알게 됩니다. 둘째, 다른 사람들도 성령이 역사하는 현상을 보고 알 수가 있습니다.

오늘날 사람들은 성령세례에 대해 많은 말을 하고 성령세례를 받기 위해 기도도 많이 하지만, 그들이 하는 말이나 기도는 아주 애매하고 모호합니다. 각종 집회 때 사람들은 일어나서 성령세례를 달라고 뜨겁게 기도합니다. 만일 당신이 집회가 끝난 후, 이런 기도를 드린 사람에게 가서 "당신의 기도가 응답되었습니까? 당신은 성령세례를 받았습니까?"라고 묻는다면, 십중팔구 그 사람은 잠시 머뭇거리다가 "그러면 좋겠습니다"라고 우물우물 말할 것입니다. 그러나 성경에서는 성령세례의 체험에 대해 이렇게 애매하게 말하지 않습니다. 다른 모든 점들에게서처럼 이 점에서도 성경은 명확합니다. 성령세례와 관련된 성경의 기록에 등장하는 사람들은 자기들이 성령세례를 받았는지 아닌지를 분명히 알았기 때문에 "성령을 받았느냐?"라는 질문에 분명히 '예'나 '아니오'로 대답할 수 있었습니다.

② 성령세례는 성령의 거듭나게 하는 사역에 추가적으로 주어지는 것입니다. 이것은 사도행전 1장 5절에서 분명히 입증됩니다. "요한은 물로 세례를 베풀었으나 너희는 몇 날이 못 되어 성령으로 세례를 받으리라" 이야기를 정리해보겠습니다. 예수님이 제자들에게 이 말씀을 하셨던 시점을 기준으로 말하자면, 그들은 아직도 성령세례를 받지 못했기 때문에 그로부터 몇 날이 못 되어 성령세례를 받을 예정이었습니다. 그런데 그분게 이 말씀을 들었던 사람들은 이미 새 사람이 된 사람들이었습니다. 그전에 이미 주님은 그들이 새 사람들이라고 선언하셨습니다. 다시 말해서 이미 그분은 그들에게 "너희는 내가 일러준 말로 이미 깨끗하다"(요 15:3) 라고 말씀하셨습니다. 여기서 "내가 일러준 말로 이미 깨끗해졌다"라는 말은 무슨 뜻일까요? 이 질문에 대한 대답은 베드로전서 1장 23절에서 발견됩니다. "너희가 거듭난 것이 썩어질 씨로 된 것이 아니요 썩지 아니할 씨로 된 것이니 하나님의 살아 있고 항상 있는 말씀으로 되었느니라."

예수님이 "너희는 내가 일러준 말로 이미 깨끗하였으니"라고 말씀하신날 밤, 이 말씀을 하시기 조금 전에 그분은 "이미 목욕한 자는 발밖에 씻을 필요가 없느니라. 온몸이 깨끗하니라. 너희가 깨끗하나 다는 아니니라"(요 13:10) 라고 말씀하셨습니다. 주님은 사도의 무리가 깨끗하다고 선언하신 것입니다. 즉, 주님은 그들이 '거듭난 사람들'이라고 선언하신 것입니다. 물론 이 때 주님은 하나의 예외를 두셨는데, 바로 거듭나지 못한 가룟 유다였습니다. 가룟 유다는 주님을 배반할 사람이었습니다(요13:11). 주님은 가룟 유다를 제외한 열한 명의 사람들이 '거듭난 사람들'이라고 선언하신 것이었습니다. 그런데 주님은 사도행전 1장 5절에서 이 열한 명의 사람들에게 그들이 아직 성령세례를 받지 못했으며, 앞으로 몇 날이 못 되어 성령세례를 받을 것이라고 말씀하신 것입니다.

그러므로 우리는 이렇게 정리할 수 있습니다. 성령이 말씀을 듣고 믿게 하여 예수를 믿음으로 거듭나는 것(중생)과 성령세례는 다르며, 성령세례는 중생 다음에 추가적으로 주어지는 것이라고 말입니다. 필자가 그동안 성령사역을 하면서 체험한 바도 많은 분들이 예수를 믿은 다음에 성령세례를 받았다는 것입니다. 이를 비교하면 기록된 하나님의 말씀으로 알게 되는 성령세례와 실제 사역을 하면서 체험하는 성령세례가 맞아떨어진다는 것입니다.

그리고 사도행전 8장 12절과 사도행전 8장 15,16절을 비교해볼 때 더욱 분명해집니다. 사도행전 8장 12절에 따르면, 제자들의 큰 무리가 하나님 나라를 전하는 빌립의 전도를 들은 뒤 예수 그리스도의 이름을 믿고 "주 예수의 이름으로 세례를 받았다"(행 8:16). 세례를 받은 이 제자들의 무리 중 적어도 일부는 '거듭난 사람들'이었음에 틀림없습니다. 물세례의 참된 형태가 무엇이든지 간에, 틀림없이 그들은 물세례를 받았습니다. 왜냐하면 성령께 사명을 받은 사람이 그들에게 물세례를 주었기 때문입니다. 그들이 물세례를 받은 후에 무슨 일이 일어났는지 보겠습니다.

"그들이 (베드로와 요한이) 내려가서 저희를 위하여 성령 받기를 기도하니 이는 아직 한 사람에게도 성령 내리신 일이 없고 오직 주 예수의 이름으로 세례만 받을 뿐이러라"(행8:15-16). 그들은 '물세례 받은 신자들'이었습니다. 그들은 주 예수의 이름으로 물세례를 받았습니다. 그들 중 일부는 틀림없이 '거듭난 사람들'이었지만 그들 중 성령을 받은 사람들, 즉 성령세례를 받은 사람은 아무도 없었습니다. 그러므로 여기에서도 우리는 중생과 성령세례는 다르며 성령세례는 중생 다음에 추가적으로 주어진다는 것을 알 수 있습니다. 성령에 의해 거듭났지만 성령세례를 받지 못한 경우가 생길 수 있습니다. 중생을 통해 우리는 생명을 받는데, 이 생명을 받은 사람은 구원을 받은 것입니다. 한편 우리는 성령세례를 통해 초자연적인 권능을 받는데, 성령으로 권능을 받은 사람은 사역을 감당하기 위한 초자연적인 힘을 받습니다. 즉, 하나님의 부름을 받고 훈련받아 하나님의 일꾼이 되려면 성령세례를 받아야 한다는 것입니다. 그래서 하나님께서 성령으로 인도하면서 성령으로 세례를 받게 하시는 것입니다.

성령으로 세례를 받았으면 이제 성령의 인도를 받아야 합니다. 하나님의 성령으로 인도함을 받는 그들이 곧 하나님의 아들이라고 말한 것입니다. 이러므로 하나님의 아들이 된 사람이면 그 누구를 불문하고 성령의 인도를 받을 자격이 있고 권리가 있는 것입니다. 성도는 반드시 성령의 인도함을 받아야 합니다. 그런데 하나님의 성령의 인도를 어떻게 받을까요? 성령 인도를 받으려면 우리의 모든 지성을 다 버리고, 이성을 다 버리고 성령으로 황홀하게 되어서 '주여! 인도하여 주시옵소서' 마치 죽은 사람처럼 이렇게 해서 성령의 인도를 받는 것입니까? 대부분의 사람들은 성령의 인도를 받으려면 자기 지성도 버려야 됩니다. 자기 이성도 버려야 됩니다.

그래서 완전히 황홀한 상태에 들어가야 성령의 인도를 받는 줄 알고 있는데 그러한 상태는 신비주의인 것입니다. 이것은 대단히 위험한 것입니다. 하나님께서 우리를 만드실 때 우리의 지성을 만들어 주셨습니다. 우리에게 지혜를 주시고 이성을 주신 것은 이걸 내버리라고 주신 것이 아닙니다. 우리의 지성과 이성은 사용하라고 주신 것입니다. 이러므로 하나님의 성령께서 우리를 인도하실 때 가장 평범하게 우리 속에 와서 계신 성령님은 성령님의 지성을 우리의 지성에 주셔서 깨달음을 통하여 인도하시는 것입니다.

성령의 인도를 받으려면 지성과 이성의 기능이 성령의 지배를 받는 영의 상태에서 되어지는 것입니다. 성령으로 기도하거나 말씀을 묵상할 때 문제에 대한 해결방법을 깨닫게 하십니다. "이렇게 하라. 저렇게 하라." "어디를 가보아라. 명령하고 선포 하라." 성령은 우리의 지성을 무시하지 않습니다. 우리의 지성에 하나님께서 성령의 지성으로 깨닫게 해주셔서 깨달음을 통하여 성령이 인도해 주시는 것입니다.

그렇기 때문에 범사에 성령의 인도를 받으려면 성령님을 인정하고 환영하고 모셔드릴 뿐만 아니라, 문제가 생겼을 때 "성령이여 내게 깨달음을 주시옵소서. 이것이냐 저것이냐 깨달음을 주시옵소서. 이 길이 옳으냐? 저 길이 옳으냐? 깨달음을 주시옵소서. 어느 것이 하나님의 뜻인지 깨달음을 주시옵소서." 깨달음을 바라고 성령으로 기도할 때 하나님의 성령께서 우리에게 빛을 비추어서 깨닫게 해주십니다. 그 깨달음대로 순종하고 걸어가면 성령의 인도를 받는 것이 되는 것입니다.

이러므로 대소사 성령의 인도를 받는 것이 그렇게 어렵지 않습니다. 저는 지금까지 목회를 해오면서 하나님께서 무슨 꿈이나 환상이나 음성으로 저에게 계시해 주신 것은 적습니다. 거의 모든 일이나 문제를 놓고 하나님께 엎드려서 성령의 인도를 간절히 바랄 때 성령께서 저의 마음에 깨달음, 감동을 주셨습니다. 하나님의 성령은 인격자이기 때문에 우리에게 인격적으로 인도하셔서 우리의 인격을 무시하지 않습니다. 우리가 기도할 때 성령께서 깨달음을 주셔서 이 길이 하나님의 길이라는 것을 알고 걸어가게 만들어 주시는 것입니다. 알려주신 대로 순종하면 보이는 가시적인 현상이 나타납니다. 그러므로 성령의 감동을 받고 순종하는 것도 중요하지만 반드시 보이는 역사가 나타나야 합니다. 그러므로 누구든지 하나님의 성령 앞에서 성령의 인도를 받을 수가 있는 것입니다.

그 다음 성령께서는 또한 우리의 감정을 통하여 인도하시는 것입니다. 대소사에 하나님의 성령은 우리의 감정을 무시하지 않습니다. 어떠한 사람들은 "신앙 안에 들어오면 감정을 무시해 버려야 한다." 이렇게 말합니다. 저는 그런 사람들은 성령님에 대하여 잘못알고 있다고 생각합니다. 자신의 감정을 버린 사람은 사람이 아닙니다. 사람은 모두 다 감정을 가지고 삽니다. 다만 자신의 감정이 성령님의 감정에 화합을 하게 해야 합니다. 성령님이 자신의 감정을 사용하게 해야 합니다.

희노애락(喜怒哀樂)의 감정이 없는 사람은 목석이지 그게 어디 사람입니까? 우리의 생활에는 끝없는 감정 속에서 살아갑니다. 기뻐하고, 성내고, 슬퍼하고, 즐거워하는 이 감정, 희노애락(喜怒哀樂)의 감정, 이것을 어떻게 사람과 불리할 수 있는 것입니까? 신앙이라는 것은 찬송을 부르는 것도 감정이요, 감사하는 것도 감정이요, '아멘', '할렐루야'하는 것도 감정이요, 감정을 무시하고 이성만 가지고 신앙을 가질 수는 없는 것입니다.

하나님께서는 성령의 역사로써 우리 감정을 순화시킵니다. 성령은 감정을 가지고 계십니다. 그렇기 때문에 성령이 우리 감정을 통해서 인도하십니다. 성령이 우리의 감정을 성령의 감정과 화합하게 하는 것입니다. 감정이 감성이 되게 하십니다. 그래서 순종하게 하는 것입니다. 또한 어떠한 일을 위해서 기도할 때 안될 일은 하나님의 성령께서 우리 마음속에 거센 거부 반응을 일으키는 것입니다. 막 싫어지고 미워지고 불안해지고 그렇게 되는 것입니다. 거부 반응이 일어납니다. 저는 그럴 때가 많습니다.

어떠한 일을 하려고 할 때 인간적으로 생각할 때 모두 좋다고들 하는데 기도를 하면 마음속에 거부 반응이 일어납니다. '싫다, 이거 하면 안 된다' '이것은 아니다.' 마음에 거부가 옵니다. 그런 일에 과거에 제가 그럼에도 불구하고 인정에 끌려서 손을 대었다가 백전백패를 했습니다. 아주 그냥 큰 실망을 했습니다. 그러므로 하나님의 성령께서 우리 감정에 거부 반응을 일으켜서 불안해지고 싫어지고 미워지고, 크게 싫은 반응이 일어나는 것입니다.

우리가 기도할 때 그러한 거부 반응이 일어나면 이것은 하면 안 되는 것입니다. 그러나 성령께서 긍정적인 반응을 주실 때는 마음에 소원이 일어납니다. 성경의 빌립보서에도 하나님께서 "자기의 기쁘신 뜻을 위하여 너희로 소원을 두고 행하게 하시나니." 하였습니다. 마음속의 뜨거운 소원이 일어나고, 거기에 보태져서 평안하고, 기쁨이 오고, 확신이 오고, 마음이 끌립니다. 기도할 때마다 그런 일이 일어납니다. 그러면 그 길을 택해야 됩니다.

그래서 하나님께서는 지성에 깨달음을 주시고 감정에는 거부 반응이나 긍정적인 반응을 통해서 하나님의 뜻을 보여 주십니다. 그 다음에 이제 우리는 결단을 내리게 되는 것입니다. 자아의 의지를 하나님께 굴복시켜 맡기면 주님 뜻이 임하여서 성령으로 우리의 마음속에 선택의 결정을 내리게 되는 것입니다.

이것이 다 마음속에 결정되어서 하나님의 뜻을 알고, 우리가 일어나서 눈에는 아무 증거 안보이고 귀에는 아무 소리 안 들리고 손에는 잡히는 것 없어도, 조금도 좌우로 흔들리지 아니하고 앞으로 전진하며 나아갈 수 있는 그러한 힘이 생겨나는 것입니다. 이렇기 때문에 오늘 이 시간에 성령의 인도를 받는다고 해서 기상천외의 무엇을 바라고 어떤 신령한 사람이 되어야만 성령의 인도를 받는다고 생각하지 마십시오.

성령이 우리 속에 계셔서 우리의 지성을 통하여 우리의 감정을 통하여 우리의 의지의 결단을 통하여 가장 평범한 가운데서 가장 조용한 가운데서 우리를 매일 매일 대소사에서 인도하기를 원하시고 계신 것입니다. 그렇기 때문에 우리가 하나님의 아들이면 오늘날 평범한 생활 가운데서 늘 성령의 인도를 기대하며 성령님의 인도를 받고 살아야 합니다. 그렇게 할 때 우리의 생애 속에 하나님의 뜻이 줄기차게 성취될 수 있을 것입니다.

성령에 대하여 더 알고 싶은 분은 "성령의 불로 불세례 받는 법"과 "성령의 불로 충만받는 법" "불같은 성령의 기름부으심"을 참고하시기를 바랍니다.

7장 기도를 대화식으로 하도록 하시는 하나님

(엡6:18~20)"모든 기도와 간구를 하되 항상 성령 안에서 기도하고 이를 위하여 깨어 구하기를 항상 힘쓰며 여러 성도를 위하여 구하라. 또 나를 위하여 구할 것은 내게 말씀을 주사 나로 입을 열어 복음의 비밀을 담대히 알리게 하옵소서 할 것이니, 이 일을 위하여 내가 쇠사슬에 매인 사신이 된 것은 나로 이 일에 당연히 할 말을 담대히 하게 하려 하심이라"

하나님은 예수를 믿고 성령으로 거듭난 우리에게 성령 안에서 기도하라고 하십니다. 우리가 신앙생활 하는 가운데, 가장 어려운 것 한 가지가 바로 기도입니다. 기도하는 습관이 되지 않으면 기도생활을 꾸준히 지속적으로 해 나가는 것이 얼마나 어려운 가를 우리는 경험하며 살아가고 있습니다. 기도는 기본이 있습니다. 기도의 기본을 적용하지 않고 기도함으로 아무리 열심히 그리고 오래 기도를 해도 참 평안을 누리지 못하는 것입니다.

우리는 기도를 바르게 알아야 합니다. 기도는 하나님과 사귀는 것입니다. 하나님과 가까이 하는 것입니다. 하나님과 함께 시간을 보내는 적극적인 행위입니다. 하나님과 사랑을 나누는 시간입니다. 하나님께 사랑을 고백하고 감사하는 시간입니다. 우리의 삶에서 가장 깨어있는 시간, 하나님의 소리를 듣는 시간입니다. 자신을 치료하는 시간입니다. 예수를 믿는 성도가 하는 기도는 세상 사람들이 하는 기도와 다릅니다. 자신이 매일 철야하며 새벽기도를 해도 영육이 변화되지 않고, 환경이 어려운 것은 세상적인 기도를 하기 때문입니다. 예수를 믿는 성도가 하는 기도는 다음과 같은 원칙을 가지고 해야 합니다.

첫째, 성령 안에서 기도하라는 것입니다. 바른 기도생활을 위해서'좋은 기도의 습관'이 중요하긴 하지만 그 보다 더 중요한 것이 있습니다. 그것은 바로 기도의 영을 받아 가지고 있는 겁니다. 우리가 새벽기도를 생각해볼 때 우리가 항상 새벽에 그 시간에만 살아가는 것이 아니지 않습니까? 우리가 예배당 안에서만 살고 있지는 않지 않습니까? 우리가 가정에서나 직장에서나 세상에서 살아갈 때 우리 앞에 다양하게 펼쳐지고, 우리에게 다가오는 그런 도전과 문제, 그 어려운 상황 속에서 우리의 기도가 정해진 기도의 제목만으로는 우리 삶을 다 감당하지 못해요. 그래서 좋은 기도의 습관을 갖는 것도 중요하지만, 우리가 기도의 영을 가져서 성령 안에서 기도하는 것 그것은 더욱 중요합니다. 마치 내 영이 기도의 영이신 성령 안에 푹 잠겨 있는 것처럼 내가 하루 24시간 어디에서 무엇을 하고 있든지 하나님과 끊임없는 교통가운데서 내 삶이 진행되는 것, 그것이 바로 기도의 영을 가지는 것인데, 이것이 바로 기도생활의 이상이라고 할 수 있습니다. 그래서 하나님 말씀은 우리에게 '성령 안에서 기도하라" 성령으로 기도하라'라는 말씀을 여러 번 당부하십니다.

그 중 한 곳인 에베소서 6장 18절을 같이 읽겠습니다. "모든 기도와 간구를 하되 항상 성령 안에서 기도하고 이를 위하여, 깨어 구하기를 항상 힘쓰며, 여러 성도를 위하여 구하라" 과거 개역에는 '무시로 성령 안에서 기도하라'고 했는데, '무시로'란 항상이란 뜻입니다. 영어로 always 또는 all times입니다.

그렇다면 어떻게 기도하는 것이 '성령 안에서 기도'하는 것일까요? '성령 안에서 기도한다'는 의미는, "성령의 영성과, 성령의 지성과, 성령의 감성을 따라서 기도하는 것이다" 라고 말할 수 있습니다. 또, 성령의 임재 가운데 기도하는 것입니다. 실제적으로 성경에 보면, 성령께서 우리를 위하여 말할 수 없는 탄식으로, 성령의 생각이 삼위일체 하나님과 합치된 상태에서 우리 안에 와 계신 성령께서 우리를 위하여 계속 기도하고 계십니다.

(롬8:26~27)"이와 같이 성령도 우리의 연약함을 도우시나니, 우리는 마땅히 기도할 바를 알지 못하나 오직 성령이 말할 수 없는 탄식으로 우리를 위하여 친히 간구하시느니라. 마음을 살피시는 이가 성령의 생각을 아시나니 이는 성령이 하나님의 뜻대로 성도를 위하여 간구하심이니라."

'성령 안에서 기도하라'는 엡6장 18절의 말씀을 실행 할 수 있는 그 약속이, 이 로마서 말씀에 주어져 있습니다. 로마서 8장 26~27절속에는, 성령의 [영성] [지성] [감성]이 나타나 있어요.

성령의 영성은 무엇과 같은가요? 어머니의 영성과 같지요. 어머니는 자녀들을 한없는 사랑으로 용납해주고 품어줍니다. 그러한 것처럼 성령은 포근한 영성, 온유하신 영성, 인자하신 영성으로서 마치 어머니가 자식을 위해 기도하듯이, 성령께서 우리를 위하여 기도하고 계신다는 거예요. 우리는 무엇을 위하여 기도하는지도 모르고, 우리 앞에 어떤 일이 일어날지도 모릅니다.

그렇기 때문에 성령께서 '우리를 위하여 마땅히 무엇을 위해서 기도할지 모르지만, 우리를 위하여 앞서 기도'하고 계신다는 것입니다. 성령의 영성이 그러하단 것입니다. 또 성령의 영성은, 성령은 지성을 가진 인격체이셔서 우리를 위해서 기도 할 바를 명확하게 인지하시고, 그리고 그 생각을 갖고 기도하고 계십니다.

롬8장 27절 말씀에 성령은 지성을 지니신 분이시다. 라는 것을 보여주는 한 표현이 있습니다. '마음을 살피시는 이가 성령의 생각을 아시나니' '성령의 생각'이라고 했습니다. 성령은 생각하신다. 즉, 지성을 지니신 분이십니다. 우리를 향하신 그 성령의 생각이 얼마나 많은지 시편 40편 5절에 이런 말씀이 나옵니다.

"여호와 나의 하나님이여 주의 행하신 기적이 많고 우리를 향하신 주의 생각도 많도소이다" 우리의 부모가 자녀를 위해서 기도하지 않습니까? 자녀에 대한 모든 사정을 헤아리고 살펴서 자녀를 위해서 기도합니다. 부모는 자녀를 위해서 기도하지만, 자녀는 부모를 그렇게 생각하지 않아요. 자기 인생이 바쁘기 때문에 내리 사랑을 해서 부모는 자녀를 위해서 그렇게 안타깝게 간절히 기도하지만, 자녀들은 그 부모에 대한 마음을 헤아리지 못합니다. 저도 자녀를 위해서 기도하면서 '이 아이들이, 부모인 내가 이렇게 하나님 앞에서 간절히 자기들을 위해 기도하는 것을 알고 지내기나 하나?' 그런 생각을 할 때가 있습니다.

마찬가지로 우리는 별로 하나님을 생각하지 못하고 살아가지만 성령께서 우리를 위하여, 해변의 모래보다 더 많으신 그 생각, 그 사랑의 생각을 가지고 우리를 위해서 기도하고 계십니다. 또한 성령은 감성을 지닌 분이십니다. 로마서 8장 26절 말씀에 성령의 감성을 보여주는 한 어구 한 표현이 있습니다. "말할 수 없는 탄식으로 우리를 위하여 기도하시는 성령님"이라고 했습니다.

성령은 감성을 가지고 계세요. 우리는 성령을 근심하게 할 수도 있고, 우리는 성령을 기쁘시게도 할 수 있습니다. 성령이 인격적으로 우리를 대해주십니다. 이 말씀이 보여주는 바대로 성령님은 어머니와 같은 그런 넓으신 자애로우신 사랑의 영성을 지니셨고, 또한 성령은 생각을 가지신 지성을 지니신 인격체이시고, 성령은 우리를 위하여 말 할 수 없는 탄식으로 하나님 앞에서 기도하시는 감성을 지니신 분이십니다. 성령께서 우리 안에 오셔서 우리를 위해 그토록 기도하시는 그 성령의 영성과 지성과 감성을 따라 기도하는 것이 성령님 안에서 기도하는 것입니다.

둘째, 성령으로 기도하라는 것입니다. 우리에게 그 기도는 필요하죠. 내 생각대로, 내 욕심대로, 내 마음대로 기도하는 것이 아니라, 내 영이 성령 안에 잠긴 것처럼 성령이 그 영성과 지성과 감성을 따라서 기도하는 것, 그것이 바로 우리가 지향하는 이상적인 기도입니다. 예를 들어서 설명 드립니다. 이미 세월이 지나서 다 잊어버리셨겠지만, 부모님들이 어린 자녀들을 키울 때, 자녀들이 막 글자를 깨우쳐 갈 나이일 때 글씨 쓰는 법을 가르쳐 주지 않습니까? 그때 어떻게 가르쳐 주셨어요? 아이가 글자를 삐뚤삐뚤 쓰니까 엄마나 아빠가 아이를 품안에 안고 아이의 작은 손을 내가 손으로 잡고 연필을 쥔 아이의 손을, 내가 붙잡아서 글자를 써갑니다. 마찬가지로 기도할 줄 모르는 우리들을 성령께서 안으시고 품으시고, 나의 작은 손을 그 권능의 손으로 붙드셔서 내게 기도하는 법을 가르쳐 주신다는 거예요. 부모가 어린자녀든 장성한 자녀든 자녀를 위해서 밤낮 기도하듯이 성령께서 우리에게 오셔서 나는 의식도 하지 못하는데, 나는 느끼지도 못하는 사이에 나를 위하여 말할 수 없는 탄식으로, 그 많으신 성령의 사랑의 생각을 갖고서, 하나님의 뜻에서 합치된 방향으로 나를 위하여 기도하고 계시는데 내가 그것을 깨닫고 성령의 인도를 따라 기도하는 것이 바로 성령 안에서 기도하는 것입니다.

그것이 그토록 중요한 이유는 우리가 성령 안에서 기도하게 되면, 우리가 중언부언 하는 기도는 하지 못하죠. 여전히 우리는 내 짧은 욕심이 들러붙은 그런 마음의 손을 가지고 기도를 하는데, 우리가 점차적으로 성령 안에서 변화를 받게 되면, 우리가 마음속에 품게 되는 소원과 우리가 하나님께 아뢰는 기도의 제목들이 하나님의 뜻에 합치되는 방향으로 내 그 기도가 바뀐다는 것입니다. "이와 같이 성령도 우리의 연약함을 도우시나니 우리는 마땅히 기도할 바를 알지 못하나 오직 성령이 말할 수 없는 탄식으로 우리를 위하여 친히 간구하시느니라." 우리의 기도가 성령 안에서 드려지게 되면 우리가 간구하는 것이 하나님의 뜻에 맞게 되니까 하나님께서 하나님의 뜻을 이루어주시지 않겠습니까?

로마서 8장 28절에 보면 "우리가 알거니와 하나님을 사랑하는 자 곧 그 뜻대로 부르심을 입은 자들에게는 모든 것이 합력하여 선을 이루느니라."하셨습니다. 우리 기도가 성령 안에서 드려지는 기도, 우리의 뜻이 하나님의 뜻에 합치되는 방향으로 변화 받게 되면, 우리가 기도하는 바를 하나님이 응답해 주실 뿐만 아니라, 우리에게 둘러싼 삶의 환경을 하나님께서 절대주관 가운데 품으시고, 붙드시고, 변경하시고, 조정하셔서 모든 것들을 합력하여 선을 이루게 해 주신다는 겁니다.

그러니까 로마서 8장 28절에 '성도의 모든 것을 합력하여 선을 이루신다'는 구절은, 문맥상 26절과 연결해서 해석할 때, 성령 안에서 기도하는 성도에게, 모든 것이 합력해서 선이 이루어진다는 뜻입니다. 즉 28절의 '성도의 모든 것이 합력해서 선을 이루는' 은총은 26절의 성령 안에서 기도하며 살아가는 자에게 주어지는 축복입니다. 시편 37편 4절 말씀에도 '또 여호와를 기뻐하라. 저가 내 마음의 소원을 이루어 주시리로다.'라고 하셨습니다.

우리 기도가 성령 안에서 기도하는 것으로 점차로 바뀌어서 우리가 성령 안에서 하나님을 기뻐하며 살아가게 될 때, 성령님께서 우리 마음속 안에 있는 모든 소원들을 아시고 헤아리시고 살피셔서, 우리로 하여금 하나님께 기도드려서 그 소원들을 다 이루게 해주시기 때문에 성령 안에서 기도하는 것이 그토록 중요합니다. 그런데 혹자는, '성령 안에서 기도 한다.'는 것은 방언기도 하는 것을 뜻한다고 하여 성령 안에서 기도와 방언기도를 동일시합니다. 저는 부분적으로는 맞는다고 생각해요. 그러나 다 맞는 것은 아니고, 부분적으로 맞습니다. 성령께서 우리에게 방언의 은사를 주시면, 그 사람은 그 방언기도를 하는 가운데 성령 안에서 기도하게 됩니다. 성령의 영성과 지성과 감성에 내가 편입되어서 내가 그 의미를 다 모르고 기도하는 사이에도 내가 성령 안에서 기도하는 것으로, 나의 기도가 바뀔 수가 있어요. 그래서 방언기도는 귀중한 은사입니다.

그런데 '성령 안에서 기도하는 것'을 [방언기도]로 한정해 놓으면, 그런데 진정 하나님 안에 구원받은 하나님 자녀들 가운데서도 아직 방언기도를 하지 않는 사람들도 많습니다. 방언이라는 것은 은사입니다. 은사는 다양하게 모든 사람에게 주어지는 것이지, 한 은사를 모든 그리스도인에게 나누어 주시는 것은 은사가 아니예요. 내가 비록 방언의 은사를 받지 못했지만, 남이 가지고 있지 않은 은사가 나에게 주어집니다. 섬김의 은사, 구제의 은사, 가르침의 은사, 예언의 은사, 병 고침의 은사 등, 방언의 은사 말고도 더 많은 은사들이 있습니다. 그런데 '성령 안에서 기도하는 것'을 방언기도로만 한정해놓으면, 방언기도를 하지 않는 다른 그리스도인은 성령 안에서 기도할 수 없는 것으로 되니까. 그것은 말이 안 되는 것이지요. 그러므로 방언은사를 받지 않은 많은 그리스도인들도, 성령 안에서 기도할 수 있습니다.

셋째, 성령으로 무시로 기도하는 방법입니다. 기도에 대하여 바르게 알아야 합니다. 기도는 항상 하나님께 집중하는 것입니다. 하나님께 물어보는 것입니다. 자녀들이 항상 하나님과 대화하는 자녀가 되도록 해야 합니다. 기도를 너무나 어렵게 생각하지 말도록 알려주어야 합니다. 많은 자녀들이 기도하면 생각하여 유창한 말로 하는 것으로 알고 있기 때문에 기도를 멀리하는 것입니다.

기도는 하나님과 대화하는 것입니다. "하나님 어떻게 할까요? 하나님 도와주세요? 하나님 저와 동행하여 주세요. 하나님 사랑합니다. 하나님 저에게 강하고 담대함을 주세요" 간절한 마음으로 하나님과 대화하는 것입니다. "하나님 이번 중간시험을 보는데 도와주세요. 어디를 가는데 인도하여 주세요. 친구들과 여행을 가는데 동행하여 주세요. 하나님 제가 어떤 꿈을 가져야 하는지 깨닫게 해주세요. 하나님 이일을 어떻게 해야 하는지 깨닫게 해주세요"이것이 하나님께 상달되는 기도인 것입니다.

많은 분들이 문제가 있으면 무조건 기도하면 문제가 풀어지는 줄로 알고 있습니다. 그래서 무조건 기도하라고 합니다. 그렇지 않습니다. 기도는 하나님의 음성을 듣는 것입니다. 문제의 원인에 대하여 하나님께 질문하여 하나님께서 알려주시는 것을 순종해야 문제가 풀어지는 것입니다. 이는 신약과 구약 성경에 무수하게 기록이 되어있습니다. 반드시 하나님께 질문하여 하나님께서 알려주시는 것을 순종해야 성령님의 역사가 일어나는 것입니다. 무조건 기도하면 하나님께서 문제를 풀어주시는 것이 절대로 아닙니다. 기도하면 하나님께서 문제를 풀어준다는 생각은 샤머니즘의 신앙의 잔재입니다. 하나님께서 알려주신 대로 순종할 때 문제가 풀어지는 것입니다. 반드시 하나님께서 알려주시는 것을 해결하면서 기도해야 합니다.

예를 든다면 회개라든가, 용서라든가, 하나님께서 알려주시는 레마를 받아 순종하며 기도해야 문제가 풀어지는 것입니다. 막연하게 문제를 해결하여 주시옵소서. 하며 기도하면 문제가 해결되지 않습니다. 반드시 하나님에 알려주시는 해결 방법을 적용하여 해결하면서 기도해야 문제가 풀어지는 것입니다.

성도들이 바르게 알아야 할 것은 자신이 당하는 문제는 하나님의 문제라는 것을 믿어야 합니다. 그래서 자신에게 일어나는 문제는 하나님이 해결해야 합니다. 왜냐하면 자신은 예수를 믿을 때 죽었습니다. 다시 예수로 태어났습니다. 지금 예수 인생을 사는 것입니다.

그렇기 때문에 성령으로 기도하여 영의 상태가 되면 하나님께 해결 방법을 질문하여 응답받은 대로 조치를 해야 문제가 해결되는 것입니다. 그렇기 때문에 문제를 해결하려면 기도하지 않으면 안 되는 것입니다. 성령으로 기도하여 영의 상태가 되어야 내적인 상처도 치유되고, 귀신도 떠나가고, 병도 고쳐지고, 문제도 해결되고, 하나님의 음성도 들을 수가 있는 것입니다. 성령으로 기도하는 것은 성령의 임재가운데 성령 안에서 기도하는 것을 말합니다. 마음으로 기도하여 마음의 문이 열려야 영으로 기도하게 되는 것입니다. 자꾸 하나님께 물어보면 마음이 열립니다.

영으로 기도하는 것이 성령으로 기도하는 것입니다. 그렇기 때문에 먼저 마음의 기도로 마음의 문을 열어야 영으로 기도할 수가 있는 것입니다. 성령으로 기도하는 비결은 이렇습니다. 숨을 들이 쉬고 내 쉬면서 주여! 숨을 들이 쉬고 내 쉬면서 주여! 숨을 들이 쉬고 내 쉬면서 주여! 자연스럽게 주여! 주여! 를 하면 되는 것입니다.

방언으로 기도할 줄 아는 분들은 호흡을 들이쉬고 내쉬면서 방언기도하고, 호흡을 들이쉬고 내쉬면서 방언기도를 합니다. 즉 내면의 활동이 강화되어 자신의 마음속 영 안에 계신 성령이 밖으로 나오시게 해야 합니다. 코로는 바람을 들이쉬고 배꼽 아랫배로 호흡을 하는 것입니다. 호흡을 들이쉬고 내쉬면서 주여! 주여! 주여! 하다가 성령께서 감동을 주시는 것이 있습니다.

예를 든다면 "부모를 위하여 기도하라!"하실 수도 있습니다. 그러면 부모를 위하여 기도하는 것입니다. 부모에게 문제가 있는 것도 할 수가 있습니다. 부모에게 바라는 것이 있으면 그것을 기도해도 좋습니다. 기도를 마치고 다시 주여! 주여! 주여! 하면서 기도를 합니다. 다시 성령께서 너의 장래문제를 기도하라고 하실 수도 있습니다. 장래문제를 기도합니다. 무슨 일을 해야 할 것인지 하나님에게 질문하며 기도합니다. 기도를 마치고 다시 주여! 주여! 주여! 하면서 기도를 합니다. 다시 성령께서 너의 배우자를 위하여 기도하라 하실 수도 있습니다. 그러면 바라는 배우자 상을 가지고 기도합니다.

자신에게 영육간에 문제가 일어나는 것이 있다면 원인을 알려 달라고 기도합니다. 성령께서 감동하시기를 죄악으로 인한 것이라면 회개를 합니다. 회개하고 죄악을 타고 들어온 귀신을 축귀합니다. "예수 이름으로 명하노니 선조들의 죄를 따라 들어와 고통을 주는 귀신아 물러가라" 소리는 크지 않아도 됩니다. 성령이 충만한 상태이므로 귀신들이 잘 떠나갑니다. 다시 다른 기도를 위하여 주여! 주여! 주여! 하면서 기도를 합니다.

그러면 성령께서 다시 감동을 합니다. 너의 건강을 위하여 기도하라! 그러면 자신의 건강을 위하여 기도합니다. 기도하면서 하나님에게 질문을 합니다. 하나님! 저의 어느 부분이 문제가 있습니까? 하면서 기도하여 조치를 취하면 됩니다. 무엇을 결정해야 할 경우는 어느 정도 기도하여 성령으로 충만한 상태가 되면 지속적으로 문의 하는 것입니다. 이것을 어떻게 해야 합니까? 이것을 어떻게 해야 합니까? 이것을 어떻게 해야 합니까? 지속적으로 질문을 하면 문득 떠오르는 생각이 있습니다. 이것이 하나님의 방법입니다. 이것을 해결하면 치유가 되는 것입니다. 이것이 성령으로 기도하는 것입니다. 어려울 것이 없습니다.

자신의 생각이나 욕심을 내려놓고 순수하게 성령을 따라 기도하는 것입니다. 보통 성도님들이 하시는 말씀대로 기도분량이 채워지니까 성령께서 알려주신 것입니다. 기도분량이 채워졌다는 것은 성령님이 역사하실 수 있는 영적인 상태가 되었다는 것입니다. 절대로 성령은 육의 상태에서 응답을 주시지 못합니다.

반드시 성령으로 충만한 영의 상태가 되어야 레마를 들려주십니다. 그러므로 영의 상태가 되도록 성령으로 깊은 영의기도를 해야 합니다. 영의 상태에서 하나하나 감동이나 음성으로 알려주시는 것입니다. 기도의 성공요소는 영의 상태에 들어가는 것입니다. 영의상태에서 성령님과 교통할 수가 있기 때문입니다. 쉽게 말해서 기도는 영이신 하나님과 대화입니다. 하나님과 대화를 잘하도록 자녀들을 훈련해야 합니다. 하나님과 대화를 잘하려면 하나님께 지속적으로 물어보는 것입니다. 하나님 어떻게 할까요? 이일을 어떻게 해결해야 할까요? 하나님! 제가 왜 이렇게 두렵습니까? 하나님! 저에게 이런 문제가 있습니다. 어떻게 해야 할까요? 자꾸 하나님을 찾으면서 물어보는 것입니다. 기도를 요약하면 "하나님께 물어보는 것이다."라고 대답할 수 있습니다. 기도를 성령으로 깊게 하실 분은 "기도 쉽게 바르게 하는 법"과 "깊은 영의기도 숙달하는 법"을 읽어보시기를 바랍니다.

8장 적성에 맞는 전문성을 개발하게 하시는 하나님

(창39:2-3)"여호와께서 요셉과 함께 하시므로 그가 형통한 자가 되어 그의 주인 애굽 사람의 집에 있으니, 그의 주인이 여호와께서 그와 함께 하심을 보며 또 여호와께서 그의 범사에 형통하게 하심을 보았더라"

하나님은 자녀들이 모두 하나님의 영광을 나타내는 도구가 되기를 원하십니다. 우리 자녀들이 하나님의 영광의 도구가 되기 위하여 부모님들은 하나님께서 자녀에게 준 재능을 찾아 발전시키도록 해야 합니다. 엔리코 카루소는 나폴리의 한 가난한 집에서 7남매의 3째로 태어났습니다. 그의 집안은 넉넉지 못하여 그의 어린 시절은 음악과는 무관한 가정환경이었었습니다. 그러나 이처럼 열악한 환경에도 불구하고 카루소는 음악에 대한 관심과 애정을 가지고 있었습니다. 그의 어머니는 가난한 집안 형편에도 불구하고 카루소에게 격려를 해주고 배울 수 있는 자신감을 넣어주었습니다. 그는 공장에서 일을 하며 돈을 벌어 레슨을 신청했습니다. 그러나 그의 노래를 듣던 선생님은 그에게 성악가로서 자네는 자질이 없네, 그의 목소리는 마치 덧문에서 나는 바람소리 같다. 문풍지 소리 같다. 자네는 전혀 성악가로서 자질이 없으니까 그 길을 가지 말라고 했습니다.

카루소가 낙심천만해서 집에 돌아오니 어머니가 단호하게 이렇게 말했습니다. "너는 세상에서 가장 아름다운 목소리를 가지고 있다. 그러니 너는 틀림없이 위대한 성악가가 될 거야. 엄마는 널 믿는다. 누가 뭐라고 말해도 너는 위대한 성악가가 된다." 카루소는 어머니의 말에 용기를 얻어 혼자 열심히 노래 연습을 했습니다. 나폴리 대성당의 소년 성가대원으로 노래를 하다가 그 곳에서 그의 천부적인 성악 소질이 발견되어 오페라까지 설 수 있게 되고, 그는 세계적인 오페라 가수가 된 것입니다. 어머니 덕분입니다. 어머니가 격려해 주므로 그의 하나님이 주신 달란트를 개발할 수가 있었던 것입니다. 그러므로 우리에게 격려해 주는 어머니, 아버지, 형제들이 있다는 것은 굉장히 하나님께 감사해야 되는 것입니다.

미국의 발명왕 에디슨도 무려 1천 93개의 특허를 가진 천재인데 그의 학력은 초등학교 1학년 밖에 못 다녔습니다. 호기심이 많은 에디슨은 학교에 들어가서 여러 가지 실험을 하다가 말썽을 일으키고, 엉뚱한 질문을 하여 선생님을 당혹하게 만들었습니다. 선생님이 하나 더하기 하나는 둘이라고 하니까 손을 들고 선생님 아닙니다. 하나 더하기 하나는 하나가 될 수 있습니다. 어떻게 될 수가 있느냐? 고양이 플러스 쥐는 한 마리밖에 안됩니다. 에디슨 말도 맞거든요. 자꾸 그런 질문을 하니까 선생님이 이놈은 바보라. 교육 못시키겠다고 어머니를 불러서 내보냈습니다. 그 어머니는 이렇게 말했습니다. "선생님! 우리 아이의 장점보다 단점을 먼저 보셨군요. 우리 아이는 바보가 아니고 천재적인 소질을 가진 아이입니다."

그래서 어머니가 그를 지지하고 격려하며 그를 가르쳐서 1년에 6학년을 마치게 하고 그가 소질이 있는 과학책을 어머니가 계속 읽도록 해주어서 발명가의 길로 인도했습니다. 에디슨이 발명1호를 들고 어머니에게 갔을 때 그의 어머니는 이렇게 말했습니다. "나는 네가 남다른 애라는 것을 잘 안다. 정말 잘 커줘서 고맙구나." 에디슨은 그 어머니가 단점보다도 장점을 보고 격려를 해준 것입니다. 어머니의 이러한 격려로 그는 세계에서 가장 많은 것들을 발명한 발명왕이 될 수가 있었던 것입니다. 우리 자녀들은 부모님의 격려를 받고 필사적인 노력을 해야 되는 것입니다. "내게 능력 주시는 자 안에서 내가 모든 것을 할 수 있느니라"(빌 4:13). 하나님이 우리에게 재간을 주셨으면 그것을 이룰 수 있도록 능력을 주셨기 때문에 필사적으로 노력해야 되는 것입니다. 노력하고 애쓰지 않고 일을 이루는 사람은 없습니다. 뼈가 으스러지도록 노력해야 되는 것입니다.

첫째, 자신의 재능을 자신이 발견하게 하라는 것입니다. 아이들에게 "넌 이다음에 뭐가 되고 싶니?"라고 물으면 대부분 다음과 같이 대답합니다. "저희 아빠(엄마)가 판사 되래요." "사장님 되래요." "의사가 되래요." "전문대 나와서 기술이나 배우래요." 그런데 너는 무엇이 되기를 원하느냐? 이라고 되물으면 "모르겠어요"라는 응답이 나와 말문을 닫게 합니다.

저는 무엇이 될 지 생각해 본 적이 없고, 그저 엄마가, 아빠가 무엇이 되라고 하여 그것이 되어야 할 줄로 알고 있는 것입니다. 그런데 아이들은 얼마 가지 못하여 자신이 판사나 의사, 사장님이 되는 것이 어렵다는 걸 알게 됩니다. 그때부터 문제가 발생합니다. 자녀들이 조금 눈치가 생기고 철이 드는 사춘기 무렵에 문제가 발생하기 시작을 합니다. 자신들의 처지를 알게 된 아이들은 마땅히 무엇이 되어야 할지 몰라 방황하고, 자녀들을 의사나 판사로 만들고 싶었던 부모들은 그런 자녀들을 용납하지 않는 경우가 많습니다.

매년 11월 중순 수능이 끝난 학생들과 부모들 마음이 바쁠 때입니다. 아직 결과가 발표되지는 않았지만, 공부를 어느 정도 했던 학생들은 자신의 점수를 대략 알 것이고, 부모들은 자녀를 어느 대학에 보내야 할지 모든 정보들을 활용하여 탐색 작전에 들어갈 것입니다.

이번 2014년 11월에 치른 수능은 문제가 쉬워 눈치작전이 더 치열해질 것이라고 합니다. 그런데 참 희한한 일입니다. 내 인생의 상당 부분이 결정될 대학을 지원하는데 왜 그렇게 눈치가 필요한 것일까요? 내가 좋아하는 분야나 내 적성에 맞는 분야를 선택한다면 소신껏 지원해도 될 텐데 말입니다. 이것이 큰 문제입니다. 수능이 끝날 때까지 자신의 적성에 맞는 분야를 결정하지 못했다는 것입니다.

필자가 고등학교에서 우등하는 학생들을 관찰하여 보니 모두

가 특색이 있었습니다. 모두 중학교 다닐 때 자신이 무엇이 되겠다는 꿈이 있었다는 것입니다. 꿈을 품고 꿈을 이루려고 노력하지 모두 우등생이 되었다는 것입니다. 필자의 자녀들은 모두 수능을 보기 전에 자신이 적성에 맞는 분야를 결정하고 대학을 지원했습니다. 한 아이는 자신의 적성에 맞는 학과에 떨어져서 재수를 하여 자신의 적성에 맞는 분야에 입학하여 졸업을 했습니다. 그래서 취직하여 직장에 잘 다닙니다. 필자는 이것을 굉장히 중요하게 생각을 합니다. 자녀에게 자신의 적성에 맞는 분야를 결정하여 대학을 가도록 해야 합니다.

필자의 개인적인 견해로는 적성에 맞는 분야의 대학을 가지 못하면 삼수를 해서라도 본인의 적성에 맞는 분야의 대학을 가도록 해야 한다는 것입니다. 왜냐하면 자녀의 인생의 승패가 걸린 문제이기 때문입니다. 자기가 하고 싶지 않은 분야의 대학을 가면 첫 단추부터 잘못되어 자녀의 인생은 꼬이기 시작을 한다는 것입니다.

그렇기 때문에 자녀들이 초등학교, 중학교, 고등학교를 다니면서 자신의 적성에 맞고 하고 싶은 분야를 결정하는 것입니다. 필자는 자녀가 초등학교, 중학교, 고등학교를 다니면서 자신의 적성에 맞고 하고 싶은 분야는 성령의 인도라고 생각을 합니다. 그렇기 때문에 그 분야의 전문성을 개발하여, 그 분야를 발전시키면서 하나님께 쓰임을 받는 것입니다.

우리나라 대학생들이 졸업 후 관련학과에 취업하는 비율은

40~50%라고 합니다. 대부분 대학의 취업률이 70-80%대에 머무는 점을 감안하면 전공으로 공부했던 분야에서 일하는 졸업생이 절반을 밑돈다고 봐야 할 것입니다. 물론 직장을 잡기가 만만치 않아 대학생들이 전공보다는 일자리를 우선으로 찾는 경우도 있을 것입니다. 하지만 대부분은 자신이 좋아하거나 잘 할 수 있는 학과를 전공으로 선택하지 않았기 때문에 이와 같은 현상이 생겨났다고 볼 수 있습니다. 대학 4년을 공부해 놓고도 그것을 활용하여 업으로 삼지 않고, 엉뚱한 일을 하며 일생을 보낸다는 현실이 얼마나 큰 낭비이고 모순입니까? 본인은 얼마나 인생이 고달프겠습니까?

관련학과 취업률은 직업 만족도와도 연관이 됩니다. 내가 원하지 않는 일을 하는데 그 일에 어찌 만족할 수 있겠습니까? 현재 하고 있는 일에 대한 만족도가 가장 낮은 직업은 의사와 모델이라고 합니다. 그런데 의사의 70%는 부모가 원하거나 강요해서 의대를 갔다고 합니다. 우리나라 의사들이 하루에 만나는 환자 수는 평균 100명이라고 합니다. 건강한 사람도 아니고, 온 종일 아픈 사람들을 만나야 하니 그 스트레스가 얼마나 많겠습니까? 자신이 원해서, 특별한 소명의식으로 시작했더라도 힘들고 아우성일 텐데, 부모들의 강요에 의해 의사가 되었다면 무슨 흥겨운 멋이나 기분(신명)으로 일할 수 있겠습니까? 필자는 군대에서 장교로 23년이란 세월을 보냈습니다. 군인은 필자가 초등학교 다닐 때부터 꿈꾸었던 직업이었습니다. 그래서 인지 특수부대에서 군 생활을 했어도 제가 하고 싶은 일을 하기 때문에 즐겁게 군 생활을 했습니다.

절대로 군 생활에 실증이 느껴지지 않았습니다. 군에서 나와서 지금 목회도 마찬가지입니다. 제가 하나님께 기도하여 응답받아 결정한 일이기 때문에 아주 흥미롭게 목회를 하고 있습니다. 저는 성령으로 치유사역을 하는 것은 하나님이 지정해준 일이라고 생각을 합니다. 그렇기 때문에 성령의 역사가 일어나는 말씀을 전하고 한사람, 한사람 안수하며 치유하는 것이 정말로 즐겁습니다. 힘이 드는 줄을 모르고 사역을 합니다. 저는 일반적인 목회에 흥미가 없습니다. 개별적인 치유를 하는 것이 즐겁고 보람 있는 사역이라고 생각합니다. 또 하나님께서 하라고 승인한 목회이기 때문에 성령께서 역사하셔서 재정적으로나 영력이나 육체적으로 힘들지 않습니다.

그래서 저는 자녀들도 자신들이 하고 싶은 일을 하도록 해야 한다는 것입니다. 그래서 자녀가 일생을 살아가면서 흥겨운 멋이나 기분(신명)으로 일을 할 수가 있다는 것입니다. 부모님들이여! 자녀들이 자신의 적성에 맞고 하고 싶은 분야로 나가도록 배려하여 주기 바랍니다.

둘째, 자녀들의 진로선택 부모가 결정하지 말라는 것입니다.
자식은 내 소유물이 아닙니다. 모든 것을 부모 손에 넣고 쥐락펴락해서는 안 되는 이유입니다. 물론 아직 세상 물정 모르기 때문에 자녀에게 모든 것들을 맡겨 놓기에는 미덥지 못할 수도 있습니다. 하지만 부모는 조언자이거나 조력자로 남아야 합니다. 자녀가 잘 할 수 있는 일, 꼭 하고 싶은 일을 하며 기쁘게 살 수 있도록 격려하고 지켜보아야 합니다. 다소 부족하고 서툴더라도 말입니다.

그래야 자녀가 성령의 인도를 받으며 세상을 신명나게 살아갈 수가 있습니다. 저는 부모가 자녀의 진로선택을 하여 대학원을 나와서도 무위 도식하는 자녀들을 많이 봅니다. 부모가 원해서 선택했는데 적성에 맞지 않아 직장을 가더라도 얼마 있지 못하고 나오기 때문입니다. 세 명이 모두 남자인데 나이가 43세입니다. 결혼도 하지 못했습니다. 참으로 안타까운 일입니다. 자녀의 인생을 완전하게 망친 것입니다. 우리 부모님들은 자녀들에게 적성에 맞는 분야에 열정을 투자하면서 인생을 살아가게 해야 합니다. 부모님들이 자녀의 인생을 대신 살아줄 수가 없지 않습니까?

셋째, 자녀들을 행한 하나님의 뜻입니다. 많은 부모님들이 이제 중학교를 다닌다든지, 고등학교를 다니는 학생들을 향한 하나님의 뜻을 알아보려고 합니다. 그것도 자신이 직접기도해서 알아내는 것이 아니라, 저에게 와서 물어본다는 것입니다. 이때 저는 이렇게 대답을 합니다. 아이들이 할 일은 하나님의 뜻을 구하는 것이 아닙니다. 현실에서 하나님에게 예배를 잘 드리면서 성령 충만하게 지내는 것입니다. 자기에게 주어진 공부를 열심히 하는 것입니다.

그리고 부모님의 말씀에 순종하는 것입니다. 그렇게 열심히 지내다가 보면 자신에게 유난하게 잘하는 것이 있습니다. 또 자신이 하고 싶은 충동이 강하게 일어나는 분야가 있습니다. 그것이 자녀가 앞으로 인생을 살아가면서 해야 하는 하나님의 뜻입니다. 이는 요셉을 보면 알 수가 있습니다. 요셉은 꿈으로 하나님의 뜻을 알려주었습니다. 결국 꿈으로 인하여 애굽의 국무총리가 되었습니다. 다윗은 양을 잘 돌보고 악기를 잘 다루며 물맷돌을 잘 던지는 것이었습니다. 부모 말에 순종을 잘하는 것이었습니다. 결국 그것을 통하여 이스라엘의 임금까지 되었습니다.

그렇기 때문에 아이들은 어려서부터 하나님의 뜻을 알려고 하는 것은 무리입니다. 그렇다고 공부를 못해서 좋은 대학에 못가니 너는 목회자가 되기 위하여 신학교를 가라, 이것은 절대로 안될 일입니다. 반드시 하나님의 뜻에 합해야 하고 본인 또한 사명을 받아야 합니다. 그래야 인생을 방황하지 않습니다. 저는 이렇게 말합니다. 지금 목사가 되었어도 목회의 길이 열리지 않는다면 다시 기도하여 자신이 제일로 잘할 수 있는 일을 하라는 것입니다. 그 일을 하면서 하나님에게 영광을 돌리면 되는 것입니다. 하나님은 절대로 목사하지 않았다고 벌을 주거나 저주하는 하나님이 아니십니다.

다른 경우로 사무엘과 같이 서원하여 낳은 아이들의 문제입니다. 내가 지금까지 성령치유 사역을 하다가 보니 부모님들이 목회자로 하나님에게 드리겠다고 서원한 아이들이 있습니다. 이 아이들이 보편적으로 부모의 생각대로 하나님의 뜻을 좇아서 순종하는 자녀들도 있습니다. 그러나 부모가 하나님에게 서원한대로 순종하지 못하는 아이들이 있습니다. 이런 아이들이 인생이 그리 평탄하지 못하고 허송세월을 하거나 방황하는 이이들이 많다는 것입니다. 36살이 되었는데 마땅하게 할 일을 정하지 못하고 방황하는 사람들이 다수가 있습니다.

저에게 이를 방지하게 위하여 이렇게 하시기를 바랍니다. 사무엘과 같이 어려서부터 성전중심으로 살아가게 하라는 것입니다. 부모가 바른 신앙을 가지고 자녀를 지도하라는 것입니다. 어려서부터 성령 충만한 목사님으로부터 안수를 자주 받게 해야 합니다. 어려서부터 성령을 체험하게 하는 등, 영적생활이 몸에 베이게 하라는 것입니다. 또 부모가 믿음생활에 모범이 되어야 합니다. 그러면 부모가 원하는 대로 성령의 인도를 받는 영성 있는 목회자가 될 수가 있습니다.

많은 경우 부모가 믿음 생활을 제대로 하지 못하여 자녀들의 신앙이 잘못되는 경우가 있습니다. 특히 마귀는 하나님에게 드리겠다고 서원한 아이들을 강하게 공경한다는 것을 명심해야 합니다. 주변에 보세요. 부모가 하나님에게 드리겠다고 서원한 아이들이 인생을 방황하고 있습니다. 하나님은 세월을 아끼라고 했습니다. 우리 바르게 알고 바르게 행하여 귀한 세월을 낭비하지 말아야 합니다.

9장 자녀의 잠재능력을 깨우시는 하나님

(눅 2:52)"예수는 지혜와 키가 자라가며 하나님과 사람에게
더욱 사랑스러워 가시더라"

하나님은 우리 자녀들 안에 숨어있는 잠재력을 찾고 개발하기를 원하십니다. 그리고 그 잠재력을 하나님의 나라 확장에 사용하기를 원하십니다. 과연 자녀들 안에 잠든 잠재역량은 얼마나 될까요? 남보다 먼저 사물이나 세상일을 깊이 깨달은 선각자들은 90%~95%의 잠재역량을 꺼내라고 외칩니다. 남극과 북극의 빙산의 밑은 엄청난 크기의 얼음덩어리가 숨겨져 있습니다. 그와 같이 인간의 외부로 나타난 의식세계는 빙산의 일각입니다.

겉으로 나타나는 현재의식은 겨우 5%~10%밖에 되지 않는다고 합니다. 내면에 숨겨진 잠재의식, 잠재능력은 90%~95%의 엄청난 크기입니다. 우리는 자녀들에게 이 숨겨진 잠재력을 깨우고 끌어내어 사용하도록 해야 합니다. 사람마다 하나님이 주신 재능이 있습니다. 그런데 우리는 이것을 잘 모르고 사용하지 못한다는 것입니다. 아이들의 잠재력은 무한합니다. 어려서부터 잠재력을 길러야 합니다.

첫째, 하나님과 친밀하게 지내게 하라. 하나님과 친밀하게 지내는 자녀가 잠재력이 강한 자녀입니다. '노인과 바다'로 잘 알려

진 헤밍웨이는 믿음의 가문에서 자라났습니다. 그의 할아버지는 D.L 무디와 함께 복음을 전했던 신앙의 사람이었습니다. 그의 집은 많은 사람의 발길이 끊어지지 않는 아름다운 플로리다 바닷가에 위치하고 있었습니다. 그는 노벨 문학상을 수상했으며 겉으로 보기에는 화려하고 풍요로웠지만, 죽음을 앞두고 "나는 건전지가 다 떨어지고 전원이 없어 불이 들어오지 않는 라디오 진공관처럼, 외로움과 공허함 가운데서 살고 있다"는 말을 남기고 자살하였습니다. 남들이 보기에는 행복의 조건을 다 가진 사람처럼 보였지만, 하나님을 떠났기에 공허함을 이기지 못하고 생을 마감했던 것입니다.

인류의 비극은 하나님으로부터 단절되어짐으로 왔습니다. 에덴동산의 인류의 조상 아담과 하와가 하나님을 멀리하고 사단을 가까이 함으로 비극도 그렇게 시작되었고 죽음이 찾아 왔던 것입니다. 그 이후부터 탕자의 심리가 인간에게는 있음으로 아버지의 품을 떠나 살아가고, 인간 바벨탑을 쌓으며 탕자 문명을 이루어 가고 있는 것입니다. 이런 인간의 심리를 이용하여 마귀는 사람들로 하여금 하나님에게서 멀어지도록 수단 방법을 가리지 않고 미혹해 오고 있습니다. 하나님을 향하여 더 가까이 나아가면, 인생의 모든 문제는 해결되고 복된 삶이 됩니다. 그래서 시편 기자는 "하나님께 가까이 함이 내게 복이라"고 했습니다.(시73:28)

어떻게 해야 하나님과 가까워질 수 있을까요? 먼저 성결케 해야 합니다(약4:8). 성결이란 구별되고 깨끗한 삶을 의미합니다.

죄를 멀리하고 말씀 안에서 살아가는 삶입니다. 하나님을 가까이 하려면 먼저 마음을 성결케 하고, 삶을 의롭고 깨끗이 하면 거룩 한 하나님께서 가까이 하여 주십니다. 우리의 죄와 허물을 예수 님의 피를 힘입어 씻음 받아야 합니다. 사람은 흔히 자신의 노력 으로, 죄의 문제를 해결할 수 있다고 생각하지만, 인간은 어떤 방 법으로도 죄를 해결할 수 없습니다. 죄의 삯은 사망이기 때문입 니다. 그러나 예수님께서 우리 대신 죽으심으로, 예수 그리스도 의 보혈을 받아들이면, 어떤 죄를 지었다 할지라도, 용서받고 깨 끗하게 됩니다.

하나님을 가까이하면 우리를 항상 복되게 하는 분이 하나님이 십니다(창1:28). 하나님은 겸손한 자에게 은혜를 베푸십니다. 그리스도인의 덕목 중 가장 기본이며 중요한 것은 겸손입니다. 사무엘 선지자는 사울에게 "순종이 제사보다 낫고, 듣는 것이 수 양의 기름보다 나으니"라고 했습니다(삼상15:22). 하나님과 친 밀한 사람은 늘 하나님을 힘으로 삼고 도움을 구하며 겸손하게 살 아갑니다. 말씀 안에서 교제하고 예배를 통하여 만나고 은혜 안 에 살아가기에 삶의 문제가 녹아내리고 능력이 나타나게 됩니다. 그러므로 하나님과 가까워짐으로, 하나님의 은혜와 축복으로 충 만하시기 바랍니다.

둘째, 꿈을 품어야 합니다. 성경에는 잠언서 29장 18절에 꿈 이 없는 백성은 망한다고 했습니다. 우리 한국어 번역에는 "묵시가 없으면 백성이 방자히 행하거니와 율법을 지키는 자는 복이 있느니라" 했습니다. 이삭의 첫째 아들 에서는 묵시가 없습니다. 꿈이 없습니다. 꿈이 없으므로 방자하게 행하고 그는 결국 하나님께로부터 버림을 당하고 만 것입니다. 가슴 속에 꿈을 가지는 것과 꿈을 가지지 않은 것은 천양지차가 있습니다. 하나님께서는 꿈이 없는 개인이나 꿈이 없는 백성은 버리시는 것입니다.

야곱의 12 형제 중에 유독 요셉만이 꿈이 있었습니다. 열한 형제들은 그냥 짐승치고 먹고 사는 것만 즐거워했지 그 가슴속에 내일의 꿈이 없었으나 하나님은 요셉에게 내일에 대한 원대한 꿈을 넣어 주었습니다. 그 결과로 그들은 요셉을 죽이려고 했으나 꿈은 하나님의 전능한 능력으로 꿈을 가진 사람을 보호하고 만들어 가고 이끌어 가는 것입니다. 그가 형들에게 버림을 당하고 종으로 팔리고 보디발의 집에서 잔뼈가 다 굵도록 고생을 하며 종살이했지만, 그리고 그 억울한 누명을 쓰고 감옥에 들어갔으나 꿈을 가슴속에 품고 있는 이상 결코 그는 소화될 수 없고 버림을 받을 수가 없었습니다. 결국에는 그의 가슴에 품은 꿈대로 그는 애굽의 국무총리가 되었던 것입니다. 꿈을 품은 자녀가 방황하지 않습니다. 꿈을 이루기 위하여 노력하는 것입니다.

셋째, 긍정적인 사람이 되어야 합니다. 우리의 자녀들을 긍정의 사람이 되게 지도해야 합니다. 긍정의 사람이 되었을 때 잠재력을 발견하여 개발하는 자녀가 됩니다. 그래서 하나님에게 쓰임을 받고 인생을 성공하게 됩니다. 우리의 자녀가 생각과 말의 힘을 발견하고 항상 긍정적인 생각과 긍정적인 말을 할 때 놀라운 일을 이룰 수가 있는 것입니다. 생각한대로 됩니다. 이 세상을 살면서 어두운 눈으로 보면 온 세상이 어둡게 보입니다. 생각하는 대로 되고, 꿈 꾼대로 되고, 믿음대로 되고 말하는 대로 됩니다. 보통 우리가 말을 하잖아요. 아무 관심 없이 부정적인 말, 비평적인 말, 손가락질하는 말을 합니다. 그러나 나중에 보면 말하는 대로 됩니다.

그것이 그 생활에 다가오도록 환경에 변화를 끌고 오는 것입니다. 결국에는 내가 집요하게 생각하는 대로 되고, 늘 마음속에 소원을 하고 바라보는 대로 되고 내 믿음대로 되는 것입니다. 믿음대로 되고 말하는 대로 되는 것입니다. 그러므로 생각을 긍정적으로 하고 항상 긍정적인 꿈을 꾸고 긍정적인 믿음을 가지고 긍정적인 말을 하면 긍정적인 생활의 결과를 얻게 되는 것입니다.

죽고 사는 권세가 우리 속에 주어주신 달란트에 있는 것입니다. 하나님은 우리를 통해서 역사하시는 것입니다. 믿음도 하나님이 우리에게 믿음을 주셨기 때문에 믿어야 역사가 나오지 안 믿으면 안 됩니다.

그러므로 주님께서 내가 너를 고쳤다고 말 안하시고 '네 믿음대로 될지어다.' 라고 말씀하셨습니다. 이미 하나님은 믿음을 주셨기 때문에 믿음을 우리가 사용해야 되는 것입니다. 믿음, 소망, 사랑, 의, 평강, 희락은 이미 주어진 은사인 것입니다. 하나님이 주셨기 때문에 평안 하라. 담대해라. 두려워하지 말라. 하십니다. 왜 그렇습니까? 이미 그런 은사가 마음속에 주어져 있기 때문인 것입니다.

넷째, 건강한 자화상을 갖아야 합니다. 우리 자녀들에게 주안에서 건강한 자화상을 갖도록 지도해야 합니다. 내가 못나고 사람들에게 무시당하고 천대받고 박대 받는 자기 모습을 생각하면 안 됩니다. 하나님의 사랑을 받고 사람들에게 인정을 받고 자기 꿈이 이루어지는 승리의 자화상을 가지라는 것입니다. 사람들은 흔히 관상이나 팔자는 타고난 것이라고 말을 합니다. 그러나 그렇지 않습니다. 관상이나 팔자는 타고 나는 것이 아니라, 스스로 만들어 가는 것입니다.

옛날 중국 오나라시대에 20살의 청년 베도가 관상을 보러 갔습니다. 그의 관상을 봐준 사람은 뜻밖에 그가 죽을상이니 결혼도 하지 말고 좋은 일이나 하면서 살라고 말하는 것입니다. 그래서 그는 관상쟁이의 말을 듣고 결혼도 하지 않고 궂은일을 하고 남을 도와주며 10여 년을 살았습니다.

어느날 그가 길을 쓸고 있는데, 한 사람이 지나가다가 그 사람을 보더니 그의 얼굴에 광채가 남을 보고 놀라 다가옵니다. 그 사람은 길을 쓸고 있는 사람에게 '당신의 관상은 오나라를 책임져줄 관상이다'라고 말하는 것입니다. 베도가 고개를 들고 보니 그 관상쟁이는 바로 10년 전 자기에게 죽을상이니 결혼도 하지 말라고 말한 그 사람이었습니다.

베도는 '당신은 10년 전에 나보고 죽을상이니 결혼도 하지 말라고 해놓고, 이제는 오나라를 책임질 관상이라고 말하는가?'고 묻자, '아닙니다. 분명히 오나라를 책임질 관상입니다.'라고 말하는 것입니다. 그리고 그는 실제로 33살에 오나라 제상이 됩니다.

이것은 무엇을 말합니까? 바로 베도의 관상이 바뀐 것입니다. 당신은 어떠한 관상을 만들어 가고 있습니까? 어떤 팔자를 만들어 가고 있습니까? '내 팔자야'하며 팔자타령만 하고 스스로 실패할 관상, 실패할 팔자를 만들어 가고 있지는 않습니까? 관상은 타고 나는 것이 아니라 바꾸는 것입니다. 관상은 자기가 책임지는 것입니다. 관상을 바꾸십시오. 근심어린 관상, 실패할 관상을 버리고, 행복하고 성공할 관상을 만드시길 바랍니다. 자아상도 마찬가지입니다. 부정적이고, 실패할 자아상을 버리고, 긍정적이고, 성공할 자아상을 만드시기 바랍니다.

다섯째, 자립심을 길러야 합니다. 미국은 갓 태어난 아기를 아기방 아기침대에서 따로 재우는 것을 당연하게 여겨 왔습니다. 어린 아이들을 따로 재우는 이유는 아이의 자립심을 기르기 위해서라고 합니다. 미국에서는 학교도 아이들에게 혼자 힘으로 연습할 수 있는 기회를 수없이 제공합니다. 미국 학교의 학예회나 작품전시에 가보면 우리 눈에는 너무나 장난 같은 작품들이 버젓이 발표되는 것도 이 때문입니다. 이 시기는 결과보다 과정을 배우는 시기이기 때문에 어른의 도움이 들어가 완성도가 높아진 작품보다는 아이들의 수준에서 서투른 노력이 엿보이는 작품들이 더 당당하게 여겨집니다.

우리 부모들도 아이에게 자립심을 길러 주길 원합니다. 그러나 과정이 중요한 때조차도 결과에 집착합니다. 과외에 바쁜 아이들을 위해 부모가 인터넷을 뒤지며 숙제를 해주고, 심지어 봉사활동도 대신 해줍니다. 초등학생들의 과제물은 부모님들의 실력겨루기 경연이 된지 이미 오래입니다. 이렇게 혼자 힘으로 연습하는 과정을 거치지 않고 자라난 아이들이 갑자기 자립하기란 쉽지 않습니다. 러시아의 심리학자 비고스키는 교육에서 부모의 역할을 강조했습니다. 비고스키에 따르면 아이들이 혼자서는 문제를 해결하지는 못하지만 거의 해결하기 일보 직전까지 와 있을 때가 있습니다. 이때 부모가 약간의 힌트만을 주면 아이는 문제를 해결할 수 있고 다음에는 혼자서도 문제해결이 가능해진다고 합니다. 이 때 아이가 도약할 수 있도록 발판을 만들어 주는 것이 어른의 역할입니다. 아이를 대신하여 요리를 하기보다 마지막의 한 방울로 아이의 요리를 완성시키는 참기름과 같은 존재가 부모의 역할이 아닐까요?

자립심을 길러주려면 스스로 생각하고 배우며 행동하도록 도와만 주어야 합니다. 과보호는 나약하고 의존적인 인간을 만듭니다. 아이들을 지나치게 사랑한 나머지 아이들이 원하는 것이 있으면 무엇이든지 충족시켜 주고 있습니다. 이미 기성세대들은 경제적으로 궁핍했던 시절 이였기에 풍족함이 그때는 자신감의 표상이요, 꿈을 꿀 수 있는 재료이기도 했었습니다.

또는 아이들을 보호한다는 구실로 아이들의 행동을 일일이 간섭하고 통제를 하게 됩니다. 의존적 성격은 결코 선천적이 아니며 어린 시절에 어떤 교육을 받았느냐에 따라서 결정된다고 합니다. 아이들은 네다섯 살 때에 자립심이 왕성하게 싹트기 시작한다고 합니다. 물론 이때의 자립심은 혼자 살 수 있는 것을 의미하는 것이 아니고, 부모에게 의존해야 할 수 있었던 일들 즉, 일어나 걷기부터… 혼자서 밥 먹기… 대소변 가리기… 옷 입기 등등을 스스로 해보는 것을 의미합니다.

이때는 잘하는 것이 목적이 아니기 때문에 자녀가 스스로 하도록 기회를 주는 것입니다. 그리고 혼자 해냈다는 경험이 중요하므로 잘못했다고 야단치거나 똑바로 하라고 충고는 하지 말아야 도전에 대한 두려움이 생기지 않습니다. 아이들은 어려운 일을 혼자 해냈을 때 자신감이 생기고 자립심이 크게 강화되는 것입니다.

성장기의 아이들에게는 사물에 도전하는 힘을 키워 줘야 합니다. 누구나 넘어지면서 일어서는 법을 배우고 다치면서 조심하는 법을 배우는 과정을 거치면서 육체적으로나 정신적으로 건전하게 성장할 수 있습니다. 아이들이 힘들어 하고 아무리 느리게 하더라도 효율성이란 유혹에 부모님이 끼어들지 말아야 아이는 적극성을 배울 수 있습니다.

여섯째, 끝을 보는 습관을 길러야 합니다. 시작한 일에 끝을 보는 것은 앞으로 인생을 살아가면서 중요한 습관 중의 하나입니다. 이런 습관은 그를 가장 고집스런 인간을 만들면서 인생에서 성공을 보장하는 열쇠이기도 합니다. 되도록 자녀들에게 할 일은 메모하는 습관을 들이도록 지도하세요. 스스로 할 일들은 꼼꼼하게 챙기고 반드시 완수하도록 지도하세요. 하나를 마무리하고 다음 일을 시작하는 습관을 갖게 하세요. 이것 했다가 저것 했다가 하면 되는 것이 하나도 없습니다. 인생은 그렇게 하루하루 최선을 다하는 속에 성공을 보장합니다. 하루아침에 모든 것을 이루려 하는 것은 부질없는 욕심입니다. 계획성 있게 하루하루 마무리를 잘하면서 사는 것이 성공을 보장하는 것입니다.

옛날 명언에 이런 글귀가 있습니다. '앞으로 한 자만 더 파면 나올 우물물을 파지 않고 근심만 하고 있도다.' 이제 한 자만 더 파면 물이 콸콸 나오게 될 텐데 그만 도중에 단념해 버립니다. 이런 상태에서는 지금까지의 노력이 모두 수포로 돌아간다는 교훈입니다. 여기서 '우물을 파다'는 '일을 완수하다'로 바꾸어서 해석해야 한다고 생각합니다. 무슨 일이든 계속 노력함으로써 이루어지게 됩니다. 정말 중요한 것은 재능이 아니라 끈기라고 말할 수 있을 것입니다. 어떤 일이든지 시작하기란 쉬운 일이지만 그것을 단념하지 않고 계속하기란 결단코 쉬운 일이 아닙니다.

어째서 계속할 수 없는 것일까요? 도중에 싫증이 나기 때문이라고 생각합니다. 혹은 나태한 마음에 사로잡히기도 할 것입니다. 도중에 자신의 한계나 어려움을 느끼고 내팽개치게 되는 경우도 있으리라 여깁니다. 저는 어려서 부터 좌우명이 있습니다. "일을 시작했으면 끝을 보아야 한다." 그래서 군 생활하면서도 저 나름대로 성공적인 군 생활을 했다고 자부합니다. 일이 떨어지면 반드시 끝을 보았기 때문입니다. 다른 한 가지는 "어려운 과제가 떨어지더라도 못한다고 하지말자. 그냥 하다가 보면 하나님께서 할 수 있도록 지혜를 주신다." 저는 참으로 하나님의 사랑을 많이 받은 목사입니다. 군대에서 병과가 보병이지만 23년 군 생활 중에 참모생활을 15년을 했습니다. 참모 생활을 오래할 수 있었던 것이 어떤 일이 저에게 주어지더라도 할 수 있다고 생각하니까, 과제를 지혜롭게 해결하니 지휘관들이 저를 써주셨기 때문입니다. 이런 생활이 몸에 배여서 지금 목회에도 유용하게 사용하고 있습니다. 필자의 잠재력입니다.

이것은 우리 자녀들 인생에 있어서도 재산이라고 생각합니다. '이 세상의 모든 일은 끈기에 달려 있습니다. 끈기가 강한 자만이 최후의 승부를 얻는다.'라는 말이 새삼 절실해집니다. 자신을 채찍질하면서 '계속'이라는 자기지배력이 끈기를 지속시키는 포인트입니다. 일상생활 속에서의 사소한 일일지라도 하겠다고 마음을 먹었으면 계속하는 일이 무엇보다 중요합니다. 이 '계속 한다'는 기력을 가리켜 끈기라고 하는 것입니다. 일을 시작했으면 끝을 보는 습관을 어려서부터 길러야 합니다. 그래야 직장에서나 가정에서 학교에서 살아갈 때 남에게 뒤떨어지지 않습니다.

일곱째, 포기하지 않는 습관을 들여야 합니다. 세상에서 인생을 살아가노라면 여러 가지 예상하지 못한 험로와 난관에 봉착하게 됩니다. 자기 힘으로 해결하지 못하는 난관에 봉착하더라도 포기하지 않고 하나님에게 기도하여 난관을 뚫고 나가는 의지력이 중요합니다. 저는 지금 인생의 육십 고개에 들어선 목사입니다. 세상에서 공직생활도 해보았습니다. 그런데 지금 저의 인생의 뒤를 돌아보면 여러 가지 어려운 난관에 봉착한 경우가 한 두 번이 아닙니다. 저는 군대생활에 모든 것을 걸고 몰두했습니다. 처음에는 우수한 분들 밑에서 근무를 해서 청렴결백한 공직생활을 배웠습니다. 제가 항상 외치는 공명정대 광명정대의 논리가 통하지 않아서 군대에서 더 이상 승진할 수가 없게 되었습니다. 희망이 없어진 것입니다.

그러나 저는 좌절하거나 인생을 포기하지 않았습니다. 반드시 군대에서 보다 더 귀하게 쓰임을 받는 일이 있다는 믿음이 생겼습니다. 군대에서 전역한 다음 코스가 예비군 관련 일을 하는 것입니다. 제가 아무리 기도를 해보아도 예비군 관련 일을 하면 인생이 끝이 난다는 생각이 저를 주장했습니다. 그래서 기도를 하니 하나님이 목회자가 되라는 감동을 주셨습니다. 저는 주저하지 않고 저의 잠재력을 개발하기 위하여 도전한 것입니다. 40대 초반에 말입니다. 세상에서 쓰는 말로 표현하면 인생을 투기한 것입니다. 좋은 표현으로 말한다면 도전한 것입니다. 그것이 바로 신학을 하여 목회자가 되는 것입니다. 정말 생소한 일입니다. 그러나 반드시 군에서 보다 더 잘 된다는 확신이 생겼습니다. 그래서 희망이 없는 군대에서 명퇴하고 나오면서 많은 분들에게 나는 더 큰 일을 위하여 공부를 선택한다고 선포하고 군문을 나온 것입니다. 그 당시 모두 무모한 도전이라고 했습니다. 나이가 많다는 것입니다. 한마디로 안 된다는 것입니다.

저는 하나님의 뜻(말씀)만을 믿고 신학을 해서 지금 이렇게 목회를 잘하고 있는 것입니다. 아주 귀하게 쓰임을 받고 있습니다. 제가 권면하고 싶은 것은 자신이 전력을 가지고 투자했던 것이 마음대로 되지 않았다고 쉽게 포기하지 말라는 것입니다. 좌절하지 말라는 것입니다. 반드시 하나님이 예비하신 다른 길이 있다고 믿어야 합니다.

그리고 자신의 잠재력을 길러야 합니다. 절대로 현실 안주는 자신을 패망하게 합니다. 도전하면 길은 열립니다. 절대로 나이를 생각하지 마십시오. 단지 나이는 인생을 살아온 년 수에 불과한 것입니다. 인생을 포기하지 말고 과감하게 현재보다 나은 것을 찾아 도전하십시오. 하나님은 창조의 하나님이십니다. 절대로 포기하지 마세요. 잠재력을 기르면서 도전하세요. 도전하면 인생은 반드시 성공합니다. 도전을 해야 자신의 잠재력을 알게 됩니다. 자녀들의 잠재력을 깨워야 합니다.

10장 자녀들에게 성공습관을 기르시는 하나님

(엡 6:1-4)"자녀들아 주 안에서 너희 부모에게 순종하라 이것이 옳으니라. 네 아버지와 어머니를 공경하라 이것은 약속이 있는 첫 계명이니, 이로써 네가 잘되고 땅에서 장수하리라. 또 아비들아 너희 자녀를 노엽게 하지 말고 오직 주의 교훈과 훈계로 양육하라"

하나님은 습관적으로 하나님을 찾는 사람을 사용하십니다. 습관이 정말로 중요합니다. 어려서부터 습관이 인생의 성공과 실패를 결정하기 때문입니다. 서점을 가보아도 실패한 사람의 이야기는 없습니다. 하나같이 성공한 사람들의 이야기들로 넘쳐납니다. 그렇다면 그들은 정말로 성공만 했을까요? 그 깊은 사연을 들여다보면 수많은 실패를 딛고 일어서 성공을 이끌어 낸 것입니다. 그러나 우린 숲만 보고, 그 숲에 어떤 나무가 어떻게 자라고 있는지에 대해서는 좀 체로 관심을 기울이지 않는 것이 보통입니다. 사람들의 성공신화의 이야기를 들어보면 성공할 수밖에 없는 공통적인 습관들을 발견할 수 있습니다. 자! 지금부터라도 자녀를 성공으로 이끌어 주는 습관들을 길러 주도록 하시기 바랍니다. 어떻게 하면 자녀를 성공으로 이끌어 낼 수 있을까요?

첫째, 예수님을 주인으로 인정하는 습관이 되어야 합니다. 예수님을 믿고 성령으로 거듭난 자녀는 하나님과 교통하면서 대화하면서 물어보면서 지내는 것이 습관이 되어야 합니다. 예수님과 동행하면서 매사를 주님의 뜻에 따라 순종하는 습관을 들여야 합니다. 예수님과 동행하려면 먼저 예수를 믿어야 합니다. 왜 예수를 믿어야 하느냐? 인간은 어머니 뱃속에서부터 죄 중에서 잉태된다는 사실을 알게 해야 합니다. 시편 51편 5절에"내가 죄악 중에서 출생하였음이여 어머니가 죄 중에서 나를 잉태하였나이다"고 말했습니다.

아담과 하와가 타락한 이후로 그 이후 자손들은 이미 뱃속에 있을 때부터 죄인으로 잉태되고 죄인으로 태어나기 때문에 구원을 받지 못하면 어린아이라도 영원히 멸망을 받을 수밖에 없습니다. 죄를 사함받기 위하여 예수를 믿어야 한다는 것입니다. 예수 그리스도를 믿어야 구원을 받고, 그리스도를 믿지 않으면 멸망을 받는다는 사실을 마음 판에 새기도록 해야 합니다. 자신이 예수를 믿을 때 죽었다는 것을 인정하게 해야 합니다. 예수를 믿고 죽는 동시에 부활하신 예수님으로 태어났다는 것을 알게 해야 합니다. 이제 자신이 사는 것은 예수를 믿는 믿음으로 사는 것입니다.

예수를 믿었으면 성령으로 세례를 받아야 합니다. 로마서 8장 11절에 "예수를 죽은 자 가운데서 살리신 이의 영이 너희 안에 거하시면 그리스도 예수를 죽은 자 가운데서 살리신 이가 너희 안에 거하시는 그의 영으로 말미암아 너희 죽을 몸도 살리시리라"이제 성령의 인도를 받으며 예수님의 인생을 사는 것입니다. 자녀들이 말을 배울 때부터 우리는 예수님의 구원과 하나님에 대한 경배를 마땅히 가르쳐야 합니다.

누가복음 18장 16절에 "예수께서 그 어린 아이들을 불러 가까이 하시고 이르시되 어린 아이들이 내게 오는 것을 용납하고 금하지 말라 하나님의 나라가 이런 자의 것이니라"고 말했습니다. 어린아이들부터 하나님께서는 이미 예수께로 오도록 하라고 말했습니다. 그들을 위해서 하늘나라가 예비 되어 있다고 예수님께서 말씀하셨습니다. 우리는 다 계란과 같습니다. 수정되지 않는 계란은 겉모양은 같아도 결코 병아리가 되지 못합니다. 똑같은 사람으로 태어났지만은 어린 아이 때부터 시작해서 그리스도 예수를 마음속에 주인으로 모시지 아니하면 그 영혼은 죽은 영혼입니다. 버림받은 영혼이 되는 것입니다.

많은 학자들의 보고에 의하면 지능은 네 살 때 이미 90%이상이 형성이 되고, 한 살부터 세살 이내에 어린아이의 정신 발달은 이미 결정이 되고, 여섯 살 이전에 일생 살아갈 인격적인 토대가 형성된다고 말하고 있습니다. 우리나라도 이젠 세 살이면 옛날에 천자문을 가르쳤습니다. 우리 속담이 있지 않습니까? 세살 버릇이 여든까지 간다는 속담이 있습니다. 그런 속담이 있기 때문에 어린아이는 이미 세 살이면 거의 모든 것이 완성되어 가는 단계입니다. 그렇기 때문에 어리다고 생각하면 안 됩니다. 예수를 믿고, 성령으로 기도하여 하나님과 관계가 열려야 인생길이 열린다는 것을 알려주어야 합니다. 자신의 앞에 일어나는 모든 문제는 예수님의 문제이니 예수님께 기도하여 하라는 대로 순종하는 습관을 들여야 합니다. 그래야 삶에서 하나님의 살아 역사하심으로 기적을 체험하며 인생을 성공할 수가 있습니다.

둘째, 하나님께서 주시는 말씀으로 문제를 해결하는 습관을 들여야 합니다. 윌리엄 4세가 세상을 떠나고 다음날 궁중에 있던 처녀가 왕으로 간택을 받았습니다. 그 처녀가 영국의 빅토리아 여왕인 것입니다. 그녀는 기도하여 하나님께서 주시는 말씀으로 정치를 했습니다. 그녀는 64년 동안 왕위에 있었고 영국의 번영은 바로 빅토리아 여왕 시대에 이루어진 것입니다. 영국이 세계적인 나라가 되고 해가 안지는 나라가 되었다는 것은 빅토리아 여왕 시대에 그렇게 된 것입니다. 어떻게 해야 연약한 처녀가 왕위를 계승하고 난 다음에 이렇게 위대한 왕이 될 수 있는 것입니까? 인류 역사상 빅토리아 여왕만큼 위대한 왕도 드물 것입니다. 그녀는 자신이 왕이 되었다는 소식을 듣자마자 즉시 무릎을 꿇고 기도했습니다. 성령의 감동에 따라 성경을 폈습니다. 그리고 이후 성경은 잠시도 그녀의 품에서 떠나지 않았습니다. 빅토리아 여왕은 늘 이렇게 기도했습니다. "주님! 늘 하나님의 말씀대로 정치를 하게 해 주옵소서." 그리고 모든 것을 말씀 안에서 찾아 해결하며 기도로써 정치를 했습니다. 인도의 왕자 한 사람이 여왕께 정치를 잘하는 비결이 무엇인지를 물었습니다.

그러자 여왕은 "바로 이것입니다."하며 성경을 펼쳐 보였던 것입니다. 기도하며 하나님께서 알려주시는 말씀으로 정치를 합니다. 성공적인 삶과 신앙생활에서 승리하기 위해 우리는 늘 말씀과 같이 해야 되는 것입니다. 대영제국이라는 나라를 움직이는 빅토리아 여왕도 성경을 무릎에서 떠나지 않고 성경을 읽고 묵상했습니다. 성경에서 가르치는 말씀을 통해서 나라를 다스리니 역사상 최대의 대국을 만든 것입니다. 우리의 삶에 수없이 문제가 다가오지만 그 문제에 대한 해답이 모두다 성경에 기록되어 있는 것입니다. 우리가 성경을 사랑하고 늘 성경을 묵상하고 있으면 성경에서 지혜도 오고, 총명도 오고, 모략도 오고, 재능도 오고, 지식도 오고, 해결방식이 다가오는 것입니다. 그러므로 우리가 보배 중에 보배로 생각할 것은 성경입니다. 성경 말씀을 삶에 적용하는 자녀는 망하지 않습니다. 성경이 있는 나라는 망하지 않는 것입니다. 성경이 있는 사람은 성공합니다. 만사가 형통합니다. 패배하지 않습니다. 말씀을 삶에 적용하는 사람은 시험이나 환란이나 풍파를 당하지 않습니다.

셋째, 자녀들을 도덕적인 습관을 들여야 합니다. 세상이 험해져서 양심이나, 도덕이나, 윤리나 하는 말은 바보들의 말로 전락하고, 오직 수단 방법을 가릴 것 없이 돈과 권력과 명예와 쾌락을 취하는 길이 성공이요, 그러므로 무엇이든지 양적으로 많이만 갖다놓으면 성공한다는 것을 가르쳤었습니다. 이렇기 때문에 사람을 속이든, 탐관오리를 하든, 이 세상에서 물질적으로 출세만 하면 성공하는 것으로 사회 환경이 자녀들에게 가르쳐 주고 있는 것입니다. 이런 환경을 보고 자라는 자녀들에게 '너희들은 정직하게 살아라, 성실하게 살아라, 근면하게 살아라, 충성스럽게 살아라'고하면 웃기는 소리하지 말라고 말합니다. 어른들 사회의 위선적이고 거짓된 삶을 늘 바라보고 살아온 자녀들이 그러한 삶을 살아갈 도리가 없는 것입니다.

그러나 예수를 믿는 하나님의 자녀가 세상 사람과 같아서는 하나님께 아브라함의 복을 받을 수 없습니다.

자녀들에게 십계명을 묵상하게 해야 합니다. 십계명은 자신을 성찰하는 아주 중요한 것입니다. 십계명을 가지고 자신을 들여다보면서 살도록 인도해야 합니다. 우리의 자녀들이 살아가면서 십계명을 통하여 진실로 윤리와 도덕적인 삶을 살 수가 있는 것입니다. 하나님의 계명과 법을 지키는 그 사람이야말로 무엇을 하든지 그 속에서 참된 행복을 얻을 수가 있는 것입니다.

약자를 사랑하고 예수님의 은혜와 사랑을 전하는 자녀로 성장하도록 가르쳐야 합니다. 자녀들이 이렇게 삶을 살아갈 때 하나님의 사랑을 받고 그들의 기도가 하늘에 상달될 것입니다. 무엇이든지 하나님이 기뻐하시는 일을 하면 하나님께서 또한 저들의 기도를 들어주시는 것입니다.

넷째, 안 된다는 생각을 버리게 해야 합니다. 자녀들이 인생을 살아가면서 어려운 문제에 봉착할 때 그것을 어떻게 대처하는 가가가 인생을 성공 실패를 결정합니다. 다윗이 골리앗을 만났을 때한 행동을 본받게 해야 합니다. 사무엘상 17장 34-36절에 "다윗이 사울에게 말하되 주의 종이 아버지의 양을 지킬 때에 사자나 곰이 와서 양 떼에서 새끼를 물어 가면 내가 따라가서 그것을 치고그 입에서 새끼를 건져내었고 그것이 일어나 나를 해하고자 하면내가 그 수염을 잡고 그것을 쳐죽였나이다. 주의 종이 사자와 곰도 쳤은즉 살아 계시는 하나님의 군대를 모욕한 이 할례 받지 않은블레셋 사람이리이까 그가 그 짐승의 하나와 같이 되리이다"이런하나님이 함께하신다는 강하고 담대함 있어야 합니다.

문제가 나타나면 뒤로 물러가는 자녀가 되지 말고, 하나님께서 나와 함께하니 할 수 있다는 생각을 가지고 기도하여 문제를해결하는 자녀가 되도록 습관을 들여야 합니다. 한 마디로 상식을 깨뜨리는 자녀가 되도록 하라는 말입니다. 상식적으로 합리적으로 되지 않을 지라도 하나님은 하실 수 있다는 생각을 가지고일을 추진하는 자녀가 되어야 하나님께 쓰임을 받습니다.

이것이 무슨 말이냐 하면 '남들이 다 아니다.'라고 고개를 돌리더라도 과감히 도전을 선택하는 자녀가 되도록 습관을 들여 한다는 것입니다. 저는 항상 우리 교회 성도들에게 "어려운 문제가 나타나거든 안 된다고 포기하지 말고, 된다고 생각하고 하나님께기도 하세요."그러면 반드시 할 수 있는 방법을 하나님께서 주셔서 해결하도록 하십니다. 이런 습관을 어려서부터 들일 때 인생길에 어려운 문제에 봉착하면 아무도 생각지 못한 발상의 전환이 엄청난 결과를 이끌어 낼 수가 있는 것입니다. 자녀들이 이런 습관을 가질 때 세상 직장에서도 성공할 뿐만 아니라, 하나님께 쓰임을 받을 수가 있는 것입니다.

다섯째, 미리준비하고 익혀두자는 것입니다. 저는 배우는 것을 즐겨합니다. 그러다 보니 지금 당장 필요 없는 일도 종종 배우게 됩니다. 어려운 문제가 있더라도 회피하지 않고 직접 해보려고 합니다. 이렇게 하다가 보니 많은 지식들을 터득하게 되었습니다. 어떤 일이라도 할 수 있다는 자신감이 생깁니다. 이런 습관이 들으니 인생길에 무슨 일을 만나더라도 할 수 있다는 자신감을 가지고 일을 할 수 있었습니다.

그러면 주변에서 쓸데없는 것을 배운다고 종종 비아냥거림을 받곤 합니다. 그러나 당장 필요 없을 것 같던 일이 언젠가 반드시 해야만 할 상황이 꼭 오게 됩니다. 재산이 되었다는 것입니다.

반드시 해야 할 일이 생기면 그때 가서 미리 해둘 걸… 미리 배워 둘 걸… 후회하면 무슨 소용 있습니까? 미리 살펴서 준비하는 자에게 기회는 반드시 오는 법입니다. 자녀들에게 배우는 습관을 들이는 것은 정말로 중요합니다. 그런데 왜 배우지 못합니까? 근시안적이 되어서 당장 필요하지 않으면 기피하는 습관이 되었기 때문입니다.

여섯째, 신문과 책을 가까이 하라는 것입니다. 사람들에게 신문을 멀리 하는 이유를 물으면 재미가 없고 시끄러운 정치 소식이 많아서 읽기 싫다고 합니다.

물론 그런 부분도 있지만 차분히 앉아서 신문을 읽다보면 마음이 편안해 지면서 집중력이 높아집니다. 시시각각 변화 하는 세계의 소식을 알 수 가장 좋은 것이 신문입니다. 신문을 보면서 좋은 내용의 교육이라 던지 앞으로 필요할 정보들을 스크랩해 둔다면 꼭 필요한 때가 반드시 오게 됩니다.

독서를 많이 하는 습관을 들여야 합니다. 독서하면 집중력이 개발이 됩니다. 독서하면 여러분들의 성공 실화를 접하게 됩니다. 그렇게 됨으로 자녀가 어려서부터 롤 모델을 정하게 됩니다. '나도 누구와 같이 되겠다.' 꿈을 갖게 된다는 말입니다. 꿈이 있는 자녀는 방황하지 않습니다. 자신이 나가야할 인생의 행로를 본인이 절하여 갈 수 있는 자녀가 된다는 것입니다.

일곱째, 자기분야에 일인자가 되겠다는 의지가 필요합니다. 저는 항상 이렇게 말합니다. "내가 하고 있는 성령치유 사역의 일인자가 되겠다는 것입니다." 그렇게 생각하기 때문에 전문가가 되려고 노력을 합니다. 성령치유의 전문가가 되려는 의지가 있기 때문에 깊은 이론을 터득하려고 노력을 합니다. 깊은 치유가 되려면 어떻게 해야 하는가 항상 생각하고 기도합니다. 실제 적용을 합니다. 적용하여 이론을 정립합니다. 그렇게 사고하고 사역을 하다가 보니까, 점점 전문가가 되어갑니다. 다른 분야도 마찬가지입니다. 자신이 추구하는 분야에 일인자가 되겠다는 생각을 가지면 그 일에 매진하게 됩니다. 자연스럽게 전문적인 지식을 습득하게 됩니다.

그렇게 자기 분야에 집중하며 몰입을 하다가 보니 일인자가 되는 것입니다. 남을 모방하여 따라가면 2등 밖에 못합니다. 자신이 하나님께 기도하여 자신만의 전문성을 개발해야 일인자가 되는 것입니다. 일인자가 되기 위해서는 무엇보다 천직의식이 중요합니다. 천직의식을 가지고 하나하나 연구하고 적용해가다가 보니 자연스럽게 일인자가 되는 것입니다. 처음 생각과 습관이 굉장하게 중요한 것입니다. TV에 나오는 달인을 생각하면 맞습니다. 한 분야에 천직의식을 가지고 십년이상 몰입 집중하다가 보니 달인이 된 것입니다. 지금은 인생백세 시대입니다. 무엇보다도 자기 분야에 전문가 의식이 중요한 시대입니다.

여덟째, 성공을 습관화 시켜야 합니다. 성공이라는 것은 자신이 목표한 일을 이루어 내는 것입니다. 자신이 목표한 일은 꼭 이룬다. 이것을 습관화하라는 것입니다. 꼭 기업의 회장이 된다든지, 박사가 된다든지, 정치가가 된다든지 하여야만 성공은 아닌 것입니다. 저는 TV에서 나오는 달인을 아주 좋아합니다. 달인들은 한 분야에 집중한 사람들입니다. 한 마디로 성공한 사람들입니다. 일상에서도 늘 성공을 습관화 시키도록 해야 합니다.

예를 들어 수학 방정식을 잘 해결했다면 방정식에 대한 성공이고, 영어 단어를 목표한 만큼 다 암기했다면 그것에 대한 성공입니다. 성경을 일독하겠다. 목표를 세워서 일독 했다면 성공입니다. 끝을 봤다면 성공한 것입니다. 어려서부터 목표한 것을 이루는 습관이 인생을 성공하게 합니다. 미래는 하루아침에 이루어지는 것이 아닙니다. 오늘이 쌓여 미래가 되는 것입니다. 그렇다면 오늘의 일상의 성공이 쌓여 미래의 성공을 이끌어 내는 것입니다. 어려서 습관이 중요한 것입니다. 끝을 보는 습관입니다.

아홉째, 오늘 일을 내일로 미루지 마라는 것입니다. 저의 인생의 철칙입니다. 오늘일은 오늘 끝내라는 것입니다. 끝내지 못했다면 잠을 자지 말고 끝내라는 것입니다. "오늘 할 일을 내일로 미루지 마라!"저는 군대에서 장교로 23년을 근무했습니다. 군대생활하면서 제가 가장 중요한 재산이 얻었다면 "오늘 할 일을 내일로 미루지 마라!"입니다. 이 정신을 가지고 지금 목회를 하고 있습니다. 이 정신이 아니었다면 아마 책을 한 권도 집필하지 못했을 것입니다.

오늘의 없는 내일은 있을 수가 없습니다. 오늘 할 일을 내일로 미루면 그 만큼의 시간과 노력이 더 들어가게 됩니다. 일을 끝마치지 못하고 다음날 시작을 하려면 한 참을 기도해야 영감이 떠오르기 시작하는 것입니다. 또한 오늘 일을 내일로 미루었을 때 스스로의 마음이 편치 않았던 경험들이 있을 것입니다. 오늘일은 오늘로 마무리 하고 내일엔 새로운 내일의 일에 매진해야 합니다. 자녀들의"오늘 할 일을 내일로 미루지 마라!" 습관이 되었다면 인생은 반드시 성공할 것입니다.

열째, 시작보다는 마무리를 잘하는 습관이 중요합니다. 제가 군 생활을 하면서 체험한 바로는 중간에 낙오하는 장교들은 마무리를 못하는 장교들이었습니다. 시작은 하는데 마무리를 못합니다. 1년이 지나도 결과물을 내놓지 못합니다. 그러면 자연스럽게 동기들에게 뒤처지는 것입니다. 누구나 할 것 없이 새해가 되면 새로운 다이어리를 장만하고 거창한 계획을 세우게 됩니다.

그러나 큰 맘 먹고 세운 계획은 작심삼일이 되어버리 곤 합니다. 왜 그럴까요? 계획은 세웠으나 자신의 현실에 맞지 않는 보여주기 위한 계획이기 때문입니다. 계획을 세우되 지금 자신에게 가장 필요한 사항인지 먼저 파악하고 세워야 합니다. 그 다음은 두말할 필요 없이 끝까지 가는 실천입니다. 시작하기보다는 어떻게 끝까지 마무리 할 수 있는가를 먼저 생각해보면 좀 더 알찬 계획을 세우고 실천할 수 있는 것입니다. 또한 계획은 결코 장미 빛 아름다움이 아닌 땀과 노력의 결과로 얻어져야 한다는 것을 염두에 두어야 합니다.

열한 번째, 실패는 또 다른 기회이고 시작이라는 것입니다. 실패하지 않고 성공하는 사람은 드물 것입니다. 많은 사람들이 계획을 세울 때 미리 실패할 것을 두려워합니다. 이미 시작도 하기 전에 미리 실패를 걱정하고 있으니 성공할리 없는 것입니다. 사람은 생각하는 대로 이루어지기 때문입니다. 그렇기 때문에 생각이 중요합니다. 실패를 걱정할 시간이 있다면 어떻게 성공 할 것인가를 먼저 고민해야 할 것입니다. 몰입하여 성령으로 기도하다가 보면 하나님께서 성공방책을 주십니다.

그래서 실패를 두려워하는 것이 아니라, 계획하고 하나님께 기도하며 당당히 맞서 나간다면 그만큼 성공에 이르는 길도 빨라질 것입니다. 계절도 봄, 여름, 가을, 겨울이 있는 것처럼 우리네 삶의 여정에도 이렇게 사계절이 있는 것입니다. 저는 이렇게 말을 합니다. 실패했으면 실패한 원인을 분석하여 보강하여 다시 시작을 하라는 것입니다.

열두 번째, 오늘이 마지막 날이라는 습관입니다. 저는 여러 젊은 사람들에게 오늘이 마지막이라고 생각하고 일을 추진하라고 권면합니다. 예를 든다면 변호사가 사건을 변호할 때 이것이 마지막이라고 준비하고 변호하라는 것입니다. 그러면 최선을 다할 수가 있을 것입니다. 같은 일을 두고도 어떤 사람은 전력투구를 하지만, 어떤 사람은 그냥 넘어갑니다. 그 결과는 큰 차이를 보입니다. 우리는 습관처럼 '오늘 못하면 내일하지 뭐!' 라고 자신에게 관대하게 대하는 편입니다.

그러나 과연 오늘이 내일이 될 수 있을까요? 생각해 보시기 바랍니다. 오늘이란 시간은 어제의 그들이 그렇게 가고 싶어 했던 미래의 내일이었던 것입니다. 그러므로 결코 오늘의 내일이 될 수 없는 것입니다. 오늘 할 일을 내일로 미룬다는 것은 그 만큼의 시간을 헛되이 보낸다는 것입니다. 오늘, 지금, 이 순간에 최선을 다할 때 나의 삶에도 최선을 다 할 수 있는 것입니다.

열세 번째, 사고의 전환의 필요합니다. 예를 든다면 검찰의 검사가 처벌을 하겠다고 생각하고 사건을 보면 무죄한 사람도 범죄자로 보인다는 것입니다. 한마디로 보는 사람의 시각에 따라 다르게 보인다는 것입니다. 학생들 그림을 지도하다보면 정말 특이한 그림을 그려 낼 때가 종종 있을 수 있습니다. 그러면 어른들은 대부분 틀렸다고 면박을 줍니다. 그러나 보는 이의 마음, 보는 이의 생각에 따라 정지된 사물도 다르게 보이는 것입니다. 예를 들어 나무를 그리면 어른들은 하나같이 초록색입니다. 그러나 어린아이일수록 화려한 색색의 나뭇잎이 나타납니다.

그만큼 아이의 마음엔 다양한 색상이 존재하지만 어른의 세계엔 교육이라는 이름으로 주입된 결정되어진 색이 깊이 자리하고 있는 것입니다. 이래서는 결코 창의적인 아이디어를 낼 수 없으며 다양한 문화의 변화에 적응하기 어렵게 됩니다. 자녀에게 이것이다! 라고 답을 내려 줄 것이 아니라 그럴 수도 있다는 다양성의 사고를 길러주어야 합니다. 틀리다고 말하는 습관을 자제하고 '다르다'란 다양성을 길러주어야 합니다. 이런 열린 사고가 앞으로 세계 무대에서 경쟁해야할 우리 자녀의 경쟁력이 되는 것입니다.

열네 번째, 일기를 쓰듯 메모하는 습관을 기르라는 것입니다. 저는 군대에서 우수한 장군들을 많이 모셨습니다. 모두 메모를 중요하게 여겼습니다. 심지어 자면서 머리맡에 메모지를 두고 자라고 강조하는 분도 모셨습니다. 저는 이것이 습관이 되었습니다. 순간순간 떠오른 깊은 아이디어를 메모하라는 것입니다. 이것이 나중에 아주 중요한 재산이 됩니다. 자녀들이 메모하고 존안 하여 두는 습관이 된다면 자영업을 한다든지 직장에 간다든지 어디를 가더라도 성공할 수가 있습니다.

조금은 불편 하더라도 일기장이나 메모장에 늘 기록하는 습관을 들이도록 해야 합니다. 자료를 존안하는 습관을 드려야 합니다. 요즈음 컴퓨터가 있어서 조금만 관심을 가지면 할 수가 있습니다. 사람의 기억은 24시간을 넘기지 못합니다. 생각이 떠오를 때, 바로 바로 메모하고 기록하는 습관이야말로 자신에게 맞는 계획을 세우고 성공을 이루어 낼 수 있는 것입니다. 또한 늘 메모하는 습관은 시간을 알차게 쓰도록 도와주게 됩니다.

저에게 목사님 설교를 언제 준비하세요. 질문한다면'늘 메모지를 주머니에 넣고 다니면서 조각난 시간 자투리 시간을 활용하여 설교를 준비합니다. 버스 안에서 혹은 전동차 안에서 기도하며 영감을 받아 설교를 준비합니다.'목사님 언제 책을 집필합니까? 질문한다면 '일상 생활하면서 영감을 모아 책을 집필 합니다.' 이렇게 대답을 할 수 있습니다. 자녀들에게 성공할 수 있는 습관을 들여 주는 것이 꼭 필요한 것 같습니다.

11장 소유의 개념을 바르게 하시는 하나님

(고전 15:10)"그러나 내가 나 된 것은 하나님의 은혜로 된 것이니 내게 주신 그의 은혜가 헛되지 아니하여 내가 모든 사도보다 더 많이 수고하였으나 내가 한 것이 아니요 오직 나와 함께 하신 하나님의 은혜로라"

우리자녀들이 하나님께 전인적인 축복을 받게 하려면 소유의 개념을 바르게 해야 합니다. 하나님은 무엇보다도 소유의 개념을 분명하게 하십니다. 우리가 가지고 있고 받은 것은 모두 하나님으로부터 온 것입니다. 우리의 재물, 재능, 모두가 하나님께로부터 옵니다. 우리가 헌금하고 남에게 베푸는 것도 모두 하나님으로부터 받은 것 중에서 내는 것입니다. 우리 것이라고 주장할 것이 아무것도 없습니다.

다윗 왕은 이렇게 말했습니다. "여호와여 광대하심과 권능과 영광과 이김과 위엄이 다 주께 속하였사오니 천지에 있는 것이 다 주의 것이로소이다… 나와 나의 백성이 무엇이관대 이처럼 즐거운 마음으로 드릴 힘이 있었나이까. 모든 것이 주께로 말미암 았사오니 우리가 주의 손에서 받은 것으로 주께 드렸을 뿐이니이다"(역대상 29:11,14). 그렇습니다. 우리가 가진 모든 것이 하나님의 것입니다. 우리가 항상 이런 소유의 개념을 바르게 깨닫고 있어야 합니다. 우리가 하나님의 전에 헌금하는 것은 하나님의 은혜로 받은 것을 다시 하나님께 돌려드리는 것입니다. 우리는 하나님의 소유를 나누어주는 통로에 불과하다는 것을 알고, 하나님에게 모든 영광을 돌려야 합니다.

　절대로 하나님의 것을 자기 것으로 삼지 말아야 합니다. 여호수아 7장에 보면 아간이라는 사람이 나옵니다. 아간은 여리고성을 점령할 때 하나님의 것을 도적질했습니다. 여리고성 전투에서 실패한 여호수아가 기도하니 하나님의 것을 도적질 했다고 하십니다. 여호와 앞에서 뽑으니 아간이 뽑혔습니다. 아간이 하는 말입니다. "내가 노략한 물건 중에 시날 산의 아름다운 외투 한 벌과 은 이백 세겔과 그 무게가 오십 세겔 되는 금덩이 하나를 보고 탐내어 가졌나이다 보소서 이제 그 물건들을 내 장막 가운데 땅 속에 감추었는데 은은 그 밑에 있나이다 하더라"(수 7:21). "여호수아가 이스라엘 모든 사람과 더불어 세라의 아들 아간을 잡고, 그 은과 그 외투와 그 금덩이와 그의 아들들과 그의 딸들과 그의 소들과 그의 나귀들과 그의 양들과 그의 장막과 그에게 속한 모든 것을 이끌고 아골 골짜기로 가서, 여호수아가 이르되 네가 어찌하여 우리를 괴롭게 하였느냐 여호와께서 오늘 너를 괴롭게 하시리라 하니 온 이스라엘이 그를 돌로 치고 물건들도 돌로 치고 불사르고, 그 위에 돌무더기를 크게 쌓았더니 오늘까지 있더라 여호와께서 그의 맹렬한 진노를 그치시니 그러므로 그 곳 이름을 오늘까지 아골 골짜기라 부르더라"(수 7:24-26). 이렇게 하나님은 소유를 분명하게 하시는 하나님이십니다.

첫째, 자신의 소유에도 성령의 세례를 받아야 합니다. 우리가 하루하루를 살아가는 삶에서 찾아내야 할 영적 의미에 관한 요령을 구약성경을 통해서 발견할 수 있습니다. 성령이 역사하는 교회시대를 사는 우리들에게 가장 중요한 것이 구원입니다. 이것이 없다면 우리는 하나님과 아무런 상관이 없으며, 그리스도의 죽음은 헛된 것일 뿐입니다. 구원에 관한 증거로 세례가 있습니다(벧전 3:21). 구약시대에는 할례가 이스라엘인이 된 증거이며, 그것이 구원 받은 백성의 증표이기도 했습니다. 할례의 논쟁은 초대 교회에서 뜨거운 쟁점이었던 것은 구원의 증표로 계속 의미가 있는 것인가 하는 문제였습니다.

할례는 구약의 증표이며, 신약의 증표는 성령 세례라는 사실을 교회가 공인함으로써 모든 그리스도인들에게 중요한 의식이 되었습니다. 저는 이런 세례가 물 뿐만 아니라, 성령의 불세례도 있다는 사실을 깨닫게 되었습니다. 이 두 가지 세례는 동시 또는 간격적으로 주어지는 것입니다. 그러나 이 두 가지 가운데 어느 하나라도 결여된다면 문제가 있을 수 있습니다.

물세례란 처음 그리스도인이 신앙을 고백하고 회개와 죄사함의 세례를 받으며, 사람들 앞에서 자신이 그리스도인이 되었다는 것을 선포하고 교회의 일원이 되는 의식입니다. 성령의 불세례는 성령 안에서 주의 백성이 되어 성령의 도구 즉 '그리스도의 몸'으로 인치는 증거로서 받아들이게 되었고, 거듭남의 증거로서도 인정하게 되었습니다.

그런데 이런 세례 가운데 우리가 이제까지 소홀히 여긴 부분이 있습니다. 구약성경의 출애굽은 종살이를 하던 이스라엘인들이 하나님의 부르심을 받아 종살이에서 벗어나 자유인이 되며, 약속의 땅인 가나안으로 들어가기 위해서 통과하는 일련의 과정을 소개하고 있습니다.

이는 죄인인 우리가 주님의 부르심에 의해서 의인이 되어 이 땅에서 벗어나 천국 백성이 되는 과정을 상징하는 것입니다. 그 첫 단계가 바로 물을 통과하는 것이었습니다. 이 과정을 신약성경은 세례라고 증거하고 있습니다(고전 10:1~2). 그런데 이집트를 탈출한 이스라엘은 몸만 나온 것이 아니라 그들 소유 모두를 가지고 나왔습니다. 가축은 물론 각종 살림살이들을 다 가지고 탈출했고 그것들 모두를 가지고 홍해를 건넜습니다.

이스라엘 전 소유는 구름 아래 놓여있었으며, 물을 통과했습니다. 낮에는 구름기둥이요, 밤에는 불기둥의 보호를 받았습니다. 이로써 세례란 우리 몸뿐만 아니라, 소유 전부에 관한 것이었음을 알 수 있습니다. 육축이란 그 당시 삶을 살아가기 위한 주요한 수단이었습니다. 히브리인인 이스라엘은 농경문화에 익숙한 사람들이 아니라, 목축에 익숙한 사람들이었습니다. 그들이 소유하고 있는 가축은 생계수단이었습니다. 그리고 살아갈 근거가 되는 집과 옷가지들도 모두 구름 아래 그리고 바다를 통과했습니다. 이집트를 나오는 순간 모두 하나님의 소유이기 때문입니다.

이스라엘 사람들이 소유를 이집트에 두고 나와 하나님의 놀라운 능력으로 새로운 것을 장만한 것이 아닙니다. 그들이 지닌 과거의 모든 것을 가지고 물을 통과했습니다. 이는 우리들의 세례가 전혀 색다른 조건과 배경에 들어간 후에 받는 것이 아니라, 아직 죄인이었을 때 하나님과 화해하는 증거로 세례를 받습니다. 이 시기의 우리 몸은 여전히 죄인이며, 우리 소유 전체가 여전히 하나님의 것으로 드려지지 않은 상태인 것입니다.

　우리 몸과 소유 전체에 대한 성령세례는 우리 것 전부가 주님의 소유가 되었음을 선포하는 것입니다. 그런데 우리는 흔히 세례를 받을 때 우리 몸만이 구원되었고 주님의 소유가 되었다고 생각합니다. 소유 전체에 대한 세례의 의식이 아직은 확립되지 못한 것입니다. 소유에 대한 성령세례는 물질적인 것뿐만 아니라, 비물질적인 것까지 포함하는 것입니다.

　생계 수단인 가축의 성령세례는 오늘날 우리들이 생계 수단인 직업의 세례를 의미하는 것이며, 이 부분이 성령으로 세례를 받아 주님의 것으로 인정되었을 때에 우리는 그 속에서 주님으로부터 오는 재물의 축복을 누릴 수 있게 되며, 그 소유 전체에 대한 개인적인 권리와 주장을 포기할 수 있게 될 것입니다. 하나님의 소유가 되었다는 것입니다.

　세례는 물과 불의 이원적인 의미를 지닙니다. 물은 정결하게 하는 것이며, 불은 태워 소멸하는 것입니다. 우리 몸은 이 두 가지 세례 과정을 통해서 전혀 다른 신분이 되었듯이 우리 소유와 직업 역시 이 두 가지 과정을 통과함으로써 전혀 새로운 것(하나님의 것)으로 거듭나게 되는 것입니다.

물세례는 침묵 적이고 내면적이라면 성령의 불세례는 역동적이고 외면적입니다. 물세례는 보이지 않지만 성령의 불세례는 가시적인 증상을 동반합니다. 성령의 불세례를 받을 때 자기도 느끼고 다른 사람도 알게 됩니다. 이 두 가지를 통과함으로써 진정한 그리스도인으로 거듭나듯이 우리의 소유와 직업이 이 두 가지 과정을 통과할 때 진정으로 주님의 축복의 통로가 되는 것입니다. 진정으로 주님이 다스리는 사람(소유까지)이 되었다는 것입니다. 다수의 그리스도인 가운데 물세례는 받았지만 성령의 불세례는 받지 못한 상태로 지내는 경우가 있습니다.

성령의 불세례의 대표적인 증상이 뜨거운 불이 내리는 기름부음의 체험을 가지게 되며, 성령의 능력이 나타나며, 방언을 말하며, 영적인 세계관의 변화 등이 일어납니다. 누가 보아도 성령의 불로 세례를 받았다는 사실을 알아차릴 정도로 그 변화가 가시적이며, 체험적이며, 급변 적입니다. 이는 누구도 부인할 수 없는 외형적 증거를 동반하기 때문에 눈으로 그 사실을 대부분 확인할 수 있습니다. 그러나 여기에도 그 정도의 차이는 있습니다. 그래서 간혹 둔감한 사람은 성령의 불세례를 미약하게 경험할 때 제대로 인식하지 못할 수도 있습니다.

성령의 불세례가 우리의 몸뿐만 아니라, 소유와 직업에 대해서도 일어나는 것입니다. 이것을 흔히 우리는 소명이라는 말로 대치해서 불러왔습니다. 그런 까닭에 물질에 대한 성령의 불세례에 대해서 별로 관심을 두지 못한 것입니다. 소유와 직업이 물로 정결해지고 불로 태워져서 전혀 새로워지지 않는다면 우리의 재산과 직업은 주님으로부터 쓰임을 받을 수 없을 것입니다. 방법은 모든 소유와 직업이 하나님의 소유라고 성령의 임재 하에 선언하는 것입니다.

하나님은 일하는 자에게 그 일에 필요한 모든 것을 제공합니다. 밭을 가는 소에게 망을 씌우지 않듯이(신 25:4, 딤전 5:18, 고전 9:9) 일군에게 그 삯을 주는 것입니다. 하나님이 만물을 창조하실 때 각 사람이 이 땅에서 지니고 살아갈 수 있는 분깃을 주었습니다. 그것이 들꽃과 참새의 비유를 통해서 우리들에게 증거 하신 부분입니다. 그런데 우리는 일군으로서 일을 하게 될 때 더 많은 것들을 공급 받게 되는 것입니다.

자신의 소유와 직업이 성령의 불로 세례를 받아야 하며, 그 과정을 통과할 때 비로소 자신의 소유와 직업이 하나님의 나라에 기여하는 부분이 되는 것입니다. 몸이 성령의 불로 세례를 받게 되면 능력을 덧입게 되어 하나님 나라의 일군이 되며, 직업이 세례를 받으면 그 직업을 통해서 하나님 나라의 재정지기로서의 직무를 감당하게 되는 것입니다.

이 성령의 불세례를 받을 때 우리가 가졌던 소유가 타버리며, 직업이 새로워집니다. 그 실질적 현상이 바로 사업이 갑자기 기울어 재산의 손실이 오며, 직업을 잃게 되어 실직자가 되는 쓰라린 과정이 나타나기도 하는 것입니다. 지금 이런 위험스럽고 고통스런 과정을 밟고 있다면 이것이 자신의 소유와 직업에 대한 물과 불의 세례라고 인식해야지 실패나 징벌이라고 생각해서는 안 됩니다. 하나님께서 반드시 다시 잃은 소유를 일어나게 하실 것이기 때문입니다. 그렇기 때문에 우리는 전혀 낙심하거나 두려워할 필요가 없습니다. 오히려 이 과정을 통과하여 몸과 재물과 직업이 새로운 피조물로 거듭나게 됨으로써 하나님 나라의 주요한 일군인 재정지기가 되는 것입니다.

몸을 비롯해서 재산 전체에 대한 성령의 세례가 이루어질 때 우리는 비로소 완전한 존재가 되는 것입니다. 하나님은 자신의 완전함같이 우리들도 완전할 것을 요구하셨습니다(마 5: 48). 아직도 직업과 소유에 대한 성령의 불세례를 받지 못했다면 두려워하지 마십시오. 그리고 자신의 전 존재가 성령의 세례를 받을 수 있기를 사모하십시오. 몸만 성령의 세례를 받고 재물이 성령의 세례를 받지 않았다면 이는 마치 자기 재산 전부를 이집트에 두고 몸만 빠져 나온 것과 같습니다.

재산에 대한 성령의 불세례를 두려워하는 것은 불신앙의 태도입니다. 이사야는 이 사실에 관해서 "시온의 죄인들이 두려워하며 경건치 아니한 자들이 떨며 이르기를 우리 중에 누가 삼키는 불과 함께 거하겠으며 우리 중에 누가 영영히 타는 것과 함께 거하리요 하도다"(사 33:14)라고 언급했습니다. 여기서 시온의 죄인들과 경건치 못한 자들이란 아직 불로 세례를 받지 못한 육신적인 그리스도인과 성령의 인도를 제대로 인식할 줄 모르는 미숙한 그리스도인을 의미하는 것입니다. 이런 사람들은 불 시험이나 불세례를 받게 될 때 이렇게 믿음 없는 말을 하게 되는 것입니다.

스스로가 성령의 인도하심을 깨닫고 응답할 수 있는 성숙한 그리스도인이 되어야 합니다. 그래야만 제대로 된 주님의 제사장이 될 것입니다. 그렇게 되면 이사야가 예언한대로 열방의 재물이 우리 것이 되고 우리는 그 재물을 마음껏 쓸 수 있는 날이 우리들에게 찾아오게 될 것입니다.

하나님은 우리에게 하나님의 일을 하게 하시기 위해서 열방의 재물을 허락하시는 것입니다. 제사장의 직무를 감당할 수 있을 때에 그 역사가 일어나는 것입니다. 그러므로 무엇보다 중요한 것은 각 사람이 스스로 성령 안에서 자신에게 주어진 직임이 무엇인지를 바르게 인식할 수 있어야 하는 것입니다. 지금처럼 교회가 제도적으로 만들어놓고 누구나 적당히 그 자리를 메우는 식은 더 이상 의미가 없을 뿐만 아니라, 주님의 제사장이 되는 길을 막는 방해가 될 뿐입니다.

우리가 성숙하지 못했을 때 어쩔 수 없이 주어진 몽학선생과 같고, 율법과 같은 제도는 이제 성숙해진 후에는 더 이상 필요하지 않은 장애물과 같다는 사실을 아는 것이 부귀영화가 우리의 것임을 자랑하게 되는 시대가 이루어지게 하는 것입니다. 그러므로 우리는 열심을 품고 영의 일을 사모하고 성령의 인도하심을 제대로 이해할 수 있어야 할 것입니다. 그런 까닭에 영성훈련은 무엇보다도 더 중요한 가치가 있음을 깨닫기 바랍니다. 훈련을 통해서 모두가 '하나님의 봉사자'가 되기를 간절히 소망합니다. 이것이 재물의 축복을 얻는 확실한 길이기 때문입니다. 할렐루야!

소유와 직업에 성령의 불세례가 임하게 하기 위하여 성령의 임재 가운데 이렇게 기도하시기를 바랍니다. "하나님 감사합니다. 저의 구원을 위하여 예수님을 십자가에서 해 받게 하시고 믿게 하시어 구원받게 하시고, 성령으로 세례 하여 인을 쳐주시고 하나님의 자녀삼아 주시니 감사합니다. 하나님! 저의 현재와 미래의 삶을 하나님에게 드립니다. 받아주시고 삶을 주관하여 주옵소서. 하나님! 저의 재능을 하나님에게 드립니다. 저의 재능을 통하여 영광 드러내소서. 하나님! 저의 재산과 소유를 하나님에게 드립니다. 받아주시옵소서. 하나님! 저의 직업을 하나님에게 맡깁니다. 저의 직업을 통하여 영광 받으시옵소서. 하나님! 저의 자녀를 하나님에게 맡깁니다. 저의 자녀들을 통하여 하나님 영광 받으시옵소서. 하나님! 저의 직장을 하나님에게 맡깁니다. 저의 직장을 통하여 영광 받으시옵소서. 하나님! 저의 남편(부인)을 하나님에게 맡깁니다. 저의 남편(부인)을 통하여 영광을 드러내소서. 예수님의 이름으로 기도합니다. 아멘"

둘째, 진정한 소유의 개념을 깨닫기를 바랍니다. 우주 만물을 지으시고 또한 다스리시는 살아 계신 여호와 하나님, 하나님의 크신 사랑에 감사드립니다. 이 세상의 무수한 천체 중에는 그 빛이 아직 지구에 닿지 않은 것도 많다고 들었습니다. 그런 크고 변함없는 우주 속의 지극히 작은 이 지구촌에서 저희들은 하나님의 은혜로 생명을 부여받아, 청지기로서 하루하루를 살아가고 있습니다. 또한 죄를 밥 먹듯 하며 살던 저희들의 죄를 예수 그리스도의 피로 사해 주시고 영원한 생명까지도 약속해 주셨습니다.

뿐만 아니라 하나님께서는 저희들에게 많은 것을 주셨습니다. 저 태양과 공기도 하나님께서 주셨고, 일용할 양식도 하나님께서 주셨습니다. 철따라 단비를 내려 곡식이 자라게 하시는 분도 하나님이십니다. 저희들의 목숨 자체도 하나님으로부터 비롯된 것임을 믿습니다. 또한 저희가 살아가는 이 세상의 모든 시간 역시 하나님의 것임을 고백합니다. 이처럼 지금까지 저희 것으로 알고 있던 모든 것이 사실은 다 하나님의 것이며, 저희는 빈손으로 거저 왔다가 그냥 빈손으로 가는 보잘것없는 인생들일 뿐입니다. 하나님 아버지, 저희로 하여금 진정한 소유의 개념이 무엇인지 깨닫게 하여 주옵소서. 하나님 앞에서 인색한 마음을 갖지 않게 하여 주옵소서! 착하고 충성된 종으로 주인의 즐거움에 참예하게 하옵소서.

셋째, 가장 좋은 신앙이 내 인생 하나님이 살아 주신다, 입니다. 따라 말씀해 보십시오. 내 인생 내가 사는 것이 아니요, 내 인생 하나님과 더불어 사는 것이 아니요, 내 인생 하나님이 살아 주신다. 하나님 앞에서 자기를 완전히 비워 버리고 하나님을 전적으로 주인으로 모시고 순종하고 믿고 의지하며 섬길 때 하나님이 우리 인생을 살아 주시는 것입니다. 갈라디아서 2장 20절은 바로 바울선생의 그와 같은 고백입니다. "내가 그리스도와 함께 십자가에 못 박혔나니 그런즉 이제는 내가 산 것이 아니요 오직 내 안에 그리스도께서 사신 것이라 이제 내가 육체 가운데 사는 것은 나를 사랑하사 나를 위하여 자기 몸을 버리신 하나님의 아들을 믿는 믿음 안에서 사는 것이라"

이제 완전히 주님이 우리 주인이 되고, 우리는 주님을 복종하고 믿고 의지하고 섬기기 위해서 살게 되니까 이제 우리의 주인이 우리의 인생을 살아 주는 것입니다. 그러므로 마태복음 6장 31절로 33절에 "그러므로 염려하여 이르기를 무엇을 먹을까 무엇을 마실까 무엇을 입을까 하지 말라 이는 다 이방인들이 구하는 것이라 너희 천부께서 이 모든 것이 너희에게 있어야 할 줄을 아시느니라 너희는 먼저 그의 나라와 그의 의를 구하라 그리하면 이 모든 것을 너희에게 더하시리라"

내가 하나님을 주인삼고 그 의와 그 나라를 구하고 살면 하나님이 책임져 주시는 인생을 사는 것입니다. 로마서 8장 31절로 32절에 "그런즉 이 일에 대하여 우리가 무슨 말 하리요 만일 하나님이 우리를 위하시면 누가 우리를 대적하리요 자기 아들을 아끼지 아니하시고 우리 모든 사람을 위하여 내어주신 이가 어찌 그 아들과 함께 모든 것을 우리에게 은사로 주지 아니하시겠느뇨" 우리가 인생을 살면서 하나님을 주인으로 모시고 살면 우리가 난관에 부딪힐 때도 늘 하나님이 주인이기 때문에 주인에게 물어보고 부탁하면 주인이 돌보아 주시는 것입니다.

중세의 유명한 성직자 토마스 아캠피스의 기도문은 전적인 주님의 주권을 고백한 것으로 유명합니다. 그는 다음과 같이 기도했습니다. "오! 주여 주께서 더 나은 길을 아십니다. 주께서 원하시는 대로 이것이나 저것이나 다 되게 하여 주옵소서. 무엇이나 주께서 원하시는 것은 원하시는 그것만큼 또 주께서 원하실 때 주옵소서. 꼭 주님의 존귀를 위하여 나에게 행하시옵소서. 주께서 보내고 싶은 곳에 나를 보내시고, 만사에 주 뜻대로 하시옵소서. 나는 주의 손에 있사오니 바퀴처럼 마음대로 돌리시옵소서. 나는 주님의 종입니다. 무엇이나 명령대로 하겠나이다. 나는 나를 위하여 살기를 원치 않나이다. 주님만을 위하여 살기를 원하나이다." 그렇습니다. 우리의 삶의 주권은 주님께 있습니다. 자신의 인생이 자신의 것이 아닙니다. 자신의 과거도 현재도 미래도 주님이 가지고 계시고 주님이 주권자인 것입니다. 하나님을 전적으로 주인으로 모시고 순종하고 믿고 의지할 때 하나님이 우리 인생을 살아 주십니다. 전인적인 거부가 되게 하십니다.

넷째, 우리 목사님들이 조심해야 할 것이 있습니다. 교회의 주인은 하나님이십니다. 목사는 교회에서 목회업무를 하는 사람입니다. 목사는 교회의 주인이 아닙니다. 그래서 목사가 매일 설교하는 설교문도 엄연하게 하나님의 소유입니다. 어떤 분들은 설교를 하기 위해서 만든 설교 문이 담임목사 개인의 소유라고 생각을 하고 있는 분들이 있습니다. 그런데 이는 큰일 날 소리이고, 잘못인식하고 있는 것입니다. 설교문은 하나님의 것입니다. 설교는 목사가 기도하며 하나님께 '레마'를 받고, 성경 말씀을 풀어 적은 것이 설교 문입니다. 엄연하게 하나님의 소유입니다. 목사가 자신의 설교 문을 자기 것이라고 한다면 하나님의 저주를 받습니다. 하나님은 살아계십니다. 하나님은 소유를 분명하게 하시는 분입니다.

저는 영적인 글을 많이 씁니다. 이를 종합하여 책도 몇 권 출간했습니다. 그런데 한권도 내 것이라고 말하거나 행동하지 않습니다. 하나님의 소유이기 때문입니다. 제가 내 것이라고 말하는 순간 하나님의 저주가 시작된다는 것을 잘 알고 있기 때문입니다. 지금 인터넷에 들어가 보면 제가 쓴 영적인 글이 말로 표현할 수 없을 정도로 각 지 교회 홈피와 카페에 올라가 있습니다. 이를 볼 때마다 저는 하나님께 영광을 돌리고 있습니다. "하나님 저를 사용하여 주시니 감사합니다." 하나님께서 군대에서 젊은 청춘 다 보내고 할 일 없을 시기에 저를 불러서 강하게 훈련하시고 목회자를 영성훈련하고 성도를 치유하는데 사용하여 주시니 감사할 따름입니다.

저는 참으로 행복한 사람이라고 생각합니다. 기도할 때 하나님께서 모르고 당하고 있던 여러 가지를 알려주시고, 예수를 믿으면서도 영육간에 질병으로 고통당하는 목회자와 성도에게 하나님의 말씀을 전하고, 기도하게 하고, 안수하면 어떠한 질병과 문제라도 몇 주 지나면 치유가 됩니다. 그리하여 하나님의 살아계심을 몸과 마음으로 체험하게 하면서 영적인 군사로 바꾸는 회복의 역사를 저를 통하여 하시고 계시기 때문입니다. 저는 항상 언행심사를 조심하며, 모든 역사를 하나님께서 하셨고, 모든 소유가 하나님의 것이라고 인정하고 하나님께 영광을 돌립니다.

하나님의 소유의 개념은 목사님들도 확실하게 알아야 합니다. 그리고 설교 문은 목회활동을 위하여 작성하여 설교하는 것이기 때문에 하나님의 것이 맞습니다. 기독교 신문에 보니까, 설교 문을 자기 것으로 생각하여 저작권을 주장해야 한다고 하는 목사님들이 있습니다. 담임목사의 설교문은 저작권법으로 보면 업무상저작물 입니다. 엄연하게 교회에서 사례비를 받고 일하기 때문에 설교문은 업무상저작물인 것입니다. 교회에서 일어난 사례를 정리한 예화도 역시 업무상저작물입니다.

일부 목사님들이 자신이 교회를 개척했다고 자신의 것과 같이 마음대로 하는데, 이는 하나님 앞에 중대한 범죄를 저지르는 것입니다. 이는 분명하게 하나님의 저주를 받습니다. 살아계신 하나님께서 가만두시지 않습니다. 소유를 분명하게 하시기를 바랍니다. 그래야 하나님께서 영-혼-육에 전인적인 거부가 되게 하며 인생을 성공하게 하십니다.

12장 인간 문제가 생기는 이유를 알게 하는 하나님

(신 7:12-15)"너희가 이 모든 법도를 듣고 지켜 행하면 네 하나님 여호와께서 네 조상들에게 맹세하신 언약을 지켜 네게 인애를 베푸실 것이라. 곧 너를 사랑하시고 복을 주사 너를 번성하게 하시되 네게 주리라고 네 조상들에게 맹세하신 땅에서 네 소생에게 은혜를 베푸시며 네 토지 소산과 곡식과 포도주와 기름을 풍성하게 하시고 네 소와 양을 번식하게 하시리니, 네가 복을 받음이 만민보다 훨씬 더하여 너희 중의 남녀와 너희의 짐승의 암수에 생육하지 못함이 없을 것이며, 여호와께서 또 모든 질병을 네게서 멀리 하사 너희가 아는 애굽의 악질에 걸리지 않게 하시고 너를 미워하는 모든 자에게 걸리게 하실 것이라"

인간에게 문제가 생기는 원인은 죄입니다. 죄는 하나님의 뜻과 말씀을 거역하는 것입니다. 하나님의 말씀과 뜻을 거역하고 하나님 품에서 떠나가면 마귀가 덤벼드는 것입니다. 성도가 세상을 살면서 죄를 범했다면 죄를 타고 귀신이 침입한 것입니다. 침입한 귀신을 성령의 임재 하에 죄를 회개하고 귀신을 축귀해야 인생길에 생기는 영육의 문제가 해결되기 시작하는 것입니다.

인간의 문제는 하나님의 말씀에 불순종한 결과로 발생합니다. 하나님의 말씀을 믿지 않고 마귀나 사람의 말을 믿은 것을 통해서 인간의 문제가 발생하는 것입니다. 하나님은 "내 양은 내 음성을 들으며 나는 그들을 알며 그들은 나를 따르느니라"(요10:27) 하시며 분명하게 말씀하셨습니다.

그리고 "문지기는 그를 위하여 문을 열고 양은 그의 음성을 듣나니 그가 자기 양의 이름을 각각 불러 인도하여 내느니라"(요10:3) 하셨습니다. 그리고 "나의 계명을 지키는 자라야 나를 사랑하는 자니 나를 사랑하는 자는 내 아버지께 사랑을 받을 것이요 나도 그를 사랑하여 그에게 나를 나타내리라"(요14:21) 하나님의 말씀을 지키는 자라야 하나님을 사랑하는 자라고 했습니다. 그런데 아담 이후 모든 인간은 이런 하나님의 말씀에 순종하지 않고 아담과 같은 불순종이 습관이 되어있습니다. 즉 죄악에 익숙해 있는 것입니다. 그래서 불순종과 죄악을 해결하려면 고통스럽더라도 회개하고 불순종의 습관을 깨뜨려야 진정 하나님의 은혜 속에 들어가게 되는 것입니다. 불순종하면서, 그래서 하나님의 진노 아래에 살면서도 스스로는 은혜 속에 있는 줄로 아는 것이야말로, 오늘날의 크리스천들에게 있어서 가장 비참한 착각입니다. 말씀과 성령으로 충만하여 영의 눈을 떠야 합니다. 그리고 이 불순종의 죄성을 찾아서 회개하여 변화시켜야 합니다.

우리 속에 있는 불순종을 성령의 능력으로 깨뜨리지 않고서는 하나님의 은혜 안으로 깊이 들어갈 수가 없습니다. 예수 믿고 교회에 들어와서 꼭 한번은 이 불순종을 타고 들어온 마귀의 저주 문제를 성령의 능력으로 해결해야 합니다. 분명하게 불순종의 죄악을 회개하고 마귀의 저주를 끊고 악한 귀신을 대적해야합니다. 그리고 하나님의 성령을 가득히 채워야 합니다.

첫째, 세대적 악령의 처리를 확실하게 해야 합니다. 지금 예수를 믿으면서 당하는 고통은 선조들의 죄로 말미암은 것입니다. 죄를 타고 들어온 귀신 때문에 영육의 문제를 당하는 것입니다. 우리가 마땅히 '세대적 악령'에게 관심을 가져야 하는 이유는 그 악령으로 인해서 후손들이 당하는 고통이 너무도 크기 때문입니다. 세대적 악령이 일으키는 많은 문제들은 겉으로 보아서 우리의 기질과 연관이 있거나 부모로부터 유전된 것처럼 보이기 때문에 영의 문제를 소홀히 하고 오로지 의학적으로 또는 심리학적으로 접근하고 다루는 실수를 할 위험이 많기 때문입니다. 실제로 영의 일에 관심이나 지식이 전혀 없는 세상 사람들은 물론이고, 대부분의 그리스도인조차도 세대적인 악령에 대해서 그 이름조차 들어보지 못하고 신앙생활을 하는 것이 일반입니다. 그러니 어려움을 겪으면서도 적절한 대응을 하지 못할 뿐만 아니라 예방을 위해서 악령을 추방하는 일은 더욱 하지 않습니다.

우리에게 이미 잘 알려진 무병(巫病)에 대해서는 이해하고 있지만 그 밖의 현상들에 대해서는 별로 아는 바가 없을 것입니다. 질환은 크게 육체적인 것과 심리적인 것이 있으며, 이 두 가지가 복합적으로 나타나는 것이 있습니다. 병의 증상이야 어떠하든지 그 근원에 악령이 개입해 있다면 악령의 문제를 다루어야 할 것입니다. 우리가 흔히 말하는 '난치병'이나 '유전병'은 의학적으로는 유전자 이상에 의해서 발생하는 것으로 알려져 있습니다. 특정한 유전자가 이상을 보이는데 그 원인을 알 수 없는 것입니다. 다만 혈통적으로 그 부분이 취약하거나 부모로부터 유전되어 온 것으로만 알고 있을 정도입니다. 유전공학이 최근에야 각광을 받으면서 연구가 활발해져서 난치병을 치유하기 위한 연구가 많이 이루어지고 있고, 줄기세포 또는 배아세포를 이용하여 난치병을 치유하려고 시도하고 있으며, 손상된 유전인자를 송두리째 제거하고 새로운 유전인자로 대치하려는 연구도 활발합니다.

악령이 병을 일으키는 능력은 우리의 신체구조 뿐만 아니라 유전인자에도 영향을 줄 수 있다고 보아야 할 것입니다. 악령이 우리의 죄를 틈타서 들어온 후에 우리를 괴롭게 할 권리를 확보한 후에 우리의 신체의 어떤 부분을 공격하면 질병이 생기며, 정신에 지속적으로 영향을 주면 생각이 바뀌게 되고 죄의 충동을 받아서 그 행동을 하게 되는 것입니다. 세대적인 악령은 한 번 침투하면 영적치유를 할 때까지 대를 이어서 계속 그 사람을 괴롭게 하게 됩니다. 부모 가운데 한 사람이 무당이 되면 그 자녀는 끊임없는 악령의 괴롭힘을 받아서 결국에는 무당이 되고 말듯이 악령이 계속 충동함으로써 그 유혹이나 충동을 이기지 못하고 행동에 옮겨 마침내 불행한 결과를 만들어냅니다.

세대적인 악령이 저지르게 하는 비행은 '간음' '폭행' '이혼' '낙태' '사기' '절도' '불륜' '성추행' '집착' '게으름' '가난' 등과 같이 많은 종류의 비행과 연관이 있습니다. 이런 죄얼들은 세대를 이어서 계속 이어지기 때문에 유전적인 것으로 오해하기 쉽습니다.

죄얼이란 남에게 해를 끼치는 행위 가운데 법적인 책임을 물을 수 없는 정도의 경미한 것을 우리는 죄얼(iniquity) 이라고 부릅니다. 사회적으로는 경범죄에 해당하는 것을 말합니다. 이런 죄얼들은 세대를 이어서 계속 이어지기 때문에 유전적인 것으로 오해하기 쉽습니다. 기질적인 유전으로 이해하거나 자라면서 본 것을 행동한다고 주장하는 '학습이론'이 있습니다. 긍정적이든지 부정적이든지 우리는 자라면서 줄곧 보게 되면 뇌에 영향을 주어 무의식의 기억중추에 저장되며 성인이 되어 그 행동을 할 수 있는 환경이나 자극에 노출되면 어린 시절 학습한 것을 행동에 옮기게 된다는 심리학의 이론입니다. 부모 세대에 반복적으로 비행을 저지른 가계(family)에서 다음 세대에 자녀 가운데 어느 한 사람에게 그와 같은 증상이 나타나게 되는데 함께 보면서 자란 다른 형제들에게는 전혀 나타나지 않는 행동이 한 자녀에게만 똑같은 행동으로 나타나는 것을 충분히 설명하지 못하는 단점을 지니고 있습니다. 기질적 유전의 대표적인 질병인 당뇨병이나 고혈압의 경우에 여러 형제들이 있지만 모두 그 병에 걸리는 것이 아니라 어떤 한 명에게서 나타나는 경우가 많습니다.

이와 같이 선별적으로 나타나는 유전병의 경우에 기질적인 유전으로만 설명하기에는 부족한 부분이 있습니다. 세대적인 악령은 자녀 가운데 어느 한 사람을 선택해서 집중적으로 공격하여 질병이나 비행을 일으키게 하는 것입니다. 이것을 저는 세대적인 악령이 숙주(무당의 영을 전이시키기 알맞은 대상자)를 선택하였기 때문에 질병과 비행이 발생한다고 보아 '선택이론'이라고 이름을 붙여봅니다.

귀신은 두루 다니면서 삼킬 자를 찾고 있기 때문에 그렇습니다. 세대적인 악령은 그 가족 가운데에서 어느 한 사람을 선택해서 집중적으로 공격하고 마침내는 파멸로 몰아가는 것입니다. 그 선택은 오로지 악령의 뜻에 달렸다고 볼 수 있을 것입니다. 이에 대한 연구는 더 많이 진전되어야 할 것입니다. 우리는 부모 세대에 어떤 죄얼을 저질렀고 그 죄를 철저하게 회개하지 않았다면 그 죄를 틈타서 들어온 세대적인 악령으로부터 자녀가 공격을 받을 수 있는 개연성이 있다고 보아야 할 것입니다. 그러므로 부모 세대가 그 죄를 회개하고 세상을 떠난 경우, 자녀들은 부모를 대신해서 죄를 회개해야 하며, 그리고 악령을 추방하는 절차를 반드시 해야 합니다.

부모 세대가 예수를 믿지 않았기 때문에 죄에 대한 어떤 회개도 이루어지지 않은 채로 자녀들이 성장했고, 어른이 된 다음에 신앙생활을 시작했다면 그 죄로 인해서 이미 피해를 입고 있을 것입니다. 죄의 영향은 3대에까지 미치므로 가계의 저주를 푸는 일은 믿는 사람들에게는 필수입니다. 특히 죄얼에 관련된 세대적인 악령의 경우 우리는 그 죄얼을 대수롭게 여기지 않기 때문에 자신에게 나타나는 불행한 일에 대해서 제대로 이해하지 못합니다. 까닭 없이 거듭되는 불행한 일의 배경에는 마귀의 저주가 있을 것이며, 세대적인 악령의 괴롭힘이 있을 것입니다.

고통스런 일을 당하면 우리는 부모나 사회를 원망하게 되며, 마음이 강퍅하게 되어 사랑이 사라집니다. 이기적으로 변하고 모든 것을 도전적으로 받아들이게 되는 것이지요. 이것이 악령이 원하는 바의 목적입니다.

불행이 계속되면 마음이 굳어지고 세상을 비관적으로 보게 되지요. 그러면 모든 것이 귀찮아지고 남이 잘 되는 것이 자신에게는 고통이 됩니다. 사촌이 땅을 사도 배가 아픈 격이 되어 감사하거나 기뻐할 일이 없어집니다. 비록 신앙생활을 한다고 해도 그 마음에는 평안이나 즐거움이 없고, 늘 문제에만 매달려 자신을 비관하게 되는 것입니다. 신앙생활은 많은 갈등을 만들어내기 때문에 모든 것이 비판적이고 이중적인 태도를 보입니다.

항상 죄의식에 쌓여 살아가게 되지요. 물리칠 수 없는 죄의 유혹에 시달리면서 살다보면 죄에 대해서 무감각해지게 됩니다. 예를 들어 바람을 피우는 사람의 경우 처음에는 자신도 모르게 유혹에 휘말려 죄얼을 짓고 말았습니다. 그 죄얼로 인해서 갈등하게 되고 자책하기도 합니다. 그러나 계속 이어지는 죄의 유혹에서 벗어나지 못하고 무기력하게 죄를 범하게 되면서 양심이 무디어지고 더욱 교활하게 위장하게 됩니다. 그래서 위선적인 사람이 되는 것입니다.

악령이 지속적으로 유혹하는 그 힘을 견뎌낼 수 없습니다. 세대적 악령의 대표주자인 점치는 영은 신체에 질병을 일으켜 사람을 괴롭힙니다. 그 괴롭힘이 너무도 심해서 결국에는 항복하고 무당이 되듯이 죄의 끈질긴 유혹을 이겨낼 사람이 결코 많지 않을 것입니다. 정말로 피를 흘리는 영적 싸움이 없이는 악령의 유혹을 끊을 수 없는 것입니다. 그러나 이 보다 더 애석한 일은 세대적인 비행을 범하면서도 아무런 조치를 취하지 않고 있다는 점입니다. 남편의 바람기를 개인의 문제로만 생각하면서 가슴앓이를 하는 부인들이 얼마나 많으며, 남편의 폭행을 개인의 성격문제로만 취급하고 법적으로 대응하여 이혼을 결심하는 경우가 얼마나 많습니까? 부모가 반건달로 지내면서 가정을 제대로 돌보지 않은 가정에서 자란 아들이 역시 부모처럼 일하기 싫어하면서 지냅니다. 이 역시 세대적인 악령의 영향입니다.

세상의 모든 질병은 치유시기가 있듯이 세대적인 악령으로부터 영향을 받아 비행에 빠진 사람의 경우에도 그 죄얼로부터 회복되기 위해서는 적절한 치료시기를 놓쳐서는 안 됩니다. 적어도 그런 증상이 나타나기 전에 가족 내 병력(病歷)이나 비행력을 살펴보고 부모 세대에 그런 비행이 있었다면 자녀에게 유전되지 않도록 철저히 차단하는 조치를 취해야 합니다. 이미 자녀에게 그와 같은 증상이 나타났다면 2~3회 반복해서 습관이 되기 전에 치유해야 합니다. 반복적으로 비행을 저지르면 양심이 무디어지고, 몸에 베여서 악습을 떨쳐내는 일이 쉽지 않습니다. 마약 상습범들이 재범하는 이유는 의지가 약하고 몸에 깊이 습관이 젖어 있기 때문입니다. 우리 몸은 같은 행위를 반복하면 뇌의 지시가 없어도 그 일을 스스로 행하는 구조를 지니고 있습니다. 이에 대한 유명한 일화가 김 유신 장군의 말 이야기가 있지 않습니까? 날마다 저녁이면 으레 술집으로 갔던 버릇이 있어서 말에게 지시하지 않아도 말이 스스로 알아서 술집으로 그를 데리고 갔습니다. 이 이야기처럼 우리의 몸은 길들여진 대로 행동하게 되어있고, 이를 고치려면 많은 세월이 필요합니다.

부모에게 어떤 악습이 있다면 그것은 기질적으로 취약해서 세대적인 악령의 공격을 잘 받을 수 있고, 그렇게 되면 그 행동을 언젠가는 아주 자연스럽게 하게 되어 불행이 시작되는 것입니다. 육신적인 질병만 예방할 것이 아니라 죄에 기인한 세대적인 악령의 유혹을 제거하고 추방하는 일도 해야 합니다. 이것은 너무도 중요한 일이기 때문에 철저한 죄의 회개와 악령의 유혹을 이기는 끈질긴 노력이 필요합니다. 성령 충만을 받아서 죄를 이기고 마귀의 유혹과 세대적인 악령의 역사를 끊어냅시다. 이를 위해서 성령 충만하고 능력이 많은 전문 사역자의 도움을 받을 필요가 있으며, 질병은 전문의와 상담해서 적절한 약물치료를 받아야 합니다. 영으로 육으로 전문가의 도움을 받아서 죄로 말미암아 들어온 악령의 세력을 무력화하고 그 때문에 육신이 손상된 부분은 약물의 도움을 받아서 건강을 회복해야 합니다.

오늘날 우리 사회는 이혼이 급증합니다. 그 배경에는 이와 같은 세대적인 악령의 작용으로 인해서 갈등이 빚어지게 되고 그것을 극복하거나 적절한 치유를 받지 못해서 결국에는 불행으로 끝나는 경우가 얼마나 많은지 모릅니다. 세대적인 악령이 일으키는 수많은 불행한 사건들을 우리는 단순히 육신적 또는 정신적 결함 정도로만 알고 당사자를 탓해온 것이 지금까지의 대응이었습니다. 비행을 저지르는 당사자도 엄격히 말하면 피해자이지요. 부모 세대에 일어난 죄얼로 인해서 그 자녀에게 영향이 미쳤고 이것을 적절히 다루지 못했기 때문에 불행은 대를 이어서 나타나는 것입니다. 이 죄를 극복하고 세대적인 악령을 추방합시다. "하나님의 아들이 나타남은 마귀의 일을 멸하려 함이라"(요일 3:8)고 성경은 지적하고 있습니다. 죄를 짓는 자는 마귀에게 속하였다고 성경은 말합니다. 죄를 짓는 순간 그는 영적으로 마귀의 소유물이 되는 것입니다. 자기에게 속한 모든 권리를 마귀에게 넘겨주는 일을 한 것입니다. 그러므로 마귀에게 당하는 것은 당연한 결과입니다. 예수 그리스도는 이 일을 회복시키려고 오신 것이지요. 우리는 예수의 이름으로 죄를 회개하고 악령과 단절해야 합니다. 그렇지 않고서는 대를 이어 오는 불행을 막을 길이 없습니다.

둘째, 인간의 문제를 해결하기 위한 적극적으로 활동하라는 것입니다. 세대에 역사하는 저주를 끊고 귀신을 축귀하는 것입니다.

1) 스스로 인정하라. 자신에게 일어나는 현상이 혈통에 대물림되는 귀신의 역사로 일어나는 것이라는 것을 인정하라는 말입니다. 절대로 본인이 인정하지 않으면 귀신은 떠나가지를 않습니다. 본인이 인정하고 성령의 임재 하에 명령을 하면 시간이 오

래 걸려서 문제지 다 떠나갑니다. 그래서 자신에게 일어나는 비정상적인 일들의 배후에 악한 영이 있다는 것을 알고 인정하는 것이 중요합니다. 나의 그동안 사역경험으로 보아 본인이 인정하고 성령의 임재 하에 본인이 명령할 때 모두 귀신이 떠나갔습니다. 분명하게 선조들의 죄악을 통해서 역사하는 귀신이 있습니다. 인정합시다. 인정하는 것이 빨리 귀신의 역사로부터 해방되기 시작하는 수단입니다.

2) 영의 눈을 떠라. 제가 그렇게 혈통에 대물림되던 귀신의 역사로 고통을 당하다가 서서히 해결을 받은 것은 영적인 눈을 뜬 후부터입니다. 영적인 원리들을 알고 적용하면 적용할수록 환경에 보이도록 변화가 나타났습니다. 영적인 원리들을 알고 성령의 권세를 주장하니 물질이 서서히 풀렸습니다. 교회가 부흥을 했습니다. 재력이 있는 성도들이 교회에 등록을 했습니다. 성령의 역사가 일어나니 성령께서 하나님의 사람들을 보낸 것입니다. 천사들입니다. 저는 항상 이렇게 생각을 합니다. 성도가 성령의 세례를 받으면 성령의 인도로 영의 눈이 떠집니다. 영의 눈이 떠지니 영적인 세계가 보이게 됩니다.

모든 문제의 배후에는 귀신이 역사한다는 것을 알게 됩니다. 귀신을 쫓아내려고 하니 성령의 권능을 받는 것입니다. 그래서 영적인 원리들을 아는 만큼씩 저주하던 귀신이 떠나가는 것입니다. 영적인 지식을 얻기 위하여 노력을 해야 합니다. 말씀의 비밀을 깨닫기 위하여 성령 충만을 받아야 합니다. 성령의 인도로 말씀 속에 있는 영적인 원리들을 찾아서 적요하면 혈통에 역사하며 저주하던 귀신들이 떠나갑니다.

3) 성령의 권능을 받아라. 혈통에 역사하며 저주하던 귀신은 우리보다 강합니다. 반드시 성령의 역사로 장악이 되어야 떠나가는 것입니다. 그러므로 성령의 권능을 받아야 합니다. 성령의 권능을 받으려면 먼저 성령으로 세례를 받아야 합니다. 성령으로 세례를 받으려면 성령의 역사가 일어나는 장소에 가야 합니다. 성령의 역사가 일어나는 장소에 가서 뜨겁게 기도할 때 성령의 세례를 체험하게 됩니다. 성령의 세례는 이론이 아니고 실제로 체험하는 역사입니다. 자신이 직접 몸으로 감각으로 느껴야 합니다. 성령의 세례를 받게 되면 다음으로 성령의 불세례가 나타나기 시작을 합니다. 성령께서 불로 역사하면서 자신의 상처를 치유하고 자아를 부수십니다. 혈통에 역사는 귀신을 축사합니다. 귀신이 떠나가니 영안이 열리기 시작을 합니다. 성령의 권세로 귀신이 떠나가는 것입니다.

4) 원인에 대한 영적조치를 하라. 자신에게 일어나고 있는 문제의 원인에 따라 회개하고 용서하라는 말입니다. 성령의 깊은 임재 안에서 자신에게 일어나고 있는 영육의 문제들을 찾아내고 회개하고 끊어내고 귀신을 몰아내야 합니다. 머리로 외워서 입으로 하는 기도를 효과가 적습니다. 육적인 상태에서는 혈통에 역사하는 귀신이 떠나가지 않습니다. 영적인 상태, 성령의 임재하에서 예수 이름으로 명령한 때 저주의 영들이 물러갑니다. 성

령의 임재 하에 선조나 자신이 죄를 짓는 장면을 눈으로 직접 그리면서 깊은 차원의 기도를 해야 합니다. 깊은 차원의 기도를 하면서 회개할 것은 회개하고, 용서할 것은 용서해야 성령의 역사로 귀신이 떠나갈 수 있는 조건이 됩니다. 우리에게 역사하는 마귀는 우리보다 강한 영적인 존재입니다. 고로 성령의 깊은 임재 하에 예수 이름으로 회개도 하고 용서도해야 역사하던 마귀, 귀신이 성령의 권세로 떠나가는 것입니다. 성령이 자신을 완전하게 장악을 해야 혈통에 역사하던 귀신이 떠나가는 것입니다.

5) **직설화법을 사용하라.** 하나님은 마귀에게는 직설화법을 사용하시고 믿는 자에게는 비유를 사용하십니다. 그러므로 직설화법을 사용하여 명령하라는 것입니다. 반드시 성령의 임재 하에 이렇게 명령하세요. 나사렛 예수 이름으로 명하노니 대물림되는 질병의 귀신은 물러갈지어다. 대물림되는 더러운 귀신아 물러가라. 대물림되는 악한 귀신아 물러가라. 대물림되는 거짓된 귀신아 물러가라. 대물림되는 점치는 귀신아 물러가라. 대물림되는 가난의 귀신아 물러가라. 대물림되는 불신의 귀신아 물러가라. 예수의 이름으로 명하노니 대물림되는 원수 귀신아 물러갈지어다. 이때 중요한 것은 직접 나에게 대물림의 고통을 주는 귀신의 이름을 부르면서 명령해야 합니다. 귀신은 직접 자신의 이름을 부르며 명령을 해야 떠나갑니다.

막연하게 예수 이름으로 명하노니 귀신아 떠나가라. 하면 어느 귀신이 떠나가야 하는 것인지 귀신이 알지 못하여 떠나가지 않습니다. 그러므로 영분별이나 성령께서 주시는 레마를 가지고 직접 명령을 해야 합니다. 우리가 성령의 임재 하에 예수 이름으로 우리의 권세를 사용할 수 있는 것입니다.

6) **끝장 보는 대적기도를 하라.** 내가 지금 뒤를 돌아보면 혈통에 역사하는 귀신의 저주를 끊어내기 위하여 3년이 걸렸다는 것입니다. 3년이란 세월동안 집중적으로 혈통에 역사하는 귀신을 몰아내기 위하여 시간을 투자한 것입니다. 이것은 귀신만 쫓아낸 것이 아니고 내가 영적으로 변하니 혈통에 역사하던 귀신의 역사가 서서히 약해졌다는 것입니다. 귀신의 역사가 약해지니 눈에 보이게 환경이 열렸다는 것입니다. 하루 이틀 영적인 전쟁을 한 것이 아니고 3년을 했다는 것입니다.

혈통에 역사하던 귀신을 축귀하기 시작을 했다면 귀신이 완전하게 떠나 강건하게 될 때까지 싸우라는 것입니다. 절대로 중간에 포기하지 말아야 합니다. 내가 지금까지 성령치유사역을 하다가 보니까, 의지가 역하여 중도에 포기하는 사람이 있다는 것입니다. 이런 사람들은 문제를 완벽하게 해결 받지 못합니다. 그러나 끝장을 보겠다는 의지를 가지고 귀신과 싸우는 목회자나 성도들은 모두 승리하였습니다. 혈통에 대물림되는 귀신을 쫓아내려면 끝장 보는 기도를 해야 합니다.

7) **대물림하던 귀신을 몰아낸 후 관리를 잘하라.** 쫓겨난 귀신은 자신이 나온 집에 대하여 강한 집착과 미련을 가집니다. 마귀는 영적 존재이나, 제한적인 존재이기에 자신이 거했던 사람의

성품과 습관에 익숙하여 자신의 일을 행하기에 매우 쉽고 효과적으로 죄를 짓게 만들 수 있으며, 마귀는 자신의 거할 장소를 찾아야 하기에 다시 거했던 그곳을 찾아옵니다. 단순히 축귀만 한 상태는 병원에서 수술을 받은 것과 같은 상태입니다. 계속 투약과 건강관리를 하지 않으면 병이 재발하는 것처럼 축사후의 삶이 매우 중요합니다. 영적치유도 중요하지만, 치유후의 관리도 매우 중요합니다. 성령으로 충만한 믿음생활을 해야 다시 귀신이 침입하지 않습니다.저는 지금 혈통에 대물림되던 마귀의 저주가 완전하게 끊어졌다고 생각하며 방심하지 않습니다. 지금도 혈통에 대물림하던 귀신이 떠나가고 있다고 생각을 하고 있습니다. 내가 조금이라도 교만하거나 방심하면 가차 없이 귀신이 침입할 것이기 때문에 항상 경각심을 가지고 있습니다.

나의 대에서 선조들의 우상숭배로 와있는 마귀의 저주를 완전하게 끊으려고 합니다. 그래서 자녀들은 나와 같은 쓸데없는 고통을 대물림하지 않겠다고 다짐하며 실천하고 있습니다. 항상 성령으로 충만 하려고 의지적인 노력을 합니다. 세속에 빠지지 않으려고 나를 쳐서 복종을 시키고 있습니다. 될 수 있으면 세상에 마음을 빼앗기지 않으려고 합니다. 내 영은 내가 지켜야 되기 때문에 깊은 기도를 하면서 성령의 음성에 귀를 기우리고 있습니다. 가계의 문제를 치유하고 싶은 분은"가계의 고통을 끊고 축복받는 법"과 "가계가 축복받는 선포기도문" "물질축복 받는 비결"을 참고하시기를 바랍니다.

13장 내면의 상처를 치유 받게 하시는 하나님

(히 12:14-15)"모든 사람과 더불어 화평함과 거룩함을 따르라 이것이 없이는 아무도 주를 보지 못하리라. 너희는 하나님의 은혜에 이르지 못하는 자가 없도록 하고 또 쓴 뿌리가 나서 괴롭게 하여 많은 사람이 이로 말미암아 더럽게 되지 않게 하며,"

하나님은 우리 자녀들이 마음의 상처를 치유하기를 원하십니다. "우리는 남들에게 심지어 자기 자신에게까지 실제 속마음의 극히 일부분만을 보여줄 뿐이며 감정의 나머지 부분은 가슴속 깊숙이 가라앉아 있습니다." 저는 사람의 내면세계를 이렇게 표현합니다. "깊고도 넓은 곳이 사람의 내면세계다. 사람의 내면의 상태는 오로지 성령 하나님 밖에 모른다. 내면세계를 말씀과 성령으로 정리하지 못하면 인생을 성공하지 못한다. 어려서 내면을 치유해야 한다." 옛날 속담에 열길 물속의 속의 알아도 한 길 사람 속은 모른다고 했습니다. 정말 사람의 속은 깊고도 넓습니다. 자신도 자신 안을 모릅니다. 그런데 모르는 이것이 자신을 삶에 70% 이상 영향을 미친다는 것입니다. 이 70%가 좋은 것이라면 몰라도 나쁜 것이라면 문제가 심각합니다. 그래서 말씀과 성령으로 찾아서 정리를 해야 인생이 행복해지는 것입니다.

현대 사회에서 사람들은 서로를 긁고, 서로에게 긁힌 상처투성이가 된 채로 고독한 무명의 삶을 즐기고 있는 것처럼 보이지만,

사실 수 없이 많은 굵고, 깊은 마음의 상처를 안고 살아가는 사람들입니다. 특히 어린 시절의 말 한마디의 상처는 전 생애에 걸쳐서 쓴 뿌리가 되어 자기 자신을 괴롭게 하고 스쳐 가는 많은 사람들에게 상처를 주면서(히12:14-16) 살아가고 있는 것입니다.

상처는 이렇게 문제가 됩니다. 그러므로 원인 없는 문제는 없는 것입니다. 이와 같이 우리가 가지고 있는 잘못된 삶의 태도는 내가 기억을 하던 하지 않던 과거의 아픈 상처가 치유되지 않은 데서 기인하는 것임을 알 수 있습니다.

사단은 바알세불 파리의 대 왕입니다. 사단은 말 그대로 쓰레기에 붙어사는데, 그 쓰레기를 데이빗 A. 씨멘즈 박사는 용서치 않는 마음이라 하였습니다. 사단은 인간에게 용서치 않는 마음을 주고 최후에는 천하보다 귀한 영혼을 음부로 끌고 가려고 합니다. 저는 정말 하나님에게 감사를 드립니다. 상처로 고생하게 하시고 상처를 내적치유 받게 하셨다는 것입니다. 무엇보다도 내적치유를 알게 하셨다는 것입니다. 그래서 내적치유의 중요성을 깨닫고 말씀과 성령으로 내적치유를 전문으로 하며 목회와 치유사역을 합니다. 그런데 많은 분들이 자신의 무의식에 상처를 알지 못합니다. 설사 안다고 해도 어떻게 해결할지를 모릅니다. 기껏해야 교회에서 예배 잘 드리고 기도하면 치유가 자동으로 되는 줄 착각하고 있습니다. 그렇게 세월을 보내다가 영육으로 고통을 당한 다음에 깨닫게 된다는 것입니다. 성령이 역사하는 교회시대의 신앙은 예방 신앙이어야 합니다. 미리 알고 미리 치유하여 대비해야 건강한 영육의 생활을 영위할 수 있습니다. 그래서 내적치유는 상대를 위해서가 아닌 자신을 위한 것이고, 나아가 무엇과도 바꿀 수 없는 구원을 이루기에도 꼭 필요한 것입니다.

첫째, 치유를 받아야 영성이 깊어집니다. 구원받은 자는 그 다음에 치유를 받아야 풍성한 생명을 누리게 됩니다. 구원받은 것으로 머물러서는 안 됩니다. 그런데 그렇지 못함으로 구원이 흔들립니다. 구원의 확신이 점점 약해집니다. 소망의 삶, 믿음의 삶, 능력 있는 삶을 살지 못하게 됩니다. 이유는 치유를 받지 못하고 있기 때문입니다. 내면의 눌림이 영적 기쁨, 영적 능력, 영적 생명력을 누르고 있기 때문입니다. 이 때문에 크리스천이 세상에 밀리고, 하나님의 세력, 하나님의 나라가 세상의 세력, 세상 나라에 밀리고 있는 것입니다.

우리 속에 흑암의 세력, 어두움의 세력이 밀려 들어와 우리 속에 있는 구원의 기쁨, 하나님 나라를 밀어내고 있는 것입니다. 우리가 밀린다는 것은 하나님의 나라, 하나님의 세력이 밀린다 하는 것입니다. 나 때문에 하나님의 세력이 밀리고 있습니다. 우리 속에 있는 내면의 눌림 때문입니다.

구원은 받았으나 기쁨이 없는 내 마음, 생명력이 없는 내 마음, 하루하루 적당히 살아가는 내 마음, 풍랑만난 내 마음을 가지고 살고 있는 것은 내적치유를 통하여 지속적으로 내 마음에 하나님의 은혜를 채우지 못하고 있기 때문입니다. 구원은 은혜생활의 시작, 승리하는 생활, 풍성한 생활의 시작이어야 하는데, 그렇지 못하고 있습니다. 구원은 은혜의 시작입니다. 매일매일 더 큰 은혜, 더 풍성한 은혜로 나아가야 합니다. 이것이 더 풍성한 생명을 주님으로부터 얻는 것입니다. 이 풍성한 생명을 주시기 위해서 주님이 오셨기 때문입니다.(요10:10)

그런데 우리는 생명을 얻었지만, 예수를 영접한 시작점에 머물고 있습니다. 더 풍성한 생명을 누리지 못하고 있습니다. 내면이 치유 받지 못하고 있기 때문입니다. 그렇기 때문에 믿음의 열매, 구원의 열매를 맺지 못하고 있습니다. 구원받았다고 해서 저절로 풍성한 생명이라는 열매가 맺히는 것은 아닙니다. 구원받음은 풍성한 생명이라는 열매를 맺을 수 있는 조건을 갖추게 된 것입니다. 깊은 내면이 치유 받지 못한 상태로는 열매를 맺지 못합니다.

주님이 우리에게 주신 생명력에는 부요, 강건, 기쁨을 주는 힘, 뛰어나게 하는 힘, 축복을 받게 하는 생명력, 세상을 이기는 능력, 변화시키는 힘, 영적인 권세… 등등 무한한 생명력이 들어 있습니다. 그런데 우리는 이것을 받아 누리지 못하고 있습니다. 이러한 생명력이 우리에게서 나타나지 못하고 있습니다. 우리 안이 마음의 상처로 막혀 있기 때문입니다. 이것을 누리지 못하는 원인을 찾아내어 치유하여야 합니다. 이것이 내적 치유입니다.

돌이 날아와 맞으면 나는 상처를 입는 것처럼 우리 내면에도 감정의 돌이 날아와 상처를 입힙니다. 또 돌이 호수에 빠지면 돌은 밑으로 가라앉고, 파도는 사방으로 퍼져나가게 됩니다. 이처럼 상처는 우리의 모든 부분에 영향을 미치면서 잠재의식 밑에 가라앉아서 계속 우리에게 나쁜 영향을 끼칩니다.

외부의 상처는 쉽게 치유되나 마음 안에 받은 상처는 쉽게 치유되지 않습니다. 사라지지 않고 깊은 곳에 남아서 계속 나에게 영향을 줍니다. 나의 삶을 좋지 못한 쪽으로, 파괴적인 쪽으로 이끌어갑니다. 나이가 들어도 사라지는 것이 아니라, 오히려 절제력이 약해짐으로 더욱 강하게 나의 삶에 역사 합니다. 그래서 노인들이 더 섭섭해 하고 고집을 부리는 것입니다.

상처는 잠복기간이 지나면 꼬리를 들고일어납니다. 상처가 꼬리를 들고일어나는 시기는 취약한 시기로서 스트레스를 심하게 받을 때 여러 가지 영육의 문제로 나타납니다. 상처는 상처를 주는 상대방보다, 쉽게 상처를 받는 나에게 문제가 있는 것입니다. 이 사실을 인정해야 자신을 치유할 수 있습니다.

평안과 행복은 환경이 이를 주거나, 느끼는 것이 아니라, 내가 그렇게 느끼는 것입니다. 주체는 나입니다. 나의 마음입니다. 나의 마음이 치유되어 있으면 성령이 주는 평안과 행복을 늘 느낄 수 있게 됩니다. 그리고 더 나가서 남에게 상처주지 않도록 주의하고, 또 다른 상처받은 이들을 치유할 수 있게 됩니다. 이것이 복음의 화평케 하는 의미입니다. (고후5:18-19)"우리에게 화목하게 하는 직책을 주셨으니… 화목하게 하는 말씀을 우리에게 부탁하셨느니라."

우리는 누구나 무한하게 발전할 수 있는 가능성을 가지고 있습니다. 우리의 삶이 모든 면에서 풍성해 지기를 하나님은 원하십니다. 우리는 내적치유를 통하여 풍성한 삶을 누릴 수 있습니다. 예수님을 삶에서 누려야 합니다. 그래야 환경을 지배하고 영육의 문제를 풀고 아브라함의 축복을 누릴 수가 있습니다.

둘째, 내면의 상처는 만 가지 문제의 원인입니다. 세계적인 심리학자"존 그레이 박사"는 "속마음을 열어야 사랑이 자랍니다"라는 책에서 "우리 인간들은 자기 속마음을 숨기는 일에 하나같이 전문가들이다."라고 했습니다. 사랑 받으려는 욕구 때문에 자기 감정을 숨기고 산다는 것입니다. "우리는 남들에게 심지어 자기 자신에게까지 실제 속마음의 극히 일부분만을 보여줄 뿐이며 감정의 나머지 부분은 가슴속 깊숙이 가라앉아 있다."라고 하면서 이러한 사람들의 내면세계를 "빙산효과"라고 하였습니다.

정신과 의사이며 상담심리학자인"글라써 박사"는"사람들은 생래적 욕구인 -생존, 사랑, 힘, 즐거움, 자유-의 다섯 가지 욕구를 충족시키기 위하여 자신의 생각과 행동을 선택한다."라고 했습니다. 인간들은 자기 삶을 통제하는 방법으로써 건설적이고 바람직한 행동을 택할 수도 있지만, 우울하기, 고통을 느끼기, 비참해지기는 물론 정신분열이나 류마치스, 관절염과 같은 심인성 질환까지도 선택한다고 말합니다. 그래서 사람들의 모든 질병의 80%가 심인성 질병 즉 신경성이며 기질성 질환은 20%밖에 되지 않는다고 합니다.

요즈음 중학교 2학년 학생들이 부모님의 말을 듣지 않고 반항을 한다고 합니다. 원인은 혈기와 마음의 상처입니다. 상처가 있으니 마음이 평안하지 못하니 일어나는 현상입니다. 성령의 역사로 밖으로 발산하도록 해야 합니다. 이런 아이들을 성령으로 안수하며 집중치유하면 깊은 곳의 상처가 떠나가니 반항을 멈추고 순종하는 아이가 됩니다. 충만한 교회에서 매주 토요일에 실시하는 집중치유에 예약하여 2-3회만 받으면 성령으로 충만한 자녀가 됩니다. 마음이 편안해집니다. 그리고 안정한 심령이 되어 집중이 잘되니 공부도 잘하게 됩니다.

내적치유를 받고 건강하고 행복하게 살기 위해서 우리는 자신의 속마음의 쓴 뿌리를 뽑아내야만 합니다. 자신의 내면 안에 깊숙이 감추어져있는 상처의 기억을 뽑아내어 버려야만 자신의 아픔이 치유되는 것입니다. 미움, 분노의 감정은 상대방을 묶어 놓고 자신의 삶도 묶어놓아 무슨 일을 해도 잘 되지 않으며 육신의 질병으로 나타나기도 하는 것입니다. 쓴 뿌리를 뽑아내는 방법을 성경에서는 토설한다고 합니다. 시편 32편 3절에서 다윗은 "내가 토설치 아니할 때에 종일 신음하므로 내 뼈가 쇠하였도다."라고 말하면서 속마음의 쓴 뿌리를 토설치 아니할 때에 종일 괴롭게 신음하고 뼈가 쇠하고 아팠다고 실토하고 있습니다. 아버지의 편애로 말미암아 배 다른 형들에게 미움을 샀던 요셉은 자기를 발가벗기고 이집트에 노예로 팔았던 도저히 용서할 수 없었던 형들을 만나서 그들을 죽이고 살릴 수 있는 총리의 위치에 있었지만 자신의 쓴 뿌리 미운 감정을 "방성대곡"하고 자기의 감정을 토설한 후에 극적으로 용서합니다(창 45: 2-5).

우리 한민족의 특징 중에 하나가 내면화의식입니다. 우리나라를 600여 년간 지배하고 있었던 유교사상은 어린이들의 감정을 억압하여 말을 못하게 했으며, 여자들에게는 결혼하면 귀머거리 삼 년, 벙어리 삼 년, 봉사 삼 년이라고 하여 가슴속에 많은 한을 서리게 했던 것입니다. 이 맺혀있는 한이 온 몸과 마음을 병들게 하고 괴롭고 외로운 인생을 살게 하였던 것입니다.

이렇게 마음에 뭉쳐있는 응어리를 토해내는 것이 깊은 기도 가운데 하는 토설기도입니다. 이러한 내면 안에 깊숙이 감추어져 있던 솔직한 감정을 성령님의 도움으로 내어놓는 과정이 토설통한 깊은 기도입니다. 이렇게 성령의 도움으로 토설하며 기도하면 마음이 열리기 시작을 합니다. 계속 성령의 임재 가운데 토설하며 기도하는 것입니다. 절대 조금 마음이 편해졌다고 중단하지 말고 지속적으로 해야 합니다.

존 그레이 박사는 "당신은 가슴속의 격노와 울분이 밖으로 터져 나오지 못하게 하는 데 에너지를 모두 써 버렸기 때문에 늘 지치고 무기력할 수밖에 없다. 당신이 우울증에 시달리고 있다면 지금까지의 인간관계를 반드시 치유해야한다. 다른 사람에 대한 분노와 자신에 대한 분노를 모두 가슴속에서 끄집어내라, 그 모든 감정의 묵은 찌꺼기를 말끔히 걷어내라, 당신이 마침내 사랑과 용서에 이를 때까지!" "우리의 속마음을 완전히 열 수 있을 때,

사랑을 담는 마음의 공간이 그만큼 커지는 것이다." "부정적 감정
들을 모두 쏟아내고 나면 당신은 가슴속에 저절로 솟아나는 사랑
과 이해심을 느낄 수 있을 것이다." "당신의 분노를 충분히 발산하
지 못한다면 당신은 무기력과 우울증에서 벗어나지 못한다. 우울
증이란 극도의 슬픔이 아니라 그것은 자신을 향해 방향을 바꾼 억
압된 분노이다." "부정적 감정을 들어내지 못한다면 우리는 분노
의 노예가 된다." "분노의 감정 뒤에 숨어있는 상처와 죄책감을 표
현함으로써 우리는 쉽게 분노를 걷어내고 그 자리에 다시금 사랑
이 솟아나도록 할 수 있다." 라고 말하고 있습니다. 성령의 임재
가운데 자신을 묶고 있는 상처를 솔직하게 드러내야 치유가 된다
는 것입니다.

　다른 사람들을 기쁘게 해주고 사랑을 받으려고 노력한 결과,
우리는 여러 가지 행동전략을 갖게 되는데 그것은 완벽주의, 비
판자, 허풍쟁이, 피해의식, 항상 착한 사람, 독선적인 사람, 신경
질적인 사람, 위선적인 사람, 의존적인 사람, 소심한 사람, 과시
욕이 강한 사람, 고독을 좋아하는 사람, 지나치게 헌신적인 사람
이 되는 것입니다. 이렇게 자신과 타인에게 서로 긁으며 상처를
주고받고 살고 있는 현대인에게 있어 전인 내적치유사역은 필수
불가결한 사역으로 부상하고 있습니다. 모든 결과에는 원인이 있
습니다. 이 원인을 제거하고 분노와 우울증에서 벗어나며, 슬픔,
죄책감에서 해방되고, 사랑과 용서와 이해심이 풍성한 행복한 삶
으로 바꾸어지게 됩니다.

셋째, 예수님이 상처받은 속마음을 치유하는 방법입니다. 그렇다면 우리 주님은 어떻게 우리의 상처받은 속마음을 치유하실까요? 우리가 마음을 열고 상처를 들어낼 때 치유하시는 것입니다. 무엇보다도 우리 주님께서 우리의 상처받은 마음을 치유하기를 원하십니다. 그 분께 나의 모든 문제를 가지고 나아가기만 하면 그 어떤 상처라도 싸매주시고 치유해주신다는 믿음을 가지는 것이 중요합니다. 주님은 늘 먼저 우리의 믿음을 보기를 원하십니다. 주님이 아무리 권능이 많으시다 할지라도 믿음이 없이는 그 역사하심을 체험할 수 없습니다. 막6:5-6을 보면 예수님께서 고향에서는 저희가 예수님을 믿지 않아서 아무런 권능도 행하실 수 없다고 말씀하고 있습니다. 내면의 상처를 기도로 치유 받고 싶습니까? 먼저 믿음을 가지십시오. 주님만이 나의 그 고통 하는 마음을 아시고 치유하실 수 있는 권능이 있으십니다. 그리고 무엇보다도 나의 상처받은 마음을 치유하기를 간절히 원하신다는 믿음을 가지십시오. 무엇보다도 이 믿음이 중요합니다.

다음으로 이 믿음을 가졌다면 이제는 십자가 앞에 나아와 나의 모든 문제를 주님 앞에 토설하며 내어놓아야 합니다. 믿음과 행함은 동전의 양면과 같습니다. 주님이 나의 치유 자가 되신다는 믿음을 가지고 있다면 이제 담대하게 주님 앞에 나아와 나의 모든 문제를 토설하며 털어내 놓으십시오. 처음에는 그 상처를 토설하며 내어놓는다는 것이 두려울 수 있습니다. 저 잠재의식 깊은 곳에 꼭꼭 숨겨놓고서 다시는 기억하기조차 싫은 그 상처를 끄집어

낸다는 것이 너무도 힘들 수 있습니다. 그러나 주님 앞에 나의 문제를 내어 놓을 때만이 치유함을 받을 수 있는 것입니다. 그렇기에 영혼의 치유 자가 되시는 주님께 맡겨야 하는 것입니다. 문제를 내어놓지 않는다면 해결도 되지 않습니다.

그래서 내가 치유세미나에서 늘 강조하는 것이 그 안에 있는 상처를 일단 밖으로 다 토해내게 하는 것입니다. 말씀과 성령으로 상처를 찾아내어 성령의 역사로 상처를 끄집어내고 드러내는 것입니다. 상처는 끄집어내고 드러내지 않으면 절대로 치유되지 않습니다. 종교개혁가인 마틴 루터도 "상처는 드러나기까지 치료할 수 없고, 잘못은 고백할 때까지 용서 받을 수 없다"고 말한바 있습니다. 한나 화이틀 스미스는 하나님에게 치유 받는 비결에 대하여 이렇게 말합니다. 나는 큰 병원을 소유하고 있는 의사에게 정화(consecration)의 필요성과 의미를 설명하려 한 적이 있습니다. 그러나 그는 이해하지 못하는 것 같았습니다. 그래서 나는 그에게 이런 이야기를 들려주었습니다.

"이런 경우를 가정해 봅시다. 회진을 돌다가 당신에게 특별한 진료를 간곡히 부탁하는 한 환자를 만났습니다. 그런데 그 환자는 당신에게 자신의 증상을 제대로 알려주지 않았습니다. 또한 당신이 조제해준 처방을 무조건 따르지도 않겠답니다. 단지 몇 가지, 자신의 판단에 좋다고 생각되는 부분에 대해선 당신의 처방을 따르겠지만 그 외의 경우엔 자신의 의지대로 하고 싶답니다. 이런 경우 당신은 어떻게 하겠습니까?" 그는 분개하며 대답했습니다. "어떻게 한다고요! 대체 뭘 할 수 있겠습니까? 그런 환자는 그냥 내버려둬야 합니다. 자신의 치료를 전적으로 내게 맡기지 않는다면 그리고 내 처방을 절대적으로 따르지 않는다면 내가 그를 위해 할 수 있는 것은 아무것도 없습니다."

그래서 나는 다시 물었습니다. "환자들이 의사의 말에 절대적으로 따라야 의사가 제대로 치료를 할 수 있다는 말입니까?" "절대적으로 따라야만 합니다." 그의 단호한 대답에 나는 이렇게 말을 이어갔습니다. "바로 그것이 정화라는 것입니다. 우리는 우리의 치료를 전적으로 하나님께 맡겨야만 하며 그의 말씀에 절대적으로 복종해야만 하는 것입니다."

그렇습니다. 나의 영혼의 치유는 나의 담당의사인 주님께 모든 것을 맡겨야만 하는 것입니다. 그리고 그 분의 말씀에 성령의 역사에 절대적으로 복종해야 하는 것입니다. 그럴 때 주님의 놀라운 치유의 은혜를 체험케 될 줄 믿습니다.

넷째, 치유를 지속적으로 하라는 것입니다. 내면의 상처 치유는 단기간에 되지를 않습니다. 지속적으로 해야 합니다. 아니 천국에 갈 때까지 해야 하는 것이 치유입니다. 그러므로 항상 기도하면서 치유를 하는 것입니다. 성령의 임재 하에 깊은 영의기도를 통한 내적치유 원리를 적용해가면서 지속적으로 치유하는 것입니다. 새벽기도에 가서 기도하면서도 감정을 토설하며 풀어내는 것입니다. 철야기도에 가서도 토설하며 상처를 치유하는 것입니다. 감정을 토설하며 상처를 치유하면 치유 할 수 록 심령이 정화가 됩니다. 심령이 정화가 되는 만큼 성령이 장악을 합니다. 성령이 자신을 장악하니 권능이 나타납니다. 마귀의 계략을 알고 몰아냅니다.

  다섯째, 깊은 상처 치유의 원리는 다음과 같습니다.
  1) 자신의 문제를 직시하고 자신의 책임을 인정해야 합니다. 그리고 치유를 받고자 하는 마음을 가져야 합니다. 자신의 상처를 치유 받고 말겠다는 의지가 중요합니다.
  2) 자신의 문제와 관련된 사람들을 용서하고자 하는 마음과 그들로부터 용서받고자 하는 마음을 가져야 합니다. 용서와 회개는 내면의 상처를 치유하는 양대 축입니다.
  3) 자신에게 정말 심각한 문제가 무엇인지 알려 달라고 성령님께 지속적으로 간구해야 합니다. 그리고 토설하며 기도하도록 현장을 보여 달라고 기도하세요. 솔직하게 자신의 속내를 토설해야 합니다.
  4) 내적 치유는 점진적인 치유의 역사로 이루어진다는 것을 알고 인내해야 합니다. 절대로 내적치유는 단번에 되지 않습니다. 시간과 노력이 필요합니다. 그리고 하나님의 시간표에 맞추어야 합니다. 급하다고 빨리 치유가 되는 것이 아닙니다. 급하게 마음을 먹으면 오히려 시간이 더 걸립니다. 마음을 편안하게 먹고 성령의 이끌림에 순복해야 합니다. 성령님은 우리의 모든 것을 통

찰하고 이해하십니다. 또, 자신의 상처를 모두 알고 계십니다. 우리는 깊은 영의기도를 통해 과거에 잘못 입력된 것들을 지워버리고 마음을 새롭게 함으로써 자신을 새롭게 개조할 수 있습니다 (롬12:1-2). 하나님을 만나고 교제함으로 내 안에 악인의 멸망을 바라보던 마음이 하나님을 바라보게 될 때 참된 기쁨으로 충만해집니다. 이 때 내 입에서는 감사가 넘쳐 나고 하나님을 사랑하는 찬양이 끊이지 않게 되는 것입니다.

그런데 이렇게 변하게 되려면 어떻게 해야 하는지 생각해 봅니다. 그것은 바로 심경을 가감 없이 토설하는 것입니다. 하나님 앞에 나의 상처를 나의 고통을 곤경에 처해있는 환경을 낱낱이 토해내는 것입니다. 세상을 살면서 상처를 받지 않고 사는 사람은 별로 없습니다. 그런데 상처를 그냥 놔두면 나중에는 더 심각해지는 병에 걸리거나 정신적 또는 육체적 마음과 인격의 장애가 됩니다.

그래서 상처는 반드시 치유되어야 합니다. 상처를 치유하는 방법 중의 하나는 마음을 하나님 앞에 토설하는 것입니다. 상처를 하나님 앞에 토설하는 것은 마음을 수술하는 것과 같습니다. 상처는 치료가 되기 때문에 상처라고 합니다.

상처를 빨리 치료 받는 길은 하나님과 가까워지는 것입니다. 마음에 상처를 담아 두지 말고 토설해 내기 시작할 때 하나님의 치료가 시작되는 것입니다. 내적치유에 대하여 더 많이 알고 싶은 분은 "내적상처를 스스로 치유하는 기도문"과 "내적치유 쉽게 하는 법"을 읽어보시기를 바랍니다.

14장 꿈을 가진 사람이 되게 하시는 하나님

(행 2:17-18) "하나님이 말씀하시기를 말세에 내가 내 영을 모든 육체에 부어 주리니 너희의 자녀들은 예언할 것이요 너희의 젊은이들은 환상을 보고 너희의 늙은이들은 꿈을 꾸리라. 그 때에 내가 내 영을 내 남종과 여종들에게 부어 주리니 그들이 예언할 것이요"

하나님은 꿈이 있는 자녀를 불러서 사용하십니다. 자녀들이 꿈이 있으면 방황하지 않습니다. 꿈을 이루기 위하여 노력하기 때문입니다. 역사상 위대한 하나님의 사람들은 모두 다 하나님의 꿈을 가슴에 받아들여 그 꿈속에서 믿고 기도하며 산 사람들입니다. 하나님의 꿈은 우리의 가슴속에서 자라, 우리의 운명과 환경을 이기고, 삶에서 아브라함의 복을 받습니다. 오늘날도 하나님의 성령은 젊은이에게는 하나님의 환상을, 늙은이에게는 하나님의 꿈을 꾸게 만들어 주고 있는 것입니다. 하나님의 성령은 지금 그리스도 예수의 십자가를 통하여 자녀들에게 이 하나님의 영롱한 꿈을 심어 줍니다. 이 꿈을 통하여 자녀들을 변화시키면서 이끌어 가고, 자녀들의 생애 속에 하나님이 뜻이 이루어지도록 역사하기를 원하시고 계신 것입니다. 이러므로 아무리 우리 환경이 어둡고 캄캄하고 칠흑 같을지라도 십자가를 바라보고 하나님이 우리 자녀들에 대해서 꿈꾸신 꿈을 그리스도를 통해서 믿음으로 받아들여야 합니다. 성령의 인도를 받아 영혼이 잘 됨같이 범사에 잘되며 강건하고 생명을 얻되 넘치게 얻는 역사가 나타나게 되시기를 바랍니다.

첫째, 꿈이 있는 자녀는 성공합니다. 설계사의 마음속에 그려진 건물들은 언젠가는 사람들의 눈에 보이는 아름다운 건축물이 되어 나타나게 됩니다. 작곡가의 마음속에 울려 퍼지는 음악은 관현악을 통하여 사람들의 귀에 들려지게 됩니다. 소설가의 머리 안에서 형성된 이야기는 읽을 수 있는 책들이 되어 사람들의 손에 쥐어집니다. 요셉은 소년 시절의 환상 속에서 본 자신의 모습이 타국에서 총리가 되어 우뚝 서는 역사를 현실로 경험하게 되었습니다. 꿈은 사람의 미래를 변화시킵니다. 가슴에 없는 노래는 악보에 쓸 수 없습니다. 마음에 담지 않은 꿈은 현실로 이루어 질 수가 없습니다. 그러므로 꿈을 꾸어야 합니다. 성경의 역사는 꿈의 역사이고, 비젼의 역사입니다. 이 세상에 태어나긴 했지만 잠깐 있다가 사라져버린 나라들이 있습니다. 그 나라들은 다 비젼이 없는 백성들의 나라들이었습니다(잠언29:18). 비젼이 있는 백성은 망하지 않습니다. 일곱 번 넘어져도 여덟 번 다시 일어섭니다. 그러므로 당신은 무엇보다도 먼저 비젼을 가져야 합니다.

둘째, 위대한 일은 비젼(꿈)에서 비롯됩니다. 요셉은 소년 시절에 분명한 비젼을 품었습니다. 요셉은 소년 시절에 두 가지 꿈을 꾼 일이 있었습니다. 그가 꾼 두 가지 꿈은 첫째 형님의 곡식단들이 자기 단에게 절하는 꿈이었고(6-8절), 둘째 꿈은 해와 달과 별들이 자기에게 절하는 꿈이었습니다(9-10절). 요셉은 이 꿈을 근거하여 자기의 비젼을 품었습니다. 자기가 열심히 살아서 부모님과 형들로부터 존경을 받는 삶을 반드시 살겠다고 하는 꿈을 꾸었습니다. 그러기 위하여 나라의 왕이 되어야 되겠다고 생각했던 것입니다. 요셉은 17세 때에 자기 인생에 대한 분명한 비젼을 가지게 되었습니다. 그래서 2절은 요셉이 '17세의 소년으로서'라고 하는 말을 하고 있는 것입니다. 스펄전은 15세 때에 회심한 다음 유명한 설교가가 되겠다는 꿈을 품고 '천로역정'이라고 하는 존 번연의 책을 100번 이상 읽었습니다. 그의 수사력, 그의 논리, 그의 은유법 등은 그가 소년 시절에 읽은 책에서 비롯되었습니다. 그는 소년 시절부터 꿈을 가졌기에 20세에 설교를 시작했고, 27세 때에 메트로폴리탄 교회를 세웠습니다. 칼빈은 청소년기에 꿈을 가지고 히브리어와 헬라어를 독파했으며, 27세 때에 기독교의 불후의 명작인 그 유명한 '기독교 강요'를 썼습니다. 요셉은 17세 때에 꿈을 품었습니다. 당신의 나이는 현재 몇인가요? 당신은 어떤 꿈을 가지고 있는가요?

요셉은 꿈을 꾼 지 13년 만에 종으로 팔려간 나라에서 국무총리가 되었습니다(창41: 41-43). 소수 민족의 한 사람으로 애굽의 국무총리의 높은 자리까지 오르기란 하늘에 별 따기처럼 막연해 보이는 일이 아닐 수 없습니다. 그러나 꿈을 가진 자들에게는 불가능해 보이던 일들이 가능한 일이 되어 나타납니다. 하나님이 꿈을 가진 자들을 사용하시어 그들의 꿈을 이루어 가시기 때문입니다. 애굽의 바로는 요셉을 국무총리로 앉히면서 요셉과 자기를 비교하여 자신의 높음은 보좌뿐이라고 하였습니다(창41:39-40). 이 말의 의미는 보좌를 제외하고는 요셉보다 더 높은 것이 자신에게는 없다고 하는 말입니다. 그렇다면 실제로 누가 더 높은 것인가요? 요셉은 소년 시절 왕을 꿈꾸었는데 하나님은 그의 그 꿈을 이루어 주셨습니다. 하나님은 그가 꾼 꿈보다 더 크게, 더 풍성하게 이루어 주신 것입니다.

참 위대함이란 타인을 복되게 하는데 있습니다. 꿈이 이루어지면 타인을 복되게 할 수 있습니다. 요셉은 자기 가족들(창45:16 -20)에게도 복이 되었고, 바로 왕과 애굽인들(창41:54-55)에게도 복이 되었고, 각 국 백성들(창41:56 -57)에게도 복이 되는 삶을 사는 위대한 생을 살았습니다. 요셉의 꿈의 실현은 자신을 복되게 할 뿐만 아니라 타인도 국가도 인류도 복되게 만들었습니다. 바른 꿈은 그같이 많은 사람을 복되게 만듭니다.

청년 시절에 꿈을 품어라! 좋은 꿈과 아이디어는 모두 하나님께서 주시는 것입니다. 요셉은 자신의 꿈 때문에 자신은 물론이고, 자신의 부모와 형제들과 애굽의 온 백성들과 심지어 다른 나라 거민들 까지도 살리는 엄청난 일을 할 수 있었습니다. 한 소년의 꿈이 이토록 중요한 것입니다. 겨우 17살 난 한 소년의 꿈을 통해서 세계의 역사가 움직이는 체험을 하게 된 것입니다.

셋째, 자신에게 단점이 있을지라도 꿈은 크게 가져야 합니다.
사람은 누구에게나 단점들이 있습니다. 아무도 완벽한 사람은 없습니다. 여기에는 문제가 있는 세 부류의 사람들이 나옵니다. 야곱과 요셉과 요셉의 형들입니다. 이 세 부류의 사람들은 각자 모두 독특한 문제들을 안고 있었습니다. 모두들 저마다 단점들을 가지고 있었습니다. 이 세상에는 단점이 없는 사람은 없습니다. 성서의 위인들의 단점들을 살펴보는 것은 나의 삶의 위로와 용기가 될 수 있습니다.

요셉은 고자질을 하는 단점을 가진 사람이었지만 큰 꿈을 가지고 있었습니다. 그는 큰 나라의 왕을 꿈꾸었습니다. 요셉이 산 사회는 유목사회였습니다. 왕이 있어 본적이 없는 사회였습니다. 그러한 때에 요셉은 왕이 되겠다고 하는 크고, 높고, 앞서 가는 꿈을 꾸었습니다. 그리고 그것을 주위 사람들에게 이야기하며 다녔습니다. 그래서 그들의 형들은 "네가 정말 우리의 왕이 되겠느냐? 우리를 다스리겠느냐?"(창37:8)하며 그를 더욱 미워하고 시기하였습니다. 80년대 초에 인터넷을 꿈꾸는 것과도 같은 비전이었습니다. 그리고 그것은 리더쉽에 대한 꿈이었습니다. 그 형들이 생각지도 못하는 꿈을 요셉이 꾼 것입니다. 오, 청년들이여! 큰 꿈을 가져라. 크고 높은 꿈을 가져라! 앞서가는 꿈을 가져라!

하나님은 단점이 있음에도 불구하고 꿈을 가진 자를 쓰십니다. 하나님은 애굽과 각 나라와 야곱의 가족들에게 앞으로 닥칠 큰 기근에 대하여 알고 계셨고, 한 사람을 일으켜서 그들을 그 역경에서 구원할 계획을 가지고 계셨습니다. 그 때에 하나님은 야곱의 12아들 중에 요셉을 사용하셨습니다. 우리는 하나님께서 누구를 그 일에 사용하였으며, 왜 그를 그 일에 사용하였는지에 대한 답을 가지고 있어야 합니다. 왜 요셉을 사용하셨을까요? 요셉에게만 그것에 대한 꿈이 있었기 때문입니다. 하나님은 단점을 보지 않습니다. 꿈을 보십니다. 그리고 꿈을 가진 자를 찾아서 그 자를 쓰십니다. 하나님은 포로에서 돌아온 이스라엘 백성을 위하여 예루살렘 성벽을 고쳐 주어야 되겠다고 하는 계획을 가지고 계셨습니다. 이스라엘 땅 중에는 '그 성벽을 고쳐야지'하는 꿈을 가진 자가 없었습니다. 하나님은 수만리 떨어진 바벨론 땅에 있던 느헤미야 안에 그것에 대한 꿈이 있는 것을 보셨습니다. 하나님은 느헤미야에게 그 일을 맡기셨습니다. 하나님은 꿈을 가진 자를 찾아 사용하십니다. 하나님 앞에 맞는 꿈을 꾸세요! 그러면 하나님은 당신을 그 일에 사용하실 것입니다. 우리도 요셉과 똑 같이 단점을 가지고 있는 사람입니다. 단점이 있어도 상관없습니다. 그 단점보다 더 큰 꿈의 사람이 되세요! 꿈을 품고 그 꿈을 따라 사는 사람이 되세요! 모든 위대한 사람들은 꿈의 사람, 즉 비전의 사람들이었습니다. 하나님의 사람들은 비전을 품은 꿈의 사람들입니다. 꿈 때문에 고향을 떠나고, 꿈 때문에 가나안 땅에 들어가고, 꿈 때문에 출애굽을 하고, 꿈 때문에 참고, 꿈 때문에 견디고, 꿈 때문에 울고, 꿈 때문에 웃었던 사람들입니다. 꿈을 따라서 꿈을 위해서 사는 꿈의 사람이 되세요! 그러면 하나님은 당신이 품은 그 꿈을 통하여 당신의 거룩한 역사를 이루어 가시게 될 것이고, 당신의 일생은 하나님의 역사에 아름답게 쓰임 받는 생이 될 것입니다.

넷째, 꿈은 모든 인격과 환경과 삶의 조건을 뛰어 넘게 됩니다. 복잡한 가정에서 태어난 인물도 희망은 있습니다. 요셉은 결코 좋은 가정에 태어나지 않았습니다. 아주 복잡한 가정에서 태어났습니다. 그의 아버지 야곱은 4명의 여자를 데리고 산 남자였습니다. 요셉의 어머니 라헬과 레아는 자매 사이였고, 그들은 각각 자녀를 낳았습니다. 그리고 두 여종들인 실바와 빌하에게서도 자녀들이 태어났습니다. 요셉은 네 어머니들과 이복형제들 사이에서 성장해야만 했습니다. 게다가 아버지 야곱의 인격은 그렇게 흠모할 만한 인격이 아니었습니다. 형과 아버지를 속이고 도망하여 타향살이를 했던 아버지 밑에서 그는 자랐습니다. 아버지의 직업은 궁중관리도 아닌 애굽에서 제일 천히 여기는 양치는 목자였었습니다. 집안 분위기는 그가 꿈을 이루기에 좋은 분위기가 아니었습니다. 우리는 창세기를 통해서 그 가정의 분위기를 알 수 있습니다. 아버지와 큰아버지인 에서와의 관계, 네 명의 어머니들의 관계, 그리고 형제간의 관계 등이 우리에게 말해주는 것이 무엇인가? 싸움, 이기심, 갈등, 편애, 질투, 미움, 복수, 색 욕, 근친상간, 사기, 그리고 대량 학살 등입니다. 요셉이 자란 가정환경은 결코 아름다운 가정모습이 못됩니다. 하지만 요셉은 훌륭한 위대한 인물이 되어 역사 속에 남아 있습니다. 무엇이 그를 그토록 많은 역경 속에서 그토록 위대한 인물이 되게 만들었는가? 그것은 꿈입니다. 소년 시절에 그가 품은 꿈이 그를 위대하게 만든 것입니다. 복잡한 가정에 태어난 자에게도 희망은 있는 것입니다.

당신의 인격보다 당신의 꿈이 더 중요합니다. 이 말에 오해가 없기를 바랍니다. 인격이 중요하지 않다는 말이 아닙니다. 중요합니다. 좋은 인격을 가지세요! 좋은 인격을 가져야 합니다. 그러나 만약 당신이 나는 인격이 못되어서 하나님이 쓰지 않을 것이다 하며 깊은 절망에 빠지는 사람이라면 당신은 하나님께서 기뻐하시는 꿈을 가지게 되면 그 모든 것을 뛰어 넘어 하나님의 기쁨이 될 수 있다는 것을 알아야 합니다. 요셉의 아버지 야곱을 생각해 보세요! 하나님은 "에서는 미워하고 야곱을 사랑하였다"고 말씀하고 있습니다. 야곱은 이기심도 많고, 필요에 따라서 거짓말도 하는 결코 좋은 인격의 소유자가 아니었습니다. 그러나 그는 하나님으로부터 지극한 총애를 받았습니다. 그래서 우리는 당황하게 됩니다. 어떻게 하나님께서 야곱을 사랑할 수 있을까요? 그의 무엇이 좋아서 저토록 총애한단 말인가요? 무엇이 그를 하나님으로부터 그 같은 사랑을 받게 만들은 것일까요? 그에게 하나님이 기뻐하시는 무엇이 있었던 것인가요? 그에게는 꿈이 있었습니다. 그 안에는 하나님께서 기뻐하시는 비젼이 있었습니다. 비젼에는 불가능이란 없습니다. 야곱이 바로 그랬습니다. 야곱은 장

자가 되는 비젼을 품었습니다. 이 비젼은 이루기에 불가능한 비젼입니다. 본래 장자의 직분은 태어나면서 주어지는 것입니다. 야곱은 본래 차자로 태어났기 때문에 장자의 꿈을 꿀 수 없는 자이기도 합니다. 그러나 야곱은 장자의 꿈을 꾸었고 하나님은 그것을 기쁘게 보시고 그의 꿈을 이루어 주셨습니다. 그래서 그는 이스라엘이라고 하는 칭호를 하나님으로부터 받게 되고 그의 꿈은 성취되어 이스라엘의 족장이 되었습니다. 꿈은 당신의 인격을 뛰어 넘을 수 있습니다.

결론적으로 꿈을 소유한 사람의 생의 질과 꿈이 없는 사람의 생의 질은 다릅니다. 계란에는 유정란과 무정란이 있습니다. 이 것은 겉으로 보아서는 알 수 없습니다. 겉으로 보기에는 아무 차이가 없어 보입니다. 그러나 암탉이 그 계란을 품에 품고 일정한 기간이 지나고 나면 그 차이가 나타납니다. 무정란은 썩어서 나오고 유정란은 병아리가 되어 나옵니다. 꿈을 소유한 인생과 그렇지 못한 인생의 차이가 바로 이와 같은 것입니다. 그러므로 꿈을 소유하는 자녀가 되도록 지도하세요!

하나님께서는 한 사람에게 복을 주시려고 할 때에 그 마음속에 꿈을 심어주는 것입니다. 그 꿈을 부여잡고 있으면 수 없이 난관이 다가오고 고통이 다가와도 그 꿈이 그 사람을 이끌어갑니다. 그 꿈이 그 사람에게 하나님의 뜻을 이루도록 역사하여 주시는 것입니다. 이러므로 꿈을 저버리면 내일이 없습니다. 꿈이 없는 백성은 망합니다. 꿈이 없는 개인도 망하는 것입니다. 우리가 가장 어렵고 고통스러운 역경을 겪을 때에 마음속에 꿈을 버리면 안 됩니다.

세계 제 1차 대전이 끝나고 난 다음에 미국에서는 그 당시에 미국의 백만장자 4,043명의 생애를 조사하여 보았습니다. 그들 중에 교육을 받은 사람도 있고 못 받은 사람도 있고, 상속을 얻은 사람도 있고 못 얻은 사람도 있고, 생활이 어려운 사람들도 있고, 여러 가지 환경이 있었지만, 그 4,043명 백만장자는 똑같은 동일한 점이 있었습니다. 그것이 무엇이냐 하면 한 사람도 빠짐없이 삶에 분명한 목표가 있었던 것입니다. 어지러운 목표가 아니라, ①무엇을 하겠다는 분명한 목표가 있었고, 그 다음 그들의 가슴속에 열화같이 불타는 꿈이 있었다는 것입니다. ②현실이 아무리 어려워도 굽히지 아니하는 열화 같은 꿈이 있었습니다. 그리고 그들은 ③어떠한 역경을 당해도 쉽게 꺾이거나 뒤로 물러가지 않은 억척같은 인내심을 가지고 있었다는 것입니다. 이 세 가지 동일한 점이 있어서 그들은 모두 다 1차 세계 대전이 끝난 이후 미국에서 백만장자들이 된 사람들이었습니다.

이러므로 우리 자녀들의 가슴속에 꿈을 품게 해야 합니다. 우리 자녀들의 가슴속에 품는 꿈은 허망한 것이 아닙니다. 더구나 우리 자녀들이 기도하고 하나님께서 주시는 꿈을 마음속에 품으면 아무리 삶에 역경이 다가와도 그 꿈이 있는 이상 꿈이 자녀들을 이끌어 가는 것입니다. 꿈이 하나님의 복을 받는 자녀들을 만들어 가는 것입니다. 꿈이 있는 자녀들은 성령의 인도를 받아 인생을 성공하게 되어 있습니다.

15장 순종의 사람으로 양육하시는 하나님

(히 11:8-12)"믿음으로 아브라함은 부르심을 받았을 때에 순종하여 장래의 유업으로 받을 땅에 나아갈새 갈 바를 알지 못하고 나아갔으며, 믿음으로 그가 이방의 땅에 있는 것 같이 약속의 땅에 거류하여 동일한 약속을 유업으로 함께 받은 이삭 및 야곱과 더불어 장막에 거하였으니, 이는 그가 하나님이 계획하시고 지으실 터가 있는 성을 바랐음이라. 믿음으로 사라 자신도 나이가 많아 단산하였으나 잉태할 수 있는 힘을 얻었으니 이는 약속하신 이를 미쁘신 줄 알았음이라. 이러므로 죽은 자와 같은 한 사람으로 말미암아 하늘의 허다한 별과 또 해변의 무수한 모래와 같이 많은 후손이 생육하였느니라"

하나님은 순종하는 사람을 들어서 사용하십니다. 우리는 자녀들에게 어려서부터 부모에게 순종 잘하는 자녀가 되도록 양육을 해야 합니다. 예수님께서는 마음이 온유한 사람 순종하는 사람은 내 멍에 밑에 들어올 수 있다. 그 다음 겸손한 사람이 내게 들어올 수 있다. 겸손한 사람은 자기 몸을 낮추고 주를 믿는 사람이 겸손한 사람인 것입니다. 티트리트 본헤프는 "신앙은 주님의 명령과 순종 바로 그것이다." 신앙이란 주님의 명령에 순종하는 것이 신앙입니다. 맥도날드는 "순종이야말로 모든 문을 여는 열쇠"라고 말한 것입니다. 하나님께서는 순종이 제사보다 낫다고 하셨습니다. 제사는 마음이 없어도 얼마든지 드릴 수가 있습니다. 순종은 몸과 마음이 하나되지 않고는 할 수 없습니다. 몸과 마음이 하나가 될 때 순종할 수가 있는 것입니다. 그래서 순종이 중요한 이유입니다. 하나님은 우리의 마음 중심을 보시기 때문입니다.

하나님은 부모에게 순종 잘하는 자를 선택하여 사용하십니다. 말씀에는 부모에게 순종하라고 합니다. 자녀들아 주 안에서 너희 부모에게 순종하라 이것이 옳으니라(엡6:1). 아브라함의 아들 이삭은 아버지의 말에 순종을 했습니다. 이삭은 하나님께 모리아 산에서 제물로 바쳐진 후 만사에 하나님의 은혜를 받아 살게 된 것을 기억해야 됩니다. 하나님은 이삭에게 이러한 큰 선물로 인생을 살게 하기 전에 모리아 산에서 먼저 제물로 이삭을 받으신 것입니다. 이삭은 아버지 아브라함의 뜻에 순종하여 제물이 되기 위해서 그가 묶임을 받고 장작 위에 누웠습니다. 이것은 스스로 제물을 받친 것입니다. 우리들에게도 하나님은 예수님을 통하여 은혜의 삶을 주셨는데 우리가 이삭처럼 하나님께 우리의 삶을 제물로 드리면 그 때부터 만사에 하나님이 은혜를 우리에게 부어주실 것입니다.

요셉도 아버지의 말에 순종을 잘했습니다. 요셉은 아버지 이스라엘이 "형들이 세겜에서 양을 치니 세겜에 가서 형들을 만나보고 오너라." 하니까 "예! 그리하겠나이다." 하고 형들이 있는 세겜으로 갔습니다. 그런데 그곳에 형들이 없었습니다. 그냥 없으니까 그냥 돌아와도 되는데 아버지의 심부름이니 꼭 형들을 만나고 말겠다는 일념으로 형들을 찾습니다. 세겜 주변을 서성이면서 형들을 찾으니 거기 있던 사람이 무엇을 찾느냐고 합니다. 요섭이 "내가 내 형들을 찾습니다. 청하건대 그들이 양치는 곳을 내게 가르쳐 주세요." 결국 그 사람의 도움으로 형들의 행선지를 알고 도단까지 갑니다. 결국 도단에 가서 형들을 만나나 형들의 시기로 구덩이에 빠지게 됩니다(창17장 13절 이후 참고). 하나님은 요셉이 부모에게 순종하는 것을 보시고 들어서 사용하신 것입니다.

사무엘도 마찬가지입니다. 어린 사무엘이 부모님의 말씀대로 성전에서 여호와를 섬기면서 지냅니다. 어린 나이임에도 불구하고 부모님의 말씀에 순종하여 하나님의 성전에서 하나님을 섬겼습니다(삼상2:11).

다윗도 마찬가지입니다. 다윗은 이세의 여덟 번째 아들입니다. 하나님은 이세의 아들 중에서 한 사람을 왕으로 기름을 부으려고 자녀들을 다 데리고 오라고 합니다. 그러나 이세는 막내 다윗에게 집을 지키게 합니다. 다윗은 아버지 말에 순종하여 집과 양들을 지킵니다(삼상 16:11-13).

또 한 번은 형들이 전쟁터에 나갔는데 아버지 이세가 다윗에게 형들에게 먹을 것을 가져다주고 오라고 합니다. 아버지의 말씀에 순종하고 심부름을 합니다(삼상17:12-23). 다윗은 아버지의 말에 순종을 잘했습니다. 그리하여 하나님의 택함을 받은 것입니다. 하나님은 이렇게 부모에게 순종을 잘하는 사람을 택하여 사용하십니다. 우리 자녀들에게 어려서부터 부모에게 순종 잘하는 사람이 되도록 양육해야 합니다. 하나님은 온전한 순종을 요구하십니다. 본문에 나오는 아브라함의 순종을 생각해 보기를 원합니다.

첫째, 아브라함의 1차 믿음과 순종의 삶. 성경에는 로마서 10장 17절에 "그러므로 믿음은 들음에서 나며 들음은 그리스도의 말씀으로 말미암았느니라"고 한 것입니다. 우리가 하나님의 말씀을 듣지 않고는 믿을 이유가 없습니다. 허공을 바라보고 '믿습니다'라고 고함치는 일은 아무런 의미가 없는 것입니다. 하나님의 말씀을 먼저 들어야 그 말씀에 의해서 그 믿음을 가지는데, 하나님께서는 그 아브라함에게 믿음을 가질 수 있는 위대한 말씀을 주셨습니다. 아브라함이 75세가 되었을 때 영광의 하나님이 아브라함에게 나타나셔서 이렇게 말씀하셨습니다.

하나님께서 아브라함에게 이르시되 "여호와께서 아브람에게 이르시되 너는 너의 고향과 친척과 아버지의 집을 떠나 내가 네게 보여 줄 땅으로 가라. 내가 너로 큰 민족을 이루고 네게 복을 주어 네 이름을 창대하게 하리니 너는 복이 될지라. 너를 축복하는 자에게는 내가 복을 내리고 너를 저주하는 자에게는 내가 저주하리니 땅의 모든 족속이 너로 말미암아 복을 얻을 것이라 하신지라(창12:13)." 이것은 하나님이 아브라함에게 주신 말씀이신 것입니다.

이 말씀의 계시를 받고 난 다음에 아브라함의 마음속에 믿음이 솟아오르지 아니할 수가 없습니다. 하나님이 약속을 주셨으니 약속을 우리가 믿을 도리밖에 없는 것입니다. 그러나 하나님께서 약속을 주셔서 우리가 믿었지만 온전한 순종이 따라야 그 믿음이 역사하지 온전한 순종이 따르지 아니하면 믿음은 파산해버리고 마는 것입니다. 말씀을 듣고 그는 믿었습니다. 그래서 그는 이제 출발을 했습니다.

성경에는 분명히 보니까 너희 고향을 떠나라고 했는데 아브라함은 고향 땅은 떠났으나 하란에서 모은 모든 소유와 모든 사람을 다 수레에 싣고 갔습니다. 고향을 수레에 싣고 그는 떠난 것입니다. 그러므로 불완전한 순종입니다. 떠나기는 떠났으나 고향의 것은 아무 것도 가지지 말고 떠나라고 했는데 고향을 모두 다 수레에 싣고 떠났습니다.

그리고 친척 아버지 집을 떠나라고 했는데 그 조카 롯을 데리고 떠남으로 친척 아비집 식구를 데리고 떠났었습니다. 그러므로 믿기는 믿고 출발은 하였으나 순종이 불완전한 순종이었습니다. 그 결과로 믿음은 파탄에 이르고 말았습니다.

왜냐하면 그가 가나안 땅에 이르고 나니까 창세기 12장 10절에 보니 "그 땅에 기근이 있으므로 아브람이 애굽에 우거하려 하여 그리고 내려갔으니 이는 그 땅에 기근이 심하였음이라" 하나님이 복을 주시겠다고 가라고 한 그 땅에 복은커녕 극심한 기근으로 말미암아 그가 고향 땅에서 가지고 온 모든 짐승이 다 죽어 버리고 종들이 다 도망쳐 버리고 완전히 빈 손 들게 되었습니다. 그래서 그는 생명을 구원하기 위해서 애굽으로 내려갈 수밖에 없었습니다. 하나님은 아브라함에게 애굽으로 내려가라고 말하지 않았습니다. 그러나 이제는 믿음도 파산되어 버렸습니다. 마음에 믿음을 잃어버리니까 이제는 인간의 수단과 방법으로 살아가려고 할 도리 밖에 없습니다. 그래서 그의 아내와 함께 조카를 데리고 애굽으로 내려갔다가 그 아내의 아름다움 때문에 그만 아내를 바로에게 시집보내고 말아 버린 것입니다. 그래서 애굽에서의 그의 인생은 처참한 지경이 되었습니다. 아내조차 바로 왕에게 강제로 시집 보내버리고 그는 완전히 파탄에 이른 것입니다.

그럴 때에 그는 회개하고 자복하고 하나님께 불순종한 것을 돌이키고 했기 때문에 하나님께서 다시 그를 긍휼히 보셔서 하나님이 그 아내를 다시 돌려주었습니다. 그래서 그는 아내를 돌려 받고 그의 조카와 함께 하나님이 처음 명령하신 대로 가나안 땅으로 돌아가라고 했습니다.

두 번째, 아브라함의 믿음과 순종의 시도. 처음 하나님께서 아브라함에게 말씀하신 대로 그는 하나님의 말씀을 믿고 이제는 가나안 땅으로 다시 돌아가자. 그러나 가나안 땅으로 돌아가는 그 마당에도 아브라함은 또다시 불완전한 불순종을 가지고 있었습니다. 성경에 보니 창세기 13장 1절에 "아브라함이 애굽에서 나올 새 그와 그 아내와 모든 소유며 롯도 함께 하여 남방으로 올라가니"라고 말한 것입니다. 여기에 롯을 또 데리고 갔습니다.

지긋지긋하게 아브라함은 자기의 친척 아버지 집을 떠나지 못했습니다. 롯을 떠나야 하는데 하나님이 친척 아버지 집을 떠나서 그 아내만 데리고 가라고 했는데 그는 믿습니다. 하나님 말씀대로 믿습니다, 했지만 그러나 순종을 하나님 말씀대로 하지 않았습니다. 그 결과로 가나안 땅에 올라갔는데 또 다시 큰 시련이 다가왔습니다. 순종을 하지 아니하면 아무리 믿어도 시련이 끝나지 않습니다.

창세기 13장 7절에 보면 "그러므로 아브라함의 가축의 목자와 롯의 가축의 목자가 서로 다투고 또 가나안 사람과 브리스 사람도 그 땅에 거하였는지라" 가나안 땅에 올라갔는데 아브라함의 가축, 그리고 롯의 가축이 거할 수 있을 만한 땅이 없습니다. 그러므로 서로 풀과 물을 구하기 위해서 아브라함의 목자들과 롯의 목자가 싸우고 그 결과로 종들의 싸움은 아저씨와 조카의 싸움으로 번졌습니다. 이래서 그 이웃에 있는 다른 족속들에게 모범이 되지 못하고 창피했습니다.

그래서 결과적으로 아브라함은 결단을 내렸습니다. 하나님이 처음 명령하신 대로 순종하겠다고 결심하고 롯과 헤어지게 된 것입니다. 창세기 13장 8절로 9절에 보면 "아브라함이 롯에게 이르되 우리는 한 골육이라 나나 너나 내 목자나 네 목자나 서로 다투게 말자 네 앞에 온 땅이 있지 아니하냐 나를 떠나라 네가 좌하면 나는 우하고 네가 우하면 나는 좌하리라" 아브라함은 마음속에 하나님이 명령하신 대로 친척 아버지 집을 온전히 떠나기로 결심을 한 것입니다.

이제는 온전히 순종하기로 결심하고 롯과 서로 헤어지게 된 것입니다. 하나님께 온전히 순종하면 그 믿음이 순종을 통하여 이제는 하나님의 축복을 가져오게 되는 것입니다. 성경에 보니까 롯이 아브라함을 떠나고 난 다음 하나님께서 비로소 아브라함에게 말씀을 하기 시작했습니다. 아브라함아 이제는 너는 높은 언덕으로 올라오라고 한 것입니다.

창세기 13장 14절로 17절에 보면 "롯이 아브람을 떠난 후에 여호와께서 아브람에게 이르시되 너는 눈을 들어 너 있는 곳에서 동서남북을 바라보라 보이는 땅을 내가 너와 네 자손에게 주리니 영원히 이르리라 내가 네 자손으로 땅의 티끌 같게 하리니 사람이 땅의 티끌을 능히 셀 수 있을진대 네 자손도 세리라 너는 일어나 그 땅을 종과 횡으로 행하여 보라 내가 그것을 네게 주리라" 하나님께 온전히 순종했을 때 아브라함의 믿음은 역사하기 시작하는 것입니다. 하나님은 순종하는 아브라함의 믿음을 받아들여서 아브라함에게 비로소 말씀하셨습니다.

높은데 올라 와서 고개를 들어 동서남북을 바라보라 네 눈에 보이는 그 땅을 네게 주리니 영원하리라고 말씀한 것입니다. 여기에서 하나님께서는 아브라함에게 비로소 바라봄의 법칙을 가르쳐 준 것입니다. 말씀을 듣고 믿고 순종하면 그 다음에는 하나님께서는 바라보라는 것입니다. 없는 것을 있는 것 같이 바라보고 그것을 소유하게 될 때에 하나님은 그 바라봄의 믿음을 통해서 역사하고 축복을 해 주실 것을 약속하신 것입니다.

여기에 아브라함은 상당한 시련과 고통을 통해서 비로소 믿기만 해서는 소용이 없구나, 믿음대로 순종을 하지 아니하면 믿음은 역사를 할 수 없구나 하는 것을 뼈저리게 느꼈습니다. 조카와 헤어지고 이제는 하나님이 처음 말씀한 대로 '네 친척 아버지 집을 떠나라.' 그 말씀대로 하고 나니까 하나님이 나타나셔서 아브라함에게 온 가나안 땅을 다 주겠다는 약속을 주시고 바라봄의 법칙을 통해서 그것을 마음속에 소유하도록 그렇게 만들어 주신 것입니다.

오늘날 많은 사람들이 쉽게 입술로 '주여! 주여!' 하고 하나님 말씀을 듣고 난 다음 '믿습니다'하고 외치는 것입니다. 그러나 그 믿음이 반드시 하나님의 말씀하시는 조건에 부합해야 되는 것입니다.'하나님이여 나에게 물질적인 축복을 주고 내 사업을 번창케 해 주실 줄을 믿습니다.' 그것은 올바르게 믿었습니다. 왜? 하나님께서 우리에게 삶의 풍성한 축복을 주기로 약속한 것이기 때문인 것입니다. 우리 하나님께서는 모든 일에 항상 모든 것이 넉넉하여 모든 착한 일을 넘치게 하기를 원한다고 말씀하신 것입니다. 사랑하는 자여 내 영혼이 잘됨 같이 내가 범사에 잘되고 강건하기를 간구한다고 주님이 말씀하셨습니다.

내가 주여! 내 영혼을 구원한 하나님을 사랑하고 믿습니다. 그러나 나는 무교회 주의자입니다. 나는 교회는 안 다닙니다. 그러면 그 믿음은 무슨 믿음입니까? 아무 소용이 없는 것입니다. 왜? 교회에서 하나님이 우리를 만나기 위해서 기다리고 있기 때문에 너희가 모이기를 폐하지 말라.

너희 두 세 사람이 내 이름으로 모인 곳에 내가 너희와 함께 있겠다고 말씀한 것입니다. 하나님을 만나려면 두 세 사람 이상이 모여 있는 교회에 와야지. 그러므로 믿음이란 반드시 조건에 순종이 있어야 그 믿음이 역사하게 되는 것입니다. 그러므로 아브라함은 그 시련과 고통을 통해서 이것을 점점 회복하기 시작하는 것입니다.

세째, 아브람의 3차 믿음과 순종. 아브람은 가나안 땅에 이르고 난 다음 그 나이가 이제 한 80세가 넘었습니다. 그런데 또 다시 하나님께서 아브람에게 말씀을 주셨습니다. 믿음은 들음에서 나며 들음은 그리스도의 말씀으로 말미암기 때문에 말씀 없이는 새로운 믿음이 출발되지 않습니다. 이제 가나안 땅에 오는 믿음은 순종을 통해서 다 이루어졌는데 또다시 하나님께서 아브람에게 말씀을 주셨습니다(창15:2-5).

아브람이 나이 80이 넘으니까 마음에 조바심이 생겼습니다. 왜 사래가 아직 어린아이를 낳지 못했으므로 후사가 없습니다. 그러므로 자기의 모든 재산은 자기 집에서 기른 종중에 제일 우두머리 엘리에셀에게 상속을 줄 수밖에 없다고 그는 생각하고 하나님께 그렇게 고하니까 하나님께서 "아니라 네 아내의 몸에서 태어난 자가 너희 상속자가 되리라." 그리고 그를 데리고 밖으로 나와서 바라봄의 법칙을 사용한 것입니다. '너희 하늘의 별들을 헤아려 보라.' 아브람이 별들을 헤아리니까 '너희 자손이 네가 헤아린 별들처럼 많을 것이라.' 아브라함이 하나님의 말씀을 믿었다고 말씀하신 것입니다. 그러자 하나님이 그 믿음을 의로 여겼다고 했는데 여기에서 또 다시 믿음은 말씀을 받고 그 다음에는 바라봄의 법칙을 통해서 마음속에 심어진다는 사실을 하나님이 확인해 주신 것입니다.

이러므로 아브라함은 말씀을 받았고 바라봄의 법칙을 통해서 그 마음속에 말씀이 이루어진 것을 바라보고 믿었습니다. 그런데 문제는 또 다시 순종의 문제가 걸립니다. 하나님께서 그 아내를 통해서 아들을 줄 것이라고 말씀을 하셨으면 그 말씀대로 순종을 해야 되는 것입니다. 그런데 그는 불완전한 순종을 했습니다. 그 나이 85세가 되었을 때 그만 마음에 의심이 들어오기 시작합니다. 내 나이 85세가 되었는데 아직 자식을 못 낳았습니다. 어떻게 85세 노인이 어떻게 자식을 낳느냐! 그렇게 마음이 흔들흔들 한데, 아내가 와서 그에게 말을 합니다. 여보! 내가 당신을 위해서 아들을 못 낳을 테니 죄인 중에 죄인입니다. 후사를 이어주지 못하는 죄가 얼마나 큽니까? 그러므로 이제 나는 희망이 없으므로 나의 여종 하갈을 당신에게 드릴 테니 내 여종을 데리고 가서 후사를 얻으십시오. 그래서 당신은 후사를 가져야 됩니다. 자꾸 사래가 아브람을 꾑니다. 아무리 꾀도 하나님께서 사래를 통해서 네 후손을 주겠다고 약을 하셨기 때문에 그것을 순종해야 하는 데, 그만 아브람은 여기에서 믿기는 믿었으나 순종에 또 다시 낙제 점수를 받고 말았던 것입니다.

그는 인간적인 방법으로 자기를 얻으려고 했습니다. 그래서 그 아내 사래가 주는 여종의 하갈에게 들어가서 자식을 얻으려고 시도한 것입니다. 그 결과가 어떻게 되었습니까? 하갈이 잉태하자 이 가정에 큰 분란을 일으켰습니다. 아무리 믿어도 순종을 하지 아니하면 그 결과로 믿음은 파산에 이르고 마는 것입니다(창 16:4-6). 이 무슨 가정의 변고입니까? 하갈이 잉태함으로 말미암아 그 여주인 사래하고 다툼이 생기고 그로 말미암아 아브람과 사래와 가정 분쟁이 생기고 온 가정이 난리판이었습니다. 결국에는 사래가 하갈을 내어 쫓는 비극이 생겼습니다.

완전한 믿음을 가지고 완전한 순종을 했더라면 하나님의 역사가 일어나서 이런 일이 생기지 아니할 것인데 아브람은 하나님을 믿었으나 그러나 순종을 하지 않고 인간적인 방법으로 그의 믿음을 이루려고 하다가 이런 비참한 상황에 떨어지고 말았던 것입니다. 그 결과로 육에 따라서 하갈이 아들 이스마엘을 출산했는데 그 이스마엘로 말미암아 가정에 큰 고통이 있었고 그 결과로 여러분 오늘날 이스라엘과 아랍이 지금까지도 피 흘리는 싸움을 하고 있는 것은 바로 적자와 서자의 싸움인 것입니다. 이스라엘의 조상은 이삭과 야곱 아닙니까? 그런데 이스마엘은 바로 서자입니다. 아브람의 서자입니다. 그러므로 지금 적자와 서자 사이에 무지무지한 싸움이 지금까지고 계속하고 있는 것입니다.

아브람이 믿는 것은 좋았지만 그가 순종을 잘못한 결과로 그 나쁜 열매를 지금도 거두고 있고 주님 오시는 그 날까지 이 피비린내 나는 싸움의 열매를 거두게 될 것입니다. 이러므로 아브람은 또 다시 가나안 땅에 들어오고 난 다음에 자손 문제로 하나님의 약속을 받았으나 불완전한 순종 때문에 큰 고통과 괴로움을 겪게 된 것입니다.

넷째, 아브람의 제4차 믿음과 순종의 시험. 아브람은 크게 회개하고 그의 자손은 그의 아내 사래로 말미암아 올 것이라는 것을 다시 한 번 새긴 것입니다. 회개했습니다. 이제는 자기 나이가 점점 먹어 들어가서 99세가 되었습니다. 사래의 나이 89살입니다. 인간적으로 생각할 때 이젠 자식을 가진다는 것은 전혀 불가능합니다.

자기 몸이 죽은 것 같습니다. 사래의 태가 죽은 것 같습니다. 이제는 인간적인 생각으로는 자식을 갖지 못합니다. 그래도 이제는 아브람은 크게 경험을 했기 때문에 결심을 했습니다. 자기가 믿었으면 끝까지 순종을 한다. 끝까지 자기의 후손이 사래를 통해서 올 것으로 믿는다. 그런데 99세에 하나님께서 아브라함에게 이름을 바꾸어 주시고 내 이름은 아브람이 아니라 아브라함이다. 이제는 열국의 아비가 된다. 네 아내의 이름은 사래가 아니라 사라다. 여주인이다. 아직 자식을 얻지도 못했는데 하나님께서는 아브람을 아브라함으로 사래는 사라로 열국의 아버지 여주로 만들어 준 것입니다. 결국에는 하나님께서 이를 통해서 믿음을 얻는 데는 말씀을 들어야 믿음이 생기고 바라봄의 법칙을 사용해서 믿음이 강해지고, 그 다음에는 입술로 시인함으로 말미암아 그 믿음은 폭발적으로 강해진다는 사실을 하나님은 여기에서 보여 주신 것입니다. 이래서 아브라함의 생애를 통해서 하나님은 믿음이 역사하는 법을 분명하게 보여주신 것입니다.

오늘날도 우리가 믿음은 하나님의 약속의 말씀을 읽고 들어서 성령이 우리의 마음속에 약속의 말씀을 주셔야 믿음이 시작하는 것입니다. 말씀 없는 믿음은 믿음이 아닙니다. 그러므로 흥분해서 주여, 고함을 치고 믿습니다. 라고 고함을 아무리 쳐도 그것은 허공을 치는 것과 같은 것입니다. 말씀이 있어야 말씀을 믿는 것입니다. 말씀을 믿었으면 바라봄의 법칙으로 말씀이 이루어진 모습을 바라볼 줄을 알아야 됩니다. 그 다음에 바라봄의 법칙을 사용했으면 그 다음에는 입술로 고백을 해야 합니다. 아브라함, 사라 많은 민족의 조상, 여주처럼 없는 것을 있는 것 같이 입술로 고백할 줄 알아야 되는 것입니다. 그렇게 하면 우리의 믿음이 폭발적으로 역사하는 것입니다.

그런데 아브라함은 끝까지 믿었습니다. 이제는 눈에는 아무 증거 안 보이고 귀에는 아무 소리 안 들리고 손에는 잡히는 것 없어도 하나님의 약속을 믿고 끝까지 순종하고 사라가 낳는 자식을 자기 후손으로 얻겠다고 결심한 결과에 100살에 하나님의 기적이 일어나서 사라가 아브라함에게 아들을 낳아주니 그 이름이 이삭인 것입니다. 하나님의 기적이 일어난 것입니다. 믿고 끝까지 순종하면 하나님의 기적의 역사가 일어나는 것입니다. 그래서 하나님께서는 이제 아브라함의 믿음과 순종이 온전히 이루어졌는지, 안 이루어졌는지 최후로 시험해 보시고 난 다음 축복을 주기를 원하십니다. 축복은 바로 믿음과 완전한 순종이 있어야 되는 것입니다.

그런데 그 아들이삭이 약 20여세가 될 정도로 자랐을 때 너무 너무 아브라함에게는 귀하고 좋은 아들입니다. 그 아들과 함께 밥 먹고 함께 자고 함께 일하고 좋은 친구가 되었습니다. 눈에 넣어도 아프지 않습니다. 그런데 하루 하나님께서 아브라함의 믿음과 순종을 시험해 보기 위해서 최후로 다가왔습니다(창22:1-2). 청천벽력과 같은 말씀입니다. 눈에 넣어도 아프지 않은 그 귀한 아들을 모리아 산에 데려와서 그를 잡아 각을 떠서 불로 태워서 번제로 드리라니? 이야말로 온 영혼을 뒤흔드는 하나님의 명령인 것입니다. 그는 그 명령을 받았을 때 어떻게 했습니까? 이젠 아브라함은 믿음과 순종의 많은 연단을 받았습니다.

그렇기 때문에 그는 그 하나님의 말씀을 받았을 때 마음속에 믿었습니다. 왜? 성경에 하나님께서는 너희 후손을 이삭으로 말미암느니라. 했는데 그러므로 죽여 버리면 후손이 안 생길 것 아닙니까? 하나님의 말씀은 변할 수 없는 것을 알기 때문에 그가 죽여 놓아도 하나님이 잿더미 속에서 일으킬 것이라고 믿었습니다. 이제 아브라함의 믿음은 초자연적인 인간의 감각을 초월한 기적적인 믿음을 가진 것입니다.

그래서 하나님께서 네 후손은 이삭으로 말미암는다고 했기 때문에 아무리 내가 이삭을 죽여서 각을 떠서 불로 태워 버려도 그 잿더미에서 하나님이 이삭을 도로 살려 주실 것이다. 하나님의 약속은 거짓이 없기 때문이다. 그러므로 그는 완전한 순종을 하도록 결심했습니다(창25:5). 모리아 산 밑에 종들을 두고, 아브라함은 이제는 하나님께 온전히 순종했습니다(창22:9-11).

비유컨데 이미 아들을 죽인 것과 같습니다. 하늘에서 하나님의 음성이 없어 중지를 안 시켰다면 그는 그 아들을 칼로써 찔러서 죽여 번제로 드렸을 것입니다. 그 결과로 아브라함의 완전한 믿음과 완전한 순종에 따라서 하나님께서 축복하신 것입니다(창22:15-18).

하나님은 형언할 수 없는 큰 축복을 주셨습니다. 네 씨로 말미암아 천하 만민이 복을 받을 것이라 바로 아브라함의 아들이삭의 씨에서 예수님이 태어났고 예수님으로 말미암아 천하만국 중에 하나인 우리들도 오늘 그 예수 그리스도를 말미암아 복을 받는 이 자리에 들어오게 된 것입니다.

그러므로 우리가 아무리 하나님 앞에서 믿습니다하고, 고함을 쳐도 그 믿음이 순종의 실천이 없이는 파산하고 마는 것입니다. 반드시 믿음에는 그 믿음에 따르는 모든 일을 순종해야 믿음이 역사하는 것입니다. 아브라함의 일생은 말씀에 대한 믿음과 불완전한 순종과 그 결과 삶의 파탄과 시련과 고통의 연속이었습니다. 그러나 그런 중에서 바른 믿음과 온전한 순종과 넘치는 축복을 받는 진리를 그는 깨닫게 된 것입니다. 하나님께서는 이 와중에서 아브라함에게 믿음의 법칙도 점차적으로 계시해 주셨습니다.

믿음은 말씀을 듣고 바라봄의 법칙을 사용하고 입술의 고백을 통해서 강하게 역사한다는 사실을 아브라함에게 보여 주신 것입니다. 우리는 이 경험을 통해서 우리 자신도 믿음은 들음에서 나기 때문에 하나님의 말씀을 듣고 그 다음에는 바라봄의 법칙으로 없는 것을 있는 것 같이 바라보고 그리고 없는 것을 있는 것 같이 입술로 고백하는 이러한 신앙을 배워서 실천해야 될 것입니다.

하나님은 온전한 순종을 요구하십니다. 온전한 순종이란 개인의 사심이 하나도 결부되지 않은 하나님의 수족과 같이 움직이며 순종하는 것을 말합니다. 한마디로 하나님의 뜻이라면 개인의 인간적인 사심이 하나도 결부되지 않고 순종하는 것을 말합니다.

16장 믿음의 사람으로 자라게 하시는 하나님

(히 11:6)"믿음이 없이는 하나님을 기쁘시게 하지 못하나니
하나님께 나아가는 자는 반드시 그가 계신 것과 또한 그가 자기
를 찾는 자들에게 상주시는 이심을 믿어야 할지니라"

하나님을 믿는 믿음으로 모든 일에 성공과 실패가 결정이 됩니다. 우리 자녀들을 어려서부터 하나님을 향한 믿음이 있는 자녀가 되도록 훈련해야 합니다. 하나님은 믿음을 보시고 역사하시기 때문입니다. 저는 지난 16년간 성령치유 사역과 성도들을 영적으로 바꾸는 사역을 했습니다. 사역을 하면서 느낀 것은 믿음이 가장 중요하다는 것입니다. 믿은대로 역사가 일어나기 때문입니다. 가끔 믿음에 관하여 질문을 받곤 합니다. "과연 믿음이 뭐냐?"는 것입니다. 이에 대하여 히브리서 기자가 명쾌한 해답을 줍니다. "믿음은 바라는 것들의 실상이요. 보이지 않는 것들의 증거"라고(히 11:1)합니다. 믿는 믿음대로 보이는 것이 나타난다는 것입니다. 보이지 않지만 하나님께서 하실 것이라고 믿으니 그대로 이루어진다는 뜻입니다. 그러므로 믿음이 없이는 하나님의 기적을 체험할 수가 없습니다.

믿음 없이는 하나님을 기쁘시게 할 길이 없고(히11:6), 우리 자신이 믿음 안에 있는가 우리 자신을 시험하고 우리 자신을 확증해야 하겠기에(고후13:5), 우리는 자신의 믿음 상황을 점검하고, 믿음의 정의부터 꼼꼼하게 따져 볼 필요가 있습니다.

첫째, 믿음은 하나님의 말씀(레마)을 들어야 됩니다. 하나님의 말씀을 듣는 다는 것은 하나님의 자녀가 되었다는 증거입니다. 땅의 사람은 영이신 하나님의 말씀이 들리지를 않습니다. 로마서 10장 11절에 "그러므로 믿음은 들음에서 나며 들음은 그리스도의 말씀으로 말미암느니라"고 했습니다. 하나님께서 하신다는 믿음이 있어야 한다는 것입니다. 내가 하는 것이 아니요, 하나님께서 하라는 대로 순종하면 하나님께서 하신다는 것이 믿음입니다.

우리가 믿음생활하면서 반드시 고쳐야 할 것이 있습니다. 내가 기도하면 하나님께서 해주신다는 낭설입니다. 지난날 많은 교회 지도자들이 우리 성도들이 문제가 있어 사면초가에 걸려있을 때 찾아가서 상담하면 기도하면 문제가 해결이 된다고 합니다. 그래서 순진한 성도들이 하나님께서 문제를 해결하여 주신다고 믿고 몇 날을 철야하면서 기도합니다. 그런데 문제가 해결이 되지 않습니다. 믿음에 시험이 듭니다. 하나님을 원망하기도 합니다. 알고 보면 자신이 잘못한 것입니다. 하나님은 우리의 문제를 반드시 해결하여 주십니다. 그런데 직접 해결하여 주시지 않습니다. 하나님께 문제를 내놓고 기도하면 하나님께서 해결할 수 있는 방법을 알려주십니다. 하나님께서 알려주신 방법대로 순종할 때 믿음을 보시고 해결하여 주시는 것입니다. 반드시 하나님께서 알려주시는 대로 순종하는 믿음이 있어야 문제가 해결이 됩니다. 그러므로 하나님께서 직접 문제를 해결하여 주실 것을 믿고 백날을 철야하며 기도해도 문제는 해결이 되지 않는 것입니다.

우리는 믿음이 있어야 합니다. 자신은 예수를 믿는 동시에 죽었고, 지금 사는 것은 예수님의 인생을 산다는 믿음입니다. 그러므로 자신 앞에 나타나는 문제는 모두 예수님의 문제입니다. 자신 앞에 나타나는 문제는 예수님이 해결해야 합니다. 그럼 어떻게 자신 앞의 문제를 예수님이 해결할까요? 자신이 문제를 어떻게 해결할까요? 하며 예수님께 성령으로 기도할 때 해결할 수 있는 방법을 알려주십니다. 알려주시는 방법대로 순종할 때 문제가 해결이 되는 것입니다. 그래서 하나님은 믿음을 가지라고 말씀을 하십니다. 그리고 담대하라고 하십니다. 하나님께서 하신다는 믿음이 있어야 담대하게 행동에 옮길 수 있기 때문입니다. 하나님은 자녀들을 성령으로 체험하게 하시면서 훈련하시어 믿음 있고, 담대한 자녀가 되어 복 받게 하십니다. 자녀들은 사고를 바꾸어야 합니다. 내가 한다는 사고가 아니라, 나의 믿음 있는 순종의 행동을 보시고 하나님이 하신다는 사고로 바뀌어야 합니다.

우리 자녀들이 알아야 할 것은 자신이 인생을 살아가면서 당할 문제를 하나님께서 모두 만들어 놓았다는 것입니다. 또한 해결방법도 하나님께서 만들어 놓았다는 것입니다. 문제가 있으면 해결방법도 문제 안에 있다는 것을 알아야 합니다. 그러므로 문제를 당하면 하나님께 기도해야 해답을 알 수가 있다는 것입니다. 하나님께서 알려주시는 해답대로 자신이 행동에 옮길 때 문제가 해결이 된다는 것을 알고 믿어야 합니다. 그러므로 우리 자녀들이 인생길에 문제를 당하거든 당황하지 말고 하나님께 기도하여 해결하는 습관을 어려서부터 들여야 한다는 것입니다.

앞에서 설명한 모든 것이 말씀에 기록이 되어있습니다. 우리 자녀들이 말씀을 바르게 이해를 잘 못해서 그렇지 말씀에 모두 기록하여 두셨습니다. 우리 자녀들이 말씀 안에서 각종 영적인 원리들을 찾아서 적용하는 것을 어려서부터 습관이 되어야 합니다. 말씀에 보면 예수님께서 베다니에서 처음 마르다를 만났을 때 네 오라버니가 살리라고 말씀하셨습니다. 이 말이 너무 터무니없게 생각되어 마르다가 "예, 부활의 날에 우리 오라버니가 살줄로 믿나이다" 할 때에 예수님께서 "아니다! 내가 지금 부활이요, 생명이니 나를 믿는 자는 죽어도 살겠고 살아서 나를 믿는 자는 영원히 죽음을 보지 않는다"고 재확인하는 말씀을 하셨습니다.

또 예수님께서는 마르다와 마리아를 나사로의 무덤에 데리고 가서 돌을 옮겨놓으라고 말씀하셨습니다. 그러므로 마르다와 마리아는 믿을 이유가 있습니다. 왜냐하면 하늘과 땅을 지으신 예수님께서 직접 오라버니가 산다고 말했고, 돌을 옮겨놓으라고 말했으니까, 눈에는 아무 증거 안 보이고 귀에는 아무 소리 안 들리고 손에는 잡히는 것 없다고 할지라도 믿을만한 이유가 있습니다. 이유는 예수님의 말씀이 있기 때문인 것입니다.

우리가 하나님의 말씀이라고 하는 이 말씀은 두 가지 말씀으로 우리에게 다가오는 것입니다. 일반적인 하나님의 말씀은 성경 창세기에서 요한 계시록까지 기록한 말씀입니다. 이 말씀을 읽음으로 하나님에 대한 지식을 얻고, 우리가 은혜를 얻고, 기적의 하나님의 알고 믿게 되고, 이 말씀이 우리의 생명의 떡이 되어서 우리가 신앙 가운데 자라는 것입니다. 그러나 나의 마음속에 기적을 행하는 믿음은 내게 직접 주시는 레마의 말씀이어야 합니다. 이는 성령으로 말미암아 하나님의 말씀이 바로 내 마음속에 직접 주어질 때 그 말씀이 레마로, 거기에 우리가 믿음을 걸고 기적을 기대할 수 있는 것입니다. 그렇기 때문에 모두다 일반적인 하나님의 말씀은 하나님이 주셨습니다. 이 말씀을 읽고 듣고 공부함으로 은혜를 받고, 우리가 생명의 양식을 먹고, 우리의 신앙이 자랍니다. 우리가 알아야 할 것은 우리 생활에 기적이 일어나는 말씀은, 일반적인 말씀이 아닌 성령이 지금 내게 직접 주는 말씀이라는 것입니다. 레마를 듣고 행동에 옮겨야 기적이 일어납니다.

마르다와 마리아가 무덤의 문을 옮겨놓은 것은 막연하게 성경 읽고 옮긴 건 아닙니다. 예수님이 직접 말씀하셨습니다. "네 오라버니가 살리라 돌을 옮겨놓아라" 그러므로 마르다와 마리아는 일반적인 부활의 말씀에 따라 행동한 것이 아니라, 주님께서 직접 주신 말씀 즉, 내게 주신 말씀을 따라 행동한 것입니다. 로마서 10장 11절에 "믿음은 들음에서 나며 들음은 그리스도의 말씀으로 말미암는다"는 그 말씀은 로고스가 아니고 레마입니다. 일반적인 하나님의 말씀이 아니고 내게 지금 직접 주시는 하나님의 말씀인 것입니다. 이 말씀은 기적을 행하는 믿음을 우리에게 주시는 것입니다.

그러므로 우리가 언제나 기적을 나타내는 하나님이 직접 주시는 이 레마를 받기 위해서 기도를 해야 되는 것입니다. 레마를 받아 그대로 순종하며 행동에 옮길 때 기적이 일어나기 때문입니다. 우리가 여러 가지 문제를 가지고 하나님의 도움을 바랄 때 마르다와 마리아가 '당신의 사랑하는 자가 병들었나이다'하고, 예수님께 편지를 보낸 것처럼, 우리는 성령으로 기도의 편지를 보냅니다. "하나님 저에게 이런 문제가 생겼습니다. 어떻게 해결해야 합니까?" 마르다와 마리아의 있는 곳에 예수님이 나흘 후에 찾아와서 레마를 주신 것처럼, 우리도 하나님께 성령으로 기도하고 기다리면 성령하나님이 우리에게 말씀(레마)을 주시는 것입니다.

이 말씀(레마)을 받고 우리가 그대로 순종하며 행해야 되는 것입니다. 믿고 순종하고 행할 때 기적으로 역사하시어 문제를 해결하시는 것입니다. 말씀이 직접 성령으로 내게 올 때 그것을 우리가 믿을 수 있는 것입니다. 그러므로 우리 자녀들이 어려서부터 하나님의 음성을 듣고 행하는 습관이 되어야 합니다. 이러한 레마를 받지 아니하고, 그냥 막연히 하나님의 기록된 말씀, 일반적인 말씀인 로고스를 따라서 행했다가 하나님이 역사 안 한다고 불평하는 사람이 많습니다. 로고스는 우리가 듣고 읽고 은혜를 받고 영의 양식이 되는 것이지만, 기적은 하나님이 이 로고스의 말씀을 성령이 잡아서 우리에게 직접 영감으로, 계시로, 감동으로 내게 주실 때 이것이 바로 기적을 행하는 것입니다.

그러므로 레마를 들었으면 행동하는 믿음이 중요한 것입니다. 하나님은 믿음 있는 자녀들이 되도록 체험하게 하시는 것입니다. 무슨 체험이냐 하면 하나님께서 들려주시는 레마를 받고 믿음으로 행동하면 기적이 일어나게 하시는 것입니다. 우리가 알아야 할 것은 하나님께서 레마를 주셨으면 반드시 역사가 일어난다는 것입니다. 이러므로 우리는 모두 하나님 앞에서 이 레마를 받도록 기도하고 직접 주시는 말씀이 올 때까지 하나님 앞에 간절히 기도하고 기다리시게 되기를 주님의 이름으로 간절히 축원합니다.

둘째, 레마를 듣고 순종하라. 주님께서 레마로 돌을 옮겨놓으라고 말씀하셨습니다. 아무리 말씀을 듣고 믿음이 생겨도 그것을 행동으로 옮기지 않으면 하나님께서는 역사 하시지 않습니다. 하나님께서는 성도의 그 행하는 믿음에 따라 기적을 나타내십니다. 많은 사람이 말하기를, 하나님이 내 병 고쳐주시면 봉사하겠습니다. 하나님께서 나에게 은혜를 주시면 그때 하나님께 충성하겠습니다. 하는데 그것은 정반대인 것입니다. 우리가 하나님의 말씀을 받고 우리가 눈에는 아무 증거 안 보이고 귀에는 아무 소리 안 들리고 손에는 잡히는 것 없어도 믿음으로 실천할 때 역사하여 주시는 것입니다. 왜냐하면 행함이 없는 믿음은 죽은 믿음이기 때문인 것입니다. 그러므로 행동하기 위해서는 참으로 어려운 결단 즉, 무거운 돌을 옮겨놓아야만 되는 것입니다.

사렙다의 과부 이야기를 보십시오. 이스라엘에 3년 6개월 동안 비가 오지 않았습니다. 수많은 사람과 짐승이 굶어죽었습니다. 그때 사렙다의 한 과부는 이제 마지막 남은 가루와 기름을 가지고 과자를 구워 그 아들과 함께 먹고 죽으려고 했습니다. 그때 엘리야가 나타났습니다. 엘리야가 "네가 뭘 하느냐?" 하기에 "나는 나무를 주워서 마지막 빵 하나를 구워먹고 자식과 죽으려고 합니다." "그렇게 하거니와 내가 말하는 것은 네가 그것으로 빵을 구워서 물 한 대접하고 내게 가져오면 내가 먹고 마시고, 그 다음 하나님께서 네게 복을 주어서 이 가뭄이 끝날 때까지 너의 밀가루

통에 밀가루가 떨어지지 아니하고 기름병에 기름이 사라지지 아니하리라" 이 레마를 주셨습니다. 이것은 레마입니다. 이것은 사렙다의 과부에게 직접 주신 것입니다. 다른 사람들에게 준 것이 아닙니다. 사렙다의 과부가 이 레마를 받았습니다. 이제 믿을 수 있는 이유는 생겼습니다. 하나님이 말씀을 주었지만, 그 믿음의 돌을 옮겨놓는 것은 심히 어렵습니다.

마지막 한웅큼 남은 밀가루와 기름으로 빵을 구웠는데 그 어린 아이가 영양실조가 되어 눈은 휑하니 들어가고 배는 퉁퉁 부었고 마른 막대기 같이 마른 어린아이가 밥 달라고 치마 자락을 잡고 부르짖는데 그 소리를 멀리 하고 떡을 구워서 엘리야에게 준다는 것은 여간한 마음의 결단이 아닙니다. 그는 이것이냐 저것이냐 많이 번뇌했습니다. 그러나 하나님의 레마를 받았기 때문에 그것을 믿고, 그는 결단을 내려서 떡을 구워서 엘리야에게 주었습니다. 엘리야가 그것을 다 받아서 먹고 물을 마시고 난 다음 하나님의 역사는 시작되었습니다. 그때로부터 시작해서 밀가루 통에 밀가루가 떨어지지 아니하고 기름병에 기름이 마르지 아니하는 역사가 일어나게 된 것입니다. 행동하는 믿음 위에 하나님의 기적이 일어나게 되는 것입니다. 이 레마는 행동하는 믿음에 따라 역사가 일어나는 것입니다. 레마를 듣고 행동하지 않으면 기적은 일어나지 않습니다.

아무리 레마를 받아도 그 레마를 받고 난 다음 그걸 따라 행동하지 아니하면 그 레마는 죽어버리고 마는 것입니다. 그래서 이들에게 먹을 것을 주기 위해서는 믿음의 돌을 옮겨놔야 합니다.

믿음을 행동으로 옮겨야 됩니다. 믿음이란 행함으로 증명되는 것입니다. 아무리 하나님께로부터 계시를 받아도 실천하는 믿음으로 나타나지 않으면 소용이 없습니다.

마르다와 마리아는 진퇴양난에 빠졌습니다. 마리아와 마르다는 오라버니 무덤가에 섰습니다. 그런데 주님께서는 이미 네 오라버니가 살리라 돌을 옮겨놓으라고 레마를 주셨습니다. 이 말씀을 받아도 실천할 것이냐 안 할 것이냐는 마르다와 마리아에게 달렸습니다. 마르다와 마리아는 자기들의 경험을 통해서 생각할 때 죽은지 나흘 만에 썩은 냄새가 나는 시체가 살아나는 것을 본 적이 없습니다. 이성적으로 생각할 때 어리석기 짝이 없는 일입니다. 전통적으로 생각할 때도 그런 일은 있을 수가 없습니다. 많은 유대인들이 그들을 주목하고 있습니다. 그들이 만일 어리석게 행동했다면 완전히 미친 사람으로 낙인찍히고 말 것입니다. 그러므로 그들은 고민했습니다. 주여! 죽은 지 나흘이 되어 썩은 냄새가 나는데요? 어찌 이 말을 하십니까? 예수님은 "네가 행동하는 믿음을 가지면 하나님의 영광을 보리라고 하지 않았느냐?" 그들은 결단을 내려야 했습니다. 믿음이란 결단입니다.

그 두 자매는 결단을 내렸습니다. 눈에는 아무 증거 안 보이고 귀에는 아무 소리 안 들리고 손에는 잡히는 것 없어도 사람들이 다 미쳤다고 말하고 자기 이성에 배반되고 경험에 반대될지라도 살든지 죽든지 흥하든지 망하든지 성하든지 쇠하든지 주님 말씀에 순종하자! 그래서 그들은 달려들어서 돌을 옮겨놓았습니다. 이것이 바로 행동하는 믿음인 것입니다. 결단이 있어야 합니다.

레마를 들었으면 반드시 순종해야 기적이 일어납니다. 많은 성도들이 문제를 놓고 하나님께 기도합니다. 무어라고 기도하느냐! 하나님께서 문제를 해결하여 달라고 기도합니다. 우리는 바르게 알아야 합니다. 하나님은 절대로 직접 우리의 문제를 해결하여 주시지 않습니다. 기도할 때 하나님께서 알려주신 방법대로 순종하고 행동할 때 문제가 해결이 되는 것입니다. 하나님은 분명하게 "믿는 자들에게는 이런 표적이 따르리니 곧 그들이 내 이름으로 귀신을 쫓아내며 새 방언을 말하며, 뱀을 집어올리며 무슨 독을 마실지라도 해를 받지 아니하며 병든 사람에게 손을 얹은즉 나으리라 하시더라"(막 16:17-18).

마르다와 마리아는 마음에 결단을 내렸습니다. 레마를 받았으니 나는 그대로 행동하겠다! 행동하는 믿음! 순종하는 믿음! 이것 굉장히 중요한 것입니다. 수많은 사람들이 하나님의 말씀을 받고도 그대로 행동하지 않습니다. 언제나 주저주저 합니다. 이것이냐 저것이냐를 분명하게 결단하지 않습니다. 예스일까! 노일까! 대답을 분명하게 하지 않습니다. 하나님께 대해서는 예스! 죄에 대해서는 노! 분명하게 말할 줄 알아야 합니다. 죄가 유혹할 때 따를까 말까 하면 떨어집니다. 죄가 유혹하면 노! 사탄아! 죄야! 나는 너를 안 따라간다! "예수님의 이름으로 명하노니 떠나가라." 하나님이 명하시면 예스! 예! 따라갑니다! 결단이 분명해야 합니다! 분명한 결단을 못 내리는 사람은 행동하는 믿음으로 설 수가 없는 것입니다.

셋째, 믿고 행하면 하나님의 영광을 본다. 우리 주님께서 행동하는 믿음을 가진 사람에게 뭐라고 말합니까? 믿으면 하나님의 영광을 보리라! 믿음이 하나님의 영광의 문을 여는 열쇠인 것입니다. 마르다와 마리아는 단호한 믿음의 결단을 하고 필사적으로 실천했습니다. 우리 자녀들이 믿음으로 실천할 때 다른 사람들이 도와줄 줄 알아요? 아무도 안 도와줍니다. 마르다와 마리아가 그 돌을 옮겨놓으려고 달려들었는데 유대인들은 전부 비웃습니다. 저들이 이제 미쳤구나! 역사에 없는 일을 하는 것을 보니 완전히 돌았구나! 아무도 도와주지 않습니다. 이 두 자매가 돌에 매달려서 넘어져 엉덩방아를 찧고, 또 당기다가 엉덩방아를 찧고, 손가락이 할퀴어서 피가 나고, 발등이 찢겨서 피가 납니다.

아무도 도와주지 않습니다. 예수님도 안 도와줍니다. 왜냐하면 본인이 믿음의 실천이 있어야 그 위에 예수님이 기적을 행할 수 있기 때문인 것입니다. 기어코 그들이 몸부림을 치다가 돌이 굴러 떨어졌습니다. 무덤 문이 열렸습니다. 그들이 할 일을 다 했습니다. 이제 그 이상은 그들은 하지 못합니다. 돌을 굴리기까지는 믿음으로 할 수 있지만 그 이상은 못합니다. 인간의 한계점에 도달하면 그 다음부터는 하나님이 책임져 주시는 것입니다. 반드시 하나님이 알려준 대로 순종해야 문제가 풀리는 것입니다.

많은 사람들이 하나님이 할 일까지 걱정합니다. 내가 이렇게 믿고 난 다음 하나님이 실패하면 어떡하지? 자기가 하나님보다 높습니까? 사람들은 생각하기를 자기가 못하는 것은 하나님도 못한다고 생각합니다. 감기! 나도 고칠 수 있으니까 하나님도 고칠 수 있다. 암! 내가 못 고치니 하나님도 못 고친다! 무슨 하나님을 사람인 줄로 생각합니까?

하나님은 사람이 할 수 없는 일을 하시는 것입니다. 내가 못하는 일을 하기 때문에 하나님이신 것입니다. 그러므로 사람이 행동하는 믿음을 다 하고 나면 그 다음은 하나님이 책임져 주시는 것입니다. 마르다와 마리아가 돌을 옮겨놓고 난 다음에 썩은 냄새가 굴에서 확 났습니다. 그 때에 예수님이 굴 앞에 서서 하나님께 기도하고 나사로야 나오라! 외치시매 죽은 나사로가 수족을 동인 채로 나왔습니다.

하나님이 하실 일은 하나님이 하시는 것입니다. 우리가 하나님께 말씀을 받고 실천하려고 할 때, 동일한 레마를 받지 못한 남편이 비웃을 것이고, 아내가 비웃을 것이고, 자식이 반대할 것이고 이웃이 반대할 것입니다. 자신이 믿음을 실천할 때 심한 외로움과 고통을 느끼게 될 것입니다. 행동하는 믿음! 결단하는 믿음을 가질 때는 고독함이 따라옵니다. 어려움이 따라옵니다. 자기혼자 그 믿음의 싸움을 승리해 나아가야 하는 것입니다.

모세는 하나님을 믿고 430년 동안 종살이하던 3백만 이스라엘 백성을 이끌고 나왔습니다. 이스라엘 백성을 이끌고 나오는 것까지는 모세가 할 수 있지만, 홍해수를 가르고 쓴 물을 달게 하고, 만나가 내리게 하고, 메추라기가 날아오게 하는 것은 모세가 못합니다. 그것도 없으면 이스라엘 백성은 광야에서 다 죽었을 것입니다. 그러나 모세가 하나님을 믿고, 자신이 할 일인 하나님께 물어보고 하나님의 말씀대로 순종하고 난 다음에는 하나님이 하나님의 일(기적)을 행하셨습니다. 모세가 할 일은 하나님께서 하라는 대로 행동하는 것입니다. 홍해수도 가르고 쓴 물도 달게 하고, 만나도 내리고, 메추라기도 주고, 바위에 물이 내려오고 해서 이스라엘 백성을 가나안까지 이끌어 가는 것입니다. 하나님의 레마를 듣고 내 할 일을 내가 하면, 하나님이 하실 일은 하나님이 하시는 것입니다. 여호수아가 여리고 성을 7일 동안 돌았습니다. 여리고를 도는 것은 할 수 있지만 무너뜨리는 것은 못합니다.

하나님께서 여리고를 7일 동안 돌라고 했으므로, 믿음으로 여리고를 돌고 자기 할 일을 다 했을 때, 순종하는 믿음을 보시고 난 다음에는 하나님이 하셨습니다. 하나님이 여리고 성을 무너뜨린 것입니다. 이러므로 레마를 받고 난 다음에는 행동하는 믿음을 실천하였으면 그 다음에는 하나님이 영광을 나타내 줄 것을 믿어야만 하는 것입니다!

저는 항상 이렇게 말합니다. 우리가 세상을 살아가면서 당하는 문제는 하나님의 문제라는 것입니다. 왜냐하면 우리는 예수를 믿을 때 십자가에서 죽었습니다. 동시에 예수로 태어났습니다. 그러므로 지금 사는 것은 내가 사는 것이 아니고 자신 안의 예수님이 사시는 것입니다. "내가 그리스도와 함께 십자가에 못 박혔나니, 그런즉 이제는 내가 사는 것이 아니요. 오직 내 안에 그리스도께서 사시는 것이라. 이제 내가 육체 가운데 사는 것은 나를 사랑하사 나를 위하여 자기 자신을 버리신 하나님의 아들을 믿는 믿음 안에서 사는 것이라"(갈2:20). 그러므로 우리 앞에 있는 문제는 죽은 사람인 자신의 문제가 아니고, 다시 살아난 예수님의 문제라는 것입니다. 문제를 만나거든 하나님께 기도하여 문제의 해결 방법을 알아내야 합니다. 하나님께서 알려주신 방법대로 행동하고 순종할 때 문제가 해결이 되는 것입니다. 그렇기 때문에 우리가 세상을 살아갈 때에 하나님의 음성을 듣고 순종하지 않으면 안 되는 것입니다. 우리는 바르게 알아야 합니다. 예수를 믿고 교회에 들어와 믿음 생활을 하면서 성령으로 세례를 받고, 내면의 상처를 치유하고, 자아를 부수고, 혈통에 역사하는 귀신을 축사하고, 말씀을 묵상하고, 성령으로 기도하는 모든 것이 하나님의 음성을 듣고 순종하기 위하여 심령을 준비하는 영적인 활동이라는 것입니다.

성도는 하나님의 음성을 들을 수 있는 영적인 수준을 갖추려고 부단하게 노력을 해야 합니다. 예수를 믿었으면 땅의 사람은 죽고 하나님의 자녀로 태어났습니다. 이제 사람의 말을 듣고 움직이는 것이 아닙니다. 하나님의 자녀답게 하나님의 음성을 듣고 순종해야 합니다. 하나님의 음성을 듣고 순종할 때 기적을 체험하게 되는 것입니다.

문제를 만나거든 당황하지 말고 하나님께 기도하시기를 바랍니다. 하나님! 이 문제를 어떻게 해결해야 합니까? 응답하실 때까지 기도해야 합니다. 하나님은 영이시기 때문에 우리가 하나님과 같은 영적인 상태가 되어야 응답이 들리기 때문입니다. 하나님께서 응답하신 대로 행동에 옮기면 문제가 해결이 되는 것입니다. 행여나~ 하나님 이 문제를 해결하여 주시옵소서. 하고 아뢰는 나약한 기도를 한다면 절대로 문제가 해결되지 않는 것입니다.

성경에 보면 모든 믿음의 선진들은 하나님께 기도하여 하나님께서 하라는 대로 순종하여 문제를 해결했습니다. 아브라함도 하나님의 음성을 듣고 순종하므로 믿음의 조상이 되었습니다. 모세도 모든 일을 독단으로 하지 않고 하나님께 기도하여 하나님께서 하라는 대로 순종하여 문제를 해결했습니다. 다윗이 이스라엘 나라를 통일 할 때도 독단으로 적을 공격하지 않고 하나님께서 치라는 명령을 듣고 행동하여 이스라엘 나라를 통일 했습니다. 하나님께서 하라는 대로 순종했다는 것입니다.

신약 성경에 보면 예수님께서도 독단으로 일을 하시지 않고 하나님의 뜻을 좇아 순종하셨습니다. 우리 자녀들에게 이렇게 알려주어야 합니다. 인생을 살아갈 때에 욕심을 가지고 오지랖이 넓게 여러 가지 일들을 만들지 말고, 하나님께서 하라는 대로 순종하면 인생을 성공한다는 것입니다. 무엇보다도 하나님의 음성을 듣고 순종하는 것이 중요하다는 것입니다.

그러므로 하나님께 그저 해달라고 기도만 해서는 우리 앞에 있는 문제가 해결이 되지를 않는 다는 것입니다. 하나님께서 지시하시는 대로 순종하고 행동하고 말할 때, 일이 이루어진다는 것입니다. 그러므로 성도는 무엇보다도 하나님의 음성을 듣는 것이 중요합니다. 기도도, 치유도, 성령세례도, 영성훈련도, 성경말씀을 공부하고 묵상하는 것도…. 모든 영적인 활동이 하나님의 음성을 바르게 듣고 순종하기 위해서 하는 것입니다. 하나님의 자녀이기 때문에 하나님의 음성을 듣고 행동해야 하는 것입니다. 하나님의 음성을 듣고 행동해야 세상을 이길 수가 있는 것입니다.

17장 긍정의 사람이 되게 하시는 하나님

(롬8:28)"우리가 알거니와 하나님을 사랑하는 자 곧 그 뜻대로 부르심을 입은 자들에게는 모든 것이 합력하여 선을 이루느니라"

하나님은 긍정의 사람과 함께 하십니다. 우리 자녀들이 어려서부터 긍정적인 사람이 되게 해야 합니다. 긍정의 사람이란 하나님을 믿는 믿음이 있는 사람입니다. 저는 항상 이렇게 말합니다. 아무리 어려운 문제가 있더라도 안 된다는 말을 하지 말라는 것입니다. 하나님이 함께 하시니 된다고 생각을 하고 기도하며 시작하면 반드시 이루어집니다.

저는 군대에서 23년간 생활을 했습니다. 부하들 중에도 긍정적인 사람이 있고, 부정적인 사람이 있습니다. 긍정적인 사람은 항상 된다는 사고를 가진 사람입니다. 무슨 임무가 주어져도 잘 해냅니다. 자연스럽게 윗분들에게 인정을 받게 됩니다. 전역을 해서도 좋은 직장에서 생활을 합니다.

그런데 부정적인 사람들은 전역해서도 앞길이 열리지를 않는 것을 봅니다. 그러므로 자신을 성공시키고 망하게 하는 것은 모두 자신 안에 있습니다. 어려서부터 긍정적인 습관을 갖게 하는 것은 무엇보다 중요합니다. 부정적인 사람은 매사를 자기 수준으로 보고 판단하여 '된다. 안 된다.'를 결정하기 때문입니다. 예수를 믿고 성령으로 거듭난 우리 자녀들은 하나님이 주인이십니다. 매사를 자신이 하는 것이 아니고 하나님이 하시는 것입니다. 된다고 생각을 해야 하나님께 기도할 수가 있습니다. 안된다고 생각하면 포기하기 때문에 기도하지 않습니다. 그래서 똑같이 예수를 믿어도 인생이 풀리는 사람이 있고, 인생이 꼬이는 사람이 있습니다.

우리 자녀들이 긍정적인 말을 매일 반복하여 하는 것이 성공으로 가는 이정표가 됩니다. 우리가 입술로 말한다는 것은 하나님의 역사를 풀어놓게 되는 것입니다. 잠언 16장 32절에 "자기의 마음을 다스리는 자는 성을 빼앗는 자보다 낫다고 했는데" 마음은 입술의 고백을 통해서 다스릴 수 있는 것입니다. 잠언서 4장 23절에 "모든 지킬 만한 것 중에 더욱 네 마음을 지키라 생명의 근원이 이에서 남이니라" 마음은 입술의 고백을 통해서 지킬 수가 있는 것입니다. 마음에 아무리 긍정적인 마음을 가지려고 해도 입술로 '나는 못한다.' '나는 안 된다.' '나는 할 수 없다.' '나는 죽는다.' '나는 병들었다'고 고백을 하면 그 마음은 사망의 세력에게 잡히는 것입니다.

마음이 아무리 답답하고 고통스러울지라도 입술로 고백을 긍정적으로 해야 합니다. 예수 그리스도의 십자가의 보혈로 말미암아 '나는 용서받은 사람이다.' '나는 의로운 사람이다.' '나는 성령이 같이 계신다.' '나는 건강한 사람이다.' '나는 복 받은 사람이다.' '나는 영생복락을 얻은 사람이다.' '나는 반드시 승리한다.'

'나는 아브라함의 복을 받았다.' '나는 영혼이 잘되고 범사에 잘되며 강건하며 생명을 얻되 넘치게 얻는 사람이다.' 자꾸 입술로 고백하면 그 믿음의 말을 들은 하나님이 마음을 감동하여 기적을 체험하게 하는 것입니다.

성경에 하나님을 믿으라, 누구든지 이 산들에 명하여 저 바다에 던지라 하고, 그 말하는 것이 이룰 줄 마음에 믿고 의심하지 아니하면 그대로 되리라. 말씀으로 믿음을 꽉 잡아 놓으면 그대로 이루어진다고 말한 것입니다. 우리 입술의 말이 씨가 되는 것입니다. 우리 자녀들이 하는 긍정의 말이 모두 이루어진다는 것을 믿어야 합니다.

첫째, 하나님과 관계를 열어라. 성경은 하나님과 관계가 열린 자가 절대 긍정적인 삶을 얻고 살아갈 수 있는 토대가 이루어진다고 말씀하고 있는 것입니다. 우리는 왜 하나님과 관계가 열려야 합니까? 하나님이 역사해야 모든 것이 이루어지기 때문입니다. 하나님과 관계가 열리려면 하나님을 사랑해야 합니다.

이 세상에 우리의 사랑을 요구하는 것이 너무나 많은데 천지와 만물을 지으신 하나님도 우리의 사랑을 원하시나요? 우리가 왜 하나님을 사랑해야 될까요? 자녀들은 부모를 사랑하는 것이 힘들지 않습니다. 부모가 나를 낳아서 길러주셨기 때문에 당연지사로 부모에 대한 사랑을 갖게 되는 것입니다.

이처럼 하나님은 우리를 지으셨기 때문에 지어주신 우리 하나님에 대한 당연한 사랑인 것입니다. 하나님께서 흙을 취하여 사람의 형상을 만드시고 생기를 불어넣어서 생령이 되게 해 주셨습니다. 아담의 후예인 우리들은 언제나 하나님의 손으로 지으심을 받은 것을 생각하고, 지음을 받은 자가 지은 자를 경외하고 사랑하는 것은 마땅한 일인 것입니다.

또한 우리가 하나님을 사랑해야 될 것은 하나님은 하나님을 배반하고 죄지은 우리를 구원하여 주셨기 때문인 것입니다. 요한복음 3장 16절에 보시다시피 "하나님이 세상을 이처럼 사랑하사 독생자를 주셨으니 누구든지 저를 믿으면 멸망하지 않고 영생을 얻으리라" 고 하셨습니다. 하나님은 일방적으로 우리를 사랑해 주셨고 사랑하고 있습니다. 하나님의 사랑을 받고 하나님을 사랑하는 사람이 되어야, 하나님이 모든 일에 우리를 붙들어 주심을 믿고 긍정적으로 살 수 있는 것입니다.

우리 자녀들이 하나님을 사랑한다면 하나님을 주인으로 모시는 데에 부족함이 없을 것입니다. 어떠한 일이 있어도 세상의 유혹을 뿌리치고 성수주일하고, 어떠한 유혹이 있을지라도 수입의 십일조를 하나님께 드려서 감사하고, 그리고 봉사의 수고를 마다하지 않을 것입니다. 공부에 집중하면서 자신의 역량을 키워갈 것입니다.

우리 자녀들이 아무리 수고하여 애를 써도 하나님이 지켜 주셔야 성공할 수 있는 것입니다. 하나님이 주인이 되어 성령으로 인도해야 모든 행사가 잘될 것입니다. 그러므로 우리 자녀들이 어려서부터 하나님께 마음을 드리고 기도하면서 지식과 지혜를 받으면서 하나님을 주인으로 모시는 삶을 살아서 하나님을 사랑하는 증거를 보이면 하나님은 말씀합니다. "나는 나를 사랑하는 자를 내가 사랑한다"고 그렇게 말씀하십니다. 하나님이 우리 자녀들을 사랑하시고 주인으로 계시면 우리 자녀들은 성령께서 훈련하시어 범사가 잘되는 자녀로 자라게 합니다.

둘째, 하나님은 긍정이십니다. 성경은 곧 그 뜻대로 부르심을 입은 자들이 하나님과 함께 하고 하나님이 언제나 긍정적으로 붙들어 주시는 것입니다. 부모의 뜻에 순종하는 자녀는 부모의 사랑과 복을 받으며, 남편의 뜻을 따르는 아내는 남편의 사랑과 귀여움을 받게 되는 것은 당연한 이치인 것입니다. 우리가 하나님의 뜻을 따라 살아야 하나님이 우리를 기뻐하시지 하나님의 뜻을 거역하고 하나님을 반역하고 하나님과 씨름하게 되면 하나님이 그 사람을 사랑할 수가 없지 않습니까?

그 뜻대로 부르심을 입는다는 것은 무엇입니까? 우리가 하나님의 뜻을 알고 그 뜻을 실천하는 것입니다. 하나님의 특별한 뜻을 알기 위해서는 하나님의 말씀을 평소에 늘 열심히 읽고 듣고 공부를 해야 하는 것입니다. 우리 자녀들이 기도하고 말씀을 묵상하여 안정된 심령이 되어 공부하게 해야 합니다. 그리고 우리가 기도 중에 깨달음을 통하여 하나님의 뜻을 알 수가 있는 것입니다. 우리가 이것이냐 저것이냐 알지 못해서 주님께 간절히 기도하고 있으면 갑자기 마음속에 깨달음이 다가오는 것입니다.

하나님의 성령이 우리의 마음속에 갑자기 우리가 기도하면 깨닫게 해 주십니다. 밝은 대낮같이 환하게 선악을 분별할 수 있게 해 주시는 것입니다. 또한 하나님은 꿈이나 환상을 통하여 우리에게 하나님의 뜻을 보여 줄 때가 있습니다. 그런데 이것은 아주 특별한 경우입니다. 평범한 일반 사람에게는 보여 주는 것이 아닙니다. 특별한 경우에는 하나님께서 꿈과 환상을 통하여 우리에게 하나님의 뜻을 보여 주실 때도 있습니다. 그러나 대다수의 사람들에게는 빌립보서 2장 13절에 있는 말씀대로 마음에 소원을 주시고 행하시는 것입니다. 하나님께서 우리의 마음에 소원을 주고 행하게 하시는 것입니다.

하나님의 일반적인 뜻은 데살로니가전서 5장 16절로 18절에 잘 기록되어 있습니다. "항상 기뻐하라! 쉬지 말고 기도하라! 범사에 감사하라! 이는 그리스도 예수 안에서 너희를 향하신 하나님의 뜻이니라" 일반적인 하나님의 뜻은 우리가 다 생활에 실천할 수 있는 것입니다. 우리가 기뻐할 수 없는 것도 늘 기뻐하고, 늘 크고 적은 일을 항상 하나님께 기도하고, 좋은 일에도 감사하고, 나쁜 일에도 감사하고, 모든 것을 합쳐서 감사하라고 말하고 있는 것입니다.

우리가 자꾸 위를 쳐다보니 감사하지 않지, 아래를 내려다보고 살면 감사할 일이 너무나 많은 것입니다. 이 세상에는 나보다 형편이 어렵고 고달픈 사람이 얼마나 많습니까? 우리 하나님께서 어떠한 사람을 기뻐하시느냐! 항상 마음에 기쁨을 가지는 사람인 것입니다. 하나님은 마음에 기쁨을 가지고 긍정적인 성도를 축복하시고 잠재력을 개발하게 하시어 사용하십니다.

셋째, 하나님의 뜻을 알고 살아라. 하나님의 뜻은 우리 자녀들이 모두 잘되고 성공하는 것입니다. 우리가 하나님의 뜻을 알고 그 뜻을 따라서 사는 이 사람들에게는 모든 것이 합력하여 선을 이룬다고 말한 것입니다. 우리의 삶에 다가오는 좋은 체험은 문제가 되지 않습니다. 좋은 것은 항상 좋습니다. 그러나 우리에게 다가오는 나쁜 것들조차도 합력하여 선이 된다는 것을 하나님이 말씀해 주고 있는 것입니다. 나쁜 것은 무엇일까요?

병드는 것과 학교에 낙방하는 것과 직업을 잃는 것과 사업에 실패하는 것과 승진에 누락되는 것과, 재물에 손해를 보는 것 등, 이러한 여러 가지 나쁜 일들이 다가오게 될 때, 그로 말미암아 낙심해서는 안 됩니다. 우리가 진실로 내 주위에 일들이 안됐다고 탄식하지 마십시오. 예수 안 믿는 사람이 잘못되는 것은 당연한 것입니다.

그러나 예수 믿는 사람은 하나님이 우리 인생을 우리 손에 잡고 섭리하고 계십니다. 하나님을 사랑하는 자 그 뜻대로 부르심을 입은 자들에게는 모든 것이 합력하여 선을 이루는 것입니다.

우리가 환난을 당하나 우리가 하나님께 의지하고 있으면 주님께서 언제나 끝이 좋게 만들어 주시는 것입니다. 합력하여 선을 이루는 섭리를 우리가 늘 믿어야 되는 것입니다. 하나님을 사랑하고 하나님의 뜻을 따라 살려고 애쓰는 사람은 눈을 들어 멀리 바라보고 희망과 긍정적인 자아상을 갖고 현실을 탄식하지 말아야 하는 것입니다. 그래야 긍정의 사람이 될 수가 있는 것입니다.

자신을 누구라고 생각하십니까? 자신에 대한 긍정적인 자아상을 확립하시기를 바랍니다. 최선의 삶을 살기 위해 긍정적인 자아상을 확립하는 것입니다. 자신이 정해놓은 변덕스럽고 거짓된 기준이 아니라, 하나님이 들려주시는 말씀에 따라 긍정적인 자아상을 개발하는 것입니다.

자신을 어떻게 보고 어떻게 느끼는가에 따라, 성공의 크기가 결정되고 성공 여부가 판가름 납니다. 자아상은 일종의 자화상이라 할 수 있습니다. 스스로 자신을 그린 그림인 셈입니다. 그런데 흥미로운 사실은 자아상이 자신의 진정한 모습보다는 자신에 대한 '시각'을 반영한다는 점입니다. 자신이 자신을 스스로 작게 만들어서 그대로 느끼고, 그대로 믿고 보고 행동하는 것입니다. 자신을 스스로 작게 만들어 열등의식에 사로잡힌 부정적인 성도가 되지 마시기를 바랍니다. 당신은 하나님 안에서 잠재력이 무한한 사람입니다. 자신을 스스로 누구라고 생각하십니까? 두말할 필요 없이 긍정적이고 건강한 자아상은 개인의 성공과 행복을 결정하는 핵심요소 중 하나입니다. 자기가 스스로 생각하는 자기 개념이 그토록 중요한 이유는 우리가 스스로 생각하는 대로 말하고 행동하고 반응한다는 데 있습니다. 심리학적 증거에 따르면, 우리의 행동은 자아상과 깊이 연결되어 있습니다.

우리는 마음에 품은 이미지 이상으로 성공할 수 없습니다. "나는 제대로 할 줄 아는 게 하나도 없어." "내가 그것을 어떻게 해" "나는 능력 있는 사람이 될 수 없어." "나는 되는 것이 하나도 없어" 이런 부정적인 자아상을 가진 사람의 대화 속에는 늘 이런 생각이 따라다닙니다. 이런 사람은 잠재력을 땅에 묻고 살아가는 사람입니다. 반면 하나님과 같은 시각으로 자신을 바라보는 사람은 만족한 삶을 살아갑니다. 이런 사람은 잠재력을 100%개 발하여 활용하는 사람이 됩니다.

자신이 하나님의 형상을 따라 창조되었고, 하나님이 자신에게 영화와 존귀로 관을 씌우셨음을 분명히 알기 때문입니다. 하나님이 주신 권세를 알기 때문입니다. 숨은 잠재력을 개발하기 위하여 자아상을 바꾸시기를 바랍니다. 누구든지 말씀과 성령의 역사로 거듭나면 자신의 자아상을 바꿀 수 있습니다. 그 방법은 이렇습니다. 먼저, 하나님의 의견에 동의하십시오. 하나님이 우리를 강하고 담대한 사람으로, 큰 영광과 용기가 있는 성도로 보고, 기대하다는 사실을 명심하시기 바랍니다. 하나님은 우리를 이방나라 왕보다도 큰 자로 여기십니다. 믿으셔야 합니다.

이런 하나님의 시각으로 자신을 바라보시기 바랍니다. 변명의 따위는 이제 그만하고 믿음으로 나아가 하나님이 명령하신 일을 행하시기를 바랍니다. 모세는 히브리 백성 2백만 명 이상을 애굽의 노예 상태에서 구해냈습니다. 그 후 히브리 백성은 광야를 넘어 젖과 꿀이 흐르는 가나안 땅의 국경에 도착했습니다. 그렇게 그들은 약속의 땅, 즉 하나님이 마련해 주신 '가나안땅'을 눈앞에 바라보며 장막을 쳤습니다. 문제는 그 가나안에 강하고 큰 사람이 살고 있다는 것이었습니다.

힘든 싸움이 되리라고 예상한 모세는 전투에 앞서 적을 알고 지형을 파악하기 위해 12명의 정탐꾼을 가나안 땅으로 보냈습니다. 6주 후에 정탐꾼들이 정보를 입수하여 돌아왔습니다. 일단 그들 모두의 입에서 반가운 소식이 나왔습니다. "우리가 듣던 대로 정말 훌륭한 땅입니다." 그런데 그 다음 소식은 영 부정적이었습니다. "하지만 그 땅에는 기골이 장대한 거인들이 있더군요. 그들에 비하면 우리는 스스로 보기에도 메뚜기 떼에 지나지 않습니다." 여기에서 "스스로 보기에도"에 주목하자. 그들 앞에 놓인 적과 장애물에 비해 그들의 자아상은 너무나 작고 초라했습니다. 힘이 없어보였습니다. 그들은 적이 몰려오기도 전에 스스로 무력하게 쓰러지는 불쌍한 메뚜기 떼와 똑같았습니다. 스스로를 나약하게 만들어 그 이론에 자신이 사로잡혀 자신이 망가지고 쓰러지고 있는 것입니다.

하지만 나머지 두 정탐꾼, 여호수아와 갈렙의 보고는 완전히 달랐습니다. 분명히 정탐하고 온 땅은 똑같았는데 여호수아와 갈렙은 마치 다른 땅을 다녀온 것처럼 말했습니다. "모세, 우리는 충분히 그 땅을 차지할 수 있습니다. 물론 거기에 무시무시한 거인들이 사는 것은 사실입니다. 하지만 그들은 하나님이 계시지 안 습니다. 우리는 천지만물을 초자연적으로 섭리하시는 하나님이 계십니다. 우리와 함께하는 하나님은 그들보다 훨씬 크십니다. 우리는 하나님이 계시기에 우리는 할 수 있습니다. 어서 가서 그 땅을 차지합시다." 이 얼마나 위대하고 담대한 믿음입니까? 우리는 여호수아와 갈렙 같은 사람이 되어야 합니다. 우리도 할 수 있습니다. 우리가 강해서가 아니라 우리의 주인이신 하나님이 대단히 강하시기 때문입니다. 우리는 스스로 나약하고 부족하다고 포기하여 하나님의 큰 능력을 체험하지 못할 수 있습니다.

하나님은 우리에게 완벽을 요구하지 않습니다. 하나님은 우리가 부족한지 잘 아십니다. 우리가 하나님의 방식으로 자신을 보려면 자신의 내면에 있는 가치를 제대로 알아야 합니다. 자신의 내재 가치를 판단할 때는 자신이 얼마나 많은 성과를 거두었는지, 남이 나를 어떻게 대하는지, 내가 얼마나 인기 있고 성공했는지를 기준으로 삼지 말아야 합니다.

오직 우리가 지극히 높으신 하나님의 아들이라는 사실에 근거하여 자신의 가치를 평가해야 합니다. 절대로 다른 사람이나 조직이나 환경 때문에 우리의 가치를 평가절하하지 마시기를 바랍니다. 누군가에게 학대받고 이용당한 쓰디쓴 아픔이 있습니까? 좋은 친구가 아무런 이유 없이 등을 돌리는 바람에 외톨이가 된 기분입니까? 어렸을 적에 학대당한 후 죄책감과 수치 속에 살아왔습니까? 과거에 일어난 모든 나쁜 일이 자신의 잘못 때문인 것 같습니까? 그래서 자기 스스로 상심과 고통, 죄책감, 자기비하속에 살아 마땅한 사람이라 여기지는 안 습니까? 또 과거에 실패했기 때문에 또 실패할 것이라는 패배감을 가지고 계십니까? 이것은 모두 우리를 망하게 하는 마귀의 계략이고, 헛되고 잘못된 자신의 낮은 자존감에서 나오는 자신의 나약한 생각입니다. 하나님이 창조하신 그대로 자신을 받아들이고 기뻐하는 일이 중요합니다. 하나님이 원하시는 축복된 삶을 제대로 누리고 싶다면 현재 자신의 모습이 맘에 들어야 합니다. 자신을 사랑할 줄 모르는 사람은 남도 사랑하지 못합니다.

그러므로 남을 사랑하기 위한 출발점은 하나님이 창조하신 그대로 자신을 사랑하는 것입니다. 하나님이 창조하신 그대로 자신을 사랑하시기를 바랍니다. 빌립보서 2장 13절에 있는 말씀대로 마음에 소원을 주시고 행하시는 것입니다. "너희 안에서 행하시는 이는 하나님이시니 자기의 기쁘신 뜻을 위하여 너희로 소원을 두고 행하게 하시나니" 하나님의 기쁘신 뜻을 우리에게 소원으로 가르쳐 주시는 것입니다. 하나님은 우리의 가치를 잘 아십니다. 우리가 전능하신 하나님의 형상을 따라 지음을 받았다는 사실을 항상 되새기시기를 바랍니다. 하나님이 우리에게 영화와 존귀로 관을 씌우셨으며, 우리는 하나님의 걸작 품임을 잊지 말시기 바랍니다.

우리 안에 수억 원의 가치가 있는 잠재력과 하나님이 계시다는 것을 잊지 마시기를 바랍니다. 희망은 언제나 우리 안에 있습니다. 하나님은 우리에게 자기가치를 회복하라고 말씀하십니다.

다윗은 "나를 기가 막힐 웅덩이와 수렁에서 끌어 올리시고 내 발을 반석 위에 두시고 새 노래를 내 입에 두셨도다."라고 고백했습니다. 하나님은 우리 마음에 새로운 희망의 노래를 두고자 하십니다. 우리가 상상하는 것보다 훨씬 많이 우리를 사랑하시며, 우리의 무너진 꿈을 아름다운 꿈으로 소망의 꿈으로 바꿔주십니다.

나와 남의 차이를 인정하시기 바랍니다. 많은 사람이 만족하지 못하는 주된 이유는 자신을 남과 비교하기 때문입니다. 절대로 남과 비교하지 마시기를 바랍니다. 자기 재능이나 능력, 교육 수준을 남과 비교하는 것은, 자기 배우자를 남의 배우자와 비교하는 것처럼 어리석은 행동입니다.

이런 비교는 우리의 기쁨을 빼앗아 갑니다. 남의 눈치 보지 말고 자신만의 길을 가시기를 바랍니다. 하나님은 우리 각자를 위한 특별한 계획을 갖고 계십니다. 그래서 남에게 통하는 방법이 꼭 내게 통하는 것은 아닙니다. 하나님은 우리 각자에게 소명대로 일할 수 있는 은혜를 주셨습니다. 하지만 남을 모방하려는 노력은 좌절로 이어지기 쉬우며, 아까운 시간과 정력을 낭비하는 행동에 불과합니다. 절대로 남이 하는 것 모방하여 따라가려는 사람은 머리가 되지 못합니다. 항상 남의 뒤만 따라가는 사람이 됩니다.

심지어 하나님이 예비하신 복을 놓칠 수도 있습니다. 우리는 누구도 따라갈 필요가 없습니다. 우리는 각자 자신만의 경주를 하며 하나님 안에서 독특한 존재로 살아가면 됩니다. 하나님은 우리 각자에게 하나님이 주신 달란트와 소명대로 일할 수 있는 은혜를 주셨지, 남이 하는 대로 따라하라고 말씀하시지 않았습니다. 하나님은 사람을 의지하고 따라가는 자를 별로 좋아하지 않습니다.

자신만의 인생의 경주에서 하나님의 뜻을 따라 최선을 다하면 자신감은 저절로 생깁니다. 모두 내안에서 나만의 잠재력을 발견하여 그것을 개발하여 하나님을 기쁘시게 하시기를 바랍니다.

이렇게 내가 하나님의 뜻을 알고 이루려고 노력하면 우리의 마음에 소원이 일어납니다. 이런 소원을 통해서 하나님은 당신의 뜻을 보여 줄 때가 많이 있습니다. 대다수의 사람들은 기도할 때 마음에 소원을 통하여 하나님의 분명한 뜻을 보여 주실 때가 많이 있습니다. 내가 아무리 가려고 해도 하나님이 그 길을 막으시고 내가 생각지 않은 길을 열어 놓습니다. 내가 또 생각지 않은 사람을 만나서 그 사람의 인도를 받게 됩니다.

이처럼 우리 예수 믿는 사람은 나타나는 환경에도 깊은 관심을 기울여야 합니다. 하나님은 우리에게 환경을 통하여 인도할 때가 많습니다. 하나님은 예수 믿는 성도들은 인도하십니다. 여러분 우리가 기도를 할 때, 마음에 소원을 통하든지, 우리 주위 환경에 변화를 통해서, 우리에게 하나님이 깨달음을 허락하여 주셔서 이 길로 가라 하나님의 뜻을 보여 주시는 것입니다.

그 뿐 아니라 우리들은 하나님의 뜻을 알려고 늘 노력을 해야 합니다. 주님의 뜻이 무엇인가 이해하기 위해서 평소에 우리가 늘 애쓰고 노력해야 하는 것입니다. 주님의 뜻을 분별하기 위하여 노력하시기를 바랍니다. 하나님을 사랑하고 하나님의 뜻을 따라 살려고 애쓰는 사람은 눈을 들어 멀리 바라보고, 희망과 긍정적인 생각을 갖고 현실을 탄식하지 말아야 하는 것입니다.

이러므로 형통한 날에는 기뻐하고 곤고한 날에는 생각하며 모든 것을 합동하여 유익하게 해 주실 하나님을 생각하고 오히려 기뻐하고 기도하고 감사할 줄 알아야 하는 것입니다. 하나님은 모든 것이 합력하여 선을 이룬 것을 알게 되는 것입니다.

요셉은 형들에게 팔려 종으로 가고 10년 동안 고생해서 잔뼈가 다 으스러졌으나 한번은 보디발의 아내에게 참소를 당하여 감옥에 들어가고 감옥에서 해가 지고 해가 뜨도록 3년 동안 고통을 당하고 모든 것이 절망이었습니다. 그러나 그가 낙심하지 않고 하나님을 의지하고 있으니 나중에 요셉은 애굽 나라 국무총리로 발탁되어 애굽에서 그 당시 전 중동을 호령하고 다스릴 수 있게 된 것입니다.

야곱은 그 아들 모든 자녀들을 데리고 애굽으로 내려가서서 야곱이 죽고 난 다음 형들이 두려워해서 요셉에게 와서 간구할 때에 요셉은 이렇게 말했습니다. "그 형들이 친히 와서 요셉 앞에 엎드려 가로되 우리는 당신의 종이니이다."

요셉이 그들에게 "두려워 마소서 내가 하나님을 대신하리이까. 당신들은 나를 해하려 하였으나 하나님은 그것을 선으로 바꾸사 오늘과 같이 만민의 생명을 구원하게 하시려 하셨나니 당신들은 두려워 마소서 내가 당신들과 당신들의 자녀를 기르리이다 하고 그들을 간곡한 말로 위로하였더라," 여기에 요셉이 깨달은 하나님의 오묘한 진리를 보십시오.

"당신들은 나를 해하려 하였으나 하나님은 그것을 선으로 바꾸셨나이다." 우리에게 해하려고 다가오는 모든 것조차도 하나님은 오히려 선으로 바꾸어 준다는 것을 알아야만 하는 것입니다. 하나님께서 우리의 주인으로 일하시고 계시니까, 아무리 좌절과 절망의 밤이 어두워도 눈물 젖은 눈으로 새벽을 바라볼 줄 알아야 하는 것입니다. 하나님이 찬란한 희망이 떠오르게 하시기 때문인 것입니다. 겨울이 가면 봄이 오고, 봄이 가면 여름이 오고 여름이 가면 가을이 오게 되는 것입니다. 지금 영육 간에 문제로 생활이 엄동설한에 있을 지라도 이 겨울이 가면 봄이 와서 이 어름을 녹이고 만다는 믿음을 가지시기를 바랍니다.

하나님이 하시는 일에는 언제나 첫물보다 끝물이 좋습니다. 우리 보기에는 나쁘게 시작했던 것이라도 끝은 좋게 마무리되기 때문인 것입니다. 이러므로 하나님을 사랑하는 자 곧 그 뜻대로 부르심을 입은 자들에게는 모든 것이 합력하여 선을 이루므로 우리는 어떠한 환경 속에서도 절대 긍정을 가져올 수가 있는 것입니다. 절대 절망에서도 절대 긍정을 가질 수 있는 것은 하나님이 우리와 함께 계시기 때문인 것입니다.

18장 말의 창조적 능력을 알게 하시는 하나님

(히 11:1)"믿음은 바라는 것들의 실상이요 보이지 않는 것들의 증거니"

우리의 영성은 생각을 다스려야 되는 것입니다. 말은 마음과 생각을 통해서 나오기 때문입니다. 다윗이 위대한 인물이 된 것은 마음과 생각을 다스렸기 때문인 것입니다. 다윗은 모든 이스라엘 백성들이 우리는 못한다. 골리앗을 이길 수가 없다. 그는 장사다. 장군이다. 그렇게 말할 때 다윗은 초립동이었습니다. 17살쯤 되는 소년이었는데 그렇게 안했습니다. 다윗은 "그는 몸집만 컸지 그는 하나님과 관계가 없는 사람이다. 우리는 하나님과 언약 맺은 백성이다. 하나님이 우리와 같이 계신다. 우리는 골리앗을 이길 수가 있다. 하나님이 우리와 같이 계신다." 하나님 보태기 다윗을 생각했습니다.

이스라엘 백성은 사울 왕으로부터 시작해서 모든 군인들이 나 보태기 나입니다. 내가 나의 주인으로써 나 보태기 나로써 골리앗을 바라보니까 도저히 상대가 안 되게 크다 말입니다. 골리앗은 장군 같으면 우리는 메뚜기같이 보인다고 그렇게 말할 정도인 것입니다. 그런데 다윗은 언제나 나 플러스 하나님입니다. 그러므로 "나와 하나님이 함께 계시므로 하나님의 눈으로 보니까 덩치만 컸지 저것은 고깃덩어리에 불과하다. 나는 덩치가 적지만 하나님이 같이 계신다." 그래서 골리앗을 보고 "너는 칼과 창과 단창으로 나오거니와 나는 네가 무시하는 이스라엘의 하나님 만군의 여호와의 힘을 의지하고 나오느니라." 그렇게 말한 것입니다.

우리 자녀들이 세상에 나가서 만물을 볼 때 "나 플러스 나로써만 보면 뭐합니까? 뭘 잘합니까? 백만장자입니까? 권력이 있습니까? 청춘이 있습니까?" 환경을 감당할 수가 없는 것입니다. 그러나 "나 플러스 하나님으로 하면 할 수 있거든이 무슨 말이냐 믿는 자에게는 능치 못하심이 없느니라. 할 수 있다. 하면 된다. 해보자. 하나님이 같이 계시기 때문이다." 그렇게 말할 수 있지 않습니까? 우리 자녀들이 지금 자리에 앉아있는데 플러스 누구와 같이 앉아있는가 생각하는 것 아주 중요합니다. 하나님 같이 앉아 계세요? 그러면 보통 사람이 아닙니다. 실제로 나 플러스 하나님을 말씀하십시오. 한번 따라 말씀하세요. 나는 하나님이 함께 계신다. 하나님과 함께 인생을 바라보고 사물을 바라보고 환경을 바라보면 긍정적이고 적극적이고 창조적이 될 수가 있는 것입니다. 생각을 다스려야 되는 것입니다.

사무엘상 17장 34절로 35절에 보면 "다윗이 사울에게 말하되 주의 종이 아버지의 양을 지킬 때에 사자나 곰이 와서 양 떼에서 새끼를 물어 가면 내가 따라가서 그것을 치고 그 입에서 새끼를 건져내었고 그것이 일어나 나를 해하고자 하면 내가 그 수염을 잡고 그것을 쳐죽였나이다" 사자와 곰도 내가 죽였는데 할례 받지 못한 하나님과 언약이 없는 골리앗을 두려워할 리 어디가 있습니까? 아예 바라보는 척도가 다르고 말이 다른 것입니다.

사무엘상 17장 45절에 보면 "다윗이 블레셋 사람에게 이르되 너는 칼과 창과 단창으로 내게 나아오거니와 나는 만군의 여호와의 이름 곧 네가 모욕하는 이스라엘 군대의 하나님의 이름으로 네게 나아가노라" 아~ 대장군이 엄청난 무장을 하고 기세당당하게 다가오는데 조그마한 17살짜리 소년이 쳐다보고서 "이 고깃덩어리야 너는 덩치만 컸지 아무것도 아니다. 나는 만군의 여호와의 이름을 가지고 나가노라." 그러니까 골리앗이 다윗을 보고 웃었습니다. 상대로 욕을 할 정도도 못돼요. 주먹만 하니까. 그러니까 골리앗이 말하기를 "야 이놈아, 내가 개인 줄 알고 부지깽이를 들고 나오느냐." 우리가 종종 시골에서 자랄 때 개가 자꾸 부엌에 들어와서 설렁거리면 어머니가 부지깽이를 들고 와서 때리면 개가 깨갱깨갱하면서 뛰어나갑니다. 골리앗이 그것이 생각이 난 것입니다. 그러니까 다윗이 나갈 때 지팡이 하나 들고 나가니까 "이놈아! 내가 강아지인줄 알고 부지깽이 들고 나오느냐? 너를 당장 죽여서 공중의 새와 땅의 짐승의 밥으로 만들겠다." 그러나 골리앗은 자기 혼자 그렇게 하겠다는 것입니다.

그러나 다윗은 나는 소년이지만 "만군의 여호와 이름을 가지고 나가노라."하나님 이름을 가지고 나가니까 하나님 능력이 같이 하신 것입니다. 자신이 아무것도 아니라고 생각하지 마십시오. 우리 자녀들이 아무것도 아니면 하나님께서 예수를 믿게 하지도 않았습니다. 아무것도 아닌 것 주님께서 사랑하고 구원하려고 합니까. 우리 자녀들은 하나님을 사랑하는 사람인 것입니다. 하나님이 자녀들과 대화를 하기 위해서 불러내어 빼어낸 사람들인 것입니다. 사람들은 별 수 없이 불렀는지 모르겠지만 하나님은 자녀들을 대단하게 보고 계신 것입니다. 하나님은 자녀들을 필요로 하고 있는 것입니다. 하나님은 사랑이신지라. 사랑은 사랑할 수 있는 대상이 있어야 되는 것입니다. 자녀들이 바로 하나님이 사랑하는 대상이 되는 것입니다. 하나님이 필요로 하고 있습니다. 하나님과 함께 하는 것입니다. 그러므로 우리 자녀들이 어려서부터 절대로 나 혼자 이 세상에 있다고 생각하지 말도록 해야 합니다.

그 다음에는 또 생각을 깊이 하게 되면 꿈을 꾸게 되는 것입니다. 내가 돈 벌 생각을 자꾸 하면은 돈 벌 꿈을 꾸게 되지요. 건강한 생각을 자꾸 하게 되면 운동을 꿈꾸게 되는 것입니다. 먹을 것을 자꾸 생각하면 먹을 꿈을 꿉니다. 생각을 하게 되면 꿈을 꾸게 되는 것입니다. 밥 생각을 하게 되면 어떤 밥을 먹을지 꿈을 꾸는 것입니다. 그러므로 상상과 꿈을 성경은 이끌어내서 성령이 역사하는 것입니다. 성경은 꿈이 없는 백성은 망한다고 말했고 네 입을 넓게 열라 내가 채우리라고 말씀하신 것입니다. 꿈을 채워 주시는 것입니다. 사람이 마음에 꿈이 없으면 내일이 없습니다. 꿈이 있으면 내일을 계획하지만 꿈이 없는 사람은 내일을 계획하지 않습니다.

하나님이 꿈이 없는 사람하고는 같이 안합니다. 해봤자 내일이 없는 것이 무엇을 합니까? 꿈이 없는 사람은 입만 딱 벌리고 있지만, 꿈 있는 사람은 눈이 또렷또렷합니다. 눈알을 보면 눈이 또렷또렷합니다. 내일이 있은 사람인 것입니다. 하나님 말씀을 열심히 읽고 기도하면 모두 다 꿈을 꾸게 되는 것입니다. 예수님의 십자가 보혈을 믿고 의지하는 사람은 영혼이 잘되고 범사가 잘되고 강건한 내일이 꿈꾸게 되고 그것이 이루어지게 되는 것입니다. 여하간 마음에 소원을 가지고 사십시오. 소원이 꿈입니다. 소원을 결정적으로 마음에 가지고 바라보고 있으면 그것이 꿈이요, 꿈이 있는 백성은 망하지 않습니다. 그리고 그 하나님이 꿈을 이루어주시는 것입니다. 꿈을 계속해서 마음에 꾼다는 것은 굉장히 중요한 것입니다.

그리고 우리는 마음속에 의심을 자꾸 하고 의심 때문에 하나님이 역사 안 할 줄로 생각하는데 그렇지 않습니다. 모든 사람에게 의심이 다 생깁니다. 의심이 없이 믿는다는 것은 거짓말입니다. 의심이 다 생겨요. 의심이 있기 때문에 예수님께서 의심하지 아니하면 그렇게 말했습니다. 의심하지 아니하면 그 말 할 필요 없습니다. 그런데 항상 알아야 될 것은 너희에게 겨자씨 한 알만한 믿음만 있으면 그 말 하는 것은 다른 나무들은 씨가 많습니다. 그러나 겨자씨 하나를 보면 씨가 굉장히 적은데 믿음이 겨자씨만한 믿음만 있어도 하나님은 충분하다는 것입니다. '의심투성이 속에서 겨자씨 한 알만한 믿음만 있어도 된다.' 믿음에 마음속에 없이 의심 투성이라도 겨자씨 한 알만한 믿음만 있으면 오케이입니다. 그것만 붙잡아도 하나님이 돌보아 주시는 것입니다.

겨자씨 한 알만한 믿음만 있으면 그것을 붙잡고 매달리면 하나님의 역사가 일어나는 것입니다. 겨자씨 한 알 보고도 산이 바다로 던지면 된다고 했으니까 보통 힘이 있는 것이 아닙니다. 믿음은 힘이 굉장히 강합니다. 적은 겨자씨 믿음이 굉장히 힘이 강한 것입니다. 그러므로 상상과 꿈을 가질 뿐 아니라, 믿음을 마음속에 가지고 그로 행세하면 큰 역사가 일어나는 것입니다. 환경의 변화의 씨앗이 바로 믿음인 것인데 그 믿음을 가졌으면 그 믿음을 가지고 말을 해야 돼요. 혀를 가만히 내버려두지 말고 조그마한 믿음이라고 있으면 믿음을 자꾸 말을 해야 되는 것입니다. 나는 믿습니다. 됩니다. 발전이 있습니다. 좋은 일이 일어납니다. 그 믿음을 기초로 해서 자꾸 말을 하면 그 믿음이 승리의 바람을 일으키는 것입니다.

"카네기 인간관계론"으로 유명한 데일 카네기는 성공한 사람들일수록 하지 않는 말 세 가지가 있다고 지적했습니다. 그것은 "없다"는 말을 하지 않고 "잃어버렸다"는 말을 하지 않고 "한계가 있다"는 말을 안 한다는 것입니다. 믿음의 사람, 성령의 사람은 '없다'는 말 대신 "하나님께서 나의 필요를 채워주실 것"이라고 말합니다. '재산을 잃어버렸다'라고 말하는 대신에 '하나님께서 회복시킬 것'이라고 말합니다. 내 능력은 이것 밖에 안 된다고 한계를 설정하기보다 '믿는 자에게 능치 못하심이 없다'고 말한다는 것입니다. 믿음의 사람에게는 초자연적으로 역사하고 계시는 하나님이 함께 하시기 때문에 패배가 있을 수 없습니다. 그러나 매사에

할 수 없다고 하는 사람은 육의 사람으로 마귀의 올무에 걸려 패배하고 마는 것입니다. 하나님의 자녀답게 크고 담대한 자화상을 가지시기를 바랍니다. 그리하여 하나님이 예비해놓은 복을 다 소유하시기를 바랍니다.

민수기 14장 2절과 28절에 보면 이스라엘 자손이 10명의 정탐꾼의 부정적인 보고를 듣고 "이스라엘 자손이 다 모세와 아론을 원망하며 우리가 애굽 땅에서 죽었거나 이 광야에서 죽었으면 좋았을 것을 여호와의 말씀에 내 삶을 두고 맹세하노라" 한번 따라 말씀하세요. "너희 말이 내 귀에 들린 대로 내가 너희에게 행하리니" 하나님이 너희 말이 내 귀에 들린 대로 내가 행하겠다는 것입니다. 아무도 안 듣는 것 같은데 지금 듣고 계시는 분이 있습니다. 하나님이 듣고 계세요. 하나님이 긍정적인 말을 들었으면 그대로 행하시고 부정적인 말을 들으시면 그것도 그대로 행하시는 것입니다.

신약성경에는 더 쉽게 말했습니다. 무엇이든지 땅에서 매면 하늘에서 매이리라. 땅에서 풀면 하늘에서 풀리리라고 말했습니다. 하나님은 땅에서 매고 푸는데 뭘 가지고 매고 풉니까? 입술의 말로써 매고 푸는 것입니다.

그러므로 하나님이 긍정적이고 적극적이고 창조적인 말을 듣도록 해야 되는 것입니다. 우리 자녀들이 "내 영혼이 잘됨같이 내가 범사에 잘되고 강건하기를 내가 간구하노라." 이 말씀을 자꾸 말하면 하나님이 오냐, 들었다. 들었다. "네 믿음대로 될지어다."

그렇게 말씀해 주시는 것입니다. 그렇기 때문에 쓸데없는 말 하지 말고 긍정적이고 적극적이고 창조적인 말을 자꾸 하게 하시기를 바랍니다. 그러면 그 말을 한 자체가 장난으로 하는 것이 아니라, 겨자씨만한 믿음이 있기 때문에 하는 말입니다. 전혀 안 믿으면 그런 말 안 해요. 하나님이 들으시고 그대로 이루어 주시는 것입니다.

말은 창조적인 힘이 있는 것입니다. 그렇기 때문에 하나님께서 정 도와주고 싶은 사람은 한 가지 말을 계속하게 했습니다. 어떻게 하면 말을 계속하게 할 수 있을까요? 하나님은 이름을 바꿈으로 그 한 가지 말을 계속하도록 하신 것입니다. 아브람을 하나님이 축복해 주셔서 아브라함, 많은 민족의 조상. 자식이 없는 집안이니까 자식이 많게 하기 위해서 너는 아브람이 아브라함으로 이름을 바꾼다. 많은 민족의 조상이다. 너의 아내는 사래가 아니라 사라다. 많은 자식의 여주인이다. 우리 한국에서는 집안에서 부부가 서로 이름을 안 부르잖아요. 우리 집사람이 날보고 요셉아 안 그럽니다. 저도 우리 집사람 보고 인순아 그렇게 말 안합니다. 그런데 서양 사람들은 그렇지 않아요. 자기 부부간에 서로 이름을 부릅니다. 부부가 결혼했으면 친구이니 아내가 남편이름을 부르고, 남편이 아내이름을 부릅니다.

아브라함도 사람들 안에서 살면서 이름을 바꿨으니까 많은 민족의 조상이요, 많은 자식의 여주요. 그렇게 불렀다 말입니다. 이웃 사람들이 듣고 자식이 없어 너무 애를 태우더니 기어코 미첫구나. 자식이 없는 남편을 자식이 많은 아버지라고 부르고 자식이 없는 여자를 자식이 있는 부인으로 불렀구나. 그러나 하나님이 이름을 바꾸어 주었기 때문에 하루에도 수십번 이름을 그렇게 불렀다 말입니다. 없는 것을 있는 것같이 부르는 것이 믿음인 것입니다. 따라 말씀하세요. "없는 것을 있는 것같이 부르는 것이 믿음이다." 없는 자식을 있는 자식같이 부르니까 나중에 이삭을 낳았고, 야곱을 낳았고, 열두 자녀들 낳았고, 오늘날 이스라엘 백성이 두 부부 사이에서 태어난 것입니다. 그와 같이 이름을 바꾸는 것 이것이 하나님이 말을 계속해서 복을 받게 하는 길을 열어준 것입니다.

창세기 17장 5절, 15절로 16절에 보면 "이제 후로는 네 이름을 아브람이라 하지 아니하고 아브라함이라 하리니 이는 내가 너를 여러 민족의 아버지가 되게 함이니라 하나님이 또 아브라함에게 이르시되 네 아내 사래는 이름을 사래라 하지 말고 사라라 하라 내가 그에게 복을 주어 그가 네게 아들을 낳아 주게 하며 내가 그에게 복을 주어 그를 여러 민족의 어머니가 되게 하리니 민족의 여러 왕이 그에게서 나리라" 말을 종종하는 것이 효과가 없다면 하나님이 이름을 바꾸면서까지 이렇게 말을 종종하시도록 하실까요? 그렇지 않습니다. 반드시 효과가 없습니다. 야곱을 이스라엘로 만드신 하나님을 보십시오. 야곱이라는 말은 사기꾼이라는 말입니다. 꾀를 많이 부리고 사기를 치는 것이 야곱인데 이스라엘은 하나님과 씨름해서 이긴 자니까. 하나님과 씨름해서 이겼다면 엄청난 복을 받은 사람인 것입니다.

창세기 32장 24절로 28절에 "야곱은 홀로 남았더니 어떤 사람이 날이 새도록 야곱과 씨름하다가 자기가 야곱을 이기지 못함을 보고 그가 야곱의 허벅지 관절을 치매 야곱의 허벅지 관절이 그 사람과 씨름할 때에 어긋났더라 그가 이르되 날이 새려하니 나로 가게 하라 야곱이 이르되 당신이 내게 축복하지 아니하면 가게 하지 아니하겠나이다 그 사람이 그에게 이르되 네 이름이 무엇이냐 그가 이르되 야곱이니이다 그가 이르되 네 이름을 다시는 야곱이라 부를 것이 아니요 이스라엘이라 부를 것이니 이는 네가 하나님과 및 사람들과 겨루어 이겼음이니라"

축복을 이름을 바꾸어 주어서 내린 것입니다. 그러므로 이름을 처음에 지을 때 잘 지어야 돼요. 이름을 잘못 지어 놓으면 사람들이 그 이름을 부르니까 그 이름이 그 사람에게 영향력을 미치는 것입니다. 개똥이라고 이름을 지으면 내내 개똥이에요. 개똥, 소똥, 사람 똥, 똥은 다 생각이 나거든요. 이름은 우리 평생에 제일 많이 부르고 쓰지 않습니까? 하나님은 우리 자녀들이 필요한 축복을 그 말을 계속하므로 이루어지는 것입니다. 우리가 예수를 믿고 교회에 나오면 축복을 받는 것은 하나님은 축복의 하나님이라고 자꾸 말하고 기도하기 때문입니다.

"하나님 아버지! 오늘도 영혼이 잘됨같이 범사에 잘되며 강건하게 하여 주옵소서." 그것이 축복이 되는 것입니다. 말로써 축복을 하고 말로써 저주를 하는 것이기 때문에 우리 자녀들이 항상 축복의 말을 입에서 떠나지 않게 하는 것이 중요한 것입니다. 신약성경에도 예수님께서 갈대를 반석으로 변화시킬 때 시몬을 베드로로 이름을 바꾼 것입니다. 시몬이라는 것은 바람에 날리는 갈대와 같은 것입니다. 고기잡이를 하던 시몬은 동네 사람들이 시몬, 갈대라고 불렀는데 예수님이 그를 보고 너는 갈대가 아니라 시몬이 아니라 베드로다. 반석이다. 사람들이 다 비웃고 안 믿었습니다만 훗날에 성령 받고 난 다음 그 시몬이 반석이 된 것입니다. 예수님이 빌립보 가이사랴 지방에서 제자들에게 너희는 나를 누구라 하느냐. "시몬 베드로는 주는 그리스도시오 살아계신 하나님의 아들이시니이다." 예수님이 이르시되 "바요나 시몬아 네가 복이 있도다. 이를 네게 알게 한 이는 혈육이 아니요, 하늘에 계신 내 아버지시니라. 또 내가 네게 이르노니 너는 베드로라. 내가 이 반석 위에 내 교회를 세우리니 음부의 권세가 이기지 못하리라." 시몬을 베드로로 부른 이상 그가 나중에 베드로가 된 것입니다.

　바울선생이 얼마나 위대한 인물입니까? 그러나 굉장히 교만한 사람이었습니다. 산헤드린 회원이요, 가장 좋은 대학을 나왔고 학위를 가졌고 존경을 받는 사람이어서 나는 사울이다. 사울은 제일이라는 말입니다. 잘났다. 유명하다. 그렇게 했는데 그가 예수님을 만나고 난 다음에 깨어져서 변화를 받게 되자 바울로 바꿨습니다. 바울은 겸손하다. 낮다. 순종하고 따른다. 겸비한 사람이다. 그 이름을 바꾸어서 사울로 부리지 않고 바울로 한 평생 겸손하게 하나님 앞에 행했던 것을 볼 수 있는 것입니다. 잘난 자 사울이 낮은 자 바울로 변화된 것입니다. 교회를 박해하고 율법의 의미로 흠이 없는 자였으나 다멕섹 도상에서 그리스도의 음성을 듣고 회심한 후 복음을 전하는 겸손한 주의 일꾼이 된 것입니다.

우리가 성경에 사람이 마음으로 믿어 의에 이르고 입으로 시인하여 구원에 이른다고 말한 것입니다. 입으로 시인하는 것 중요합니다. 믿으면 의로움은 얻었지만 아직 구원은 받지 못했습니다. 내가 입술로 고백을 해야 구원을 받는 것입니다. 입술로 고백하는 것이 그렇게 중요한 것입니다.

마가복음 7장 26절로 30절에도 수로보니게 여인이 자기 딸에게서 귀신 쫓아내 주기를 간구할 때 주님께서 자녀로 배불리 먹게 해주지 개에게는 떡을 안준다고 말했습니다. 이방인 여자니까. 그러니까 수로보니게 여자가 뭐라고 말했습니까? 옳소이다. 그러나 개들도 밥상에서 떨어지는 부스러기는 주워 먹습니다. 예수님이 네 믿음이 크도다. 이 말을 했으므로 귀신이 네 딸에게서 나갔느니라. 말 한마디 잘해서 귀신이 딸에게서 나간 것입니다. 여자가 주여 옳소이다마는 상 아래 개들도 아이들이 먹던 부스러기를 먹나이다. 이 말을 하였으니 돌아가라. 귀신이 네 딸에게서 나갔느니라. 집에 돌아와 보니까 귀신이 나가고 만 것입니다.

그러므로 자기의 생각과 꿈을 생성하며 환경 창조에 기여하는 것이 말인 것입니다. 말을 통해서 생각이 밖으로 나타나며 꿈을 뚜렷이 나타나게 해서 환경이 그로 말미암아 형성되는 것입니다. 말을 하는 것이 굉장히 중요합니다. 그러므로 말을 잘해야 합니다. "말이 생각을 풀어놓고, 꿈을 풀어 놓고, 믿음을 풀어놓고, 창조적인 능력을 풀어 놓는다. 그냥 보통 것이 아니다." 말이 씨를 맺습니다. 한번 따라 말씀하세요. "말이 생각을 풀어 놓는다. 꿈을 풀어 놓는다. 믿음을 풀어 놓는다. 창조적인 힘을 풀어 놓는다." 이런 것을 풀려 나가서 자신이 바라는 것이 이루어지는 것입니다.

그리고 말하는 대로 생각이 나타나는 것이고, 말하는 대로 꿈이 나타나는 것이고, 말하는 대로 믿음이 나타나는 것이고, 말하는 대로 창조 역사가 나타나는 것입니다. 그리고 마귀하고 싸우는데도 말로써 싸워야 하는 것입니다. 마귀를 그냥 딱 쳐다보고 있다고 해서 마귀가 나가는 것이 아닙니다. 주님께서 "내가 네게 뱀과 전갈을 밟으며 원수의 모든 세력을 제어할 능력을 주었으니 너를 해할 자가 결단코 없으리라"고 했는데, 마귀를 보고 예수 이름으로 명하노니 사탄아 물러가라! 말을 해야 되는 것입니다. 말을 안 하고 그냥 있으면 마귀는 안 나가요. 말로써 명령을 해야 되는 것입니다. 매일같이 아침에 일어나서 "사탄아 물러가라! 나에게 훼방하지 말라." 저녁에 자기 전에 "원수 마귀야 물러가라! 나에게 붙은 마귀는 떠나갈지어다." 무슨 일을 할 때도 마음에 중심이 안 잡히면 "원수 마귀야 훼방하지 말고 물러가라!" 말로써 명령하면 떠나가는 것입니다. 말로써 마귀와 싸우는 무기가 되는 것입니다.

"믿는 자들에게는 이런 표적이 따르리니 곧 그들이 내 이름으로 귀신을 쫓아내며 새 방언을 말하며 뱀을 집어올리며 무슨 독을 마실지라도 해를 받지 아니하며 병든 사람에게 손을 얹은즉 나으리라"(막 16:17~18). 그 모든 것이 말을 통해서 역사하기 때문에 말이 그렇게 중요한 것입니다. 예수님께서는 십자가 안에서 우리를 그의 자녀로 삼으시고 복된 이름으로 바꾸어 주셨습니다. 십자가 이전에는 죄인인데 십자가를 통하고 난 후에는 나는 믿음으로써 용서받은 의인이 되었다. 우리 자녀들의 이름은 용서받은 의인인 것입니다. 용서받은 거룩한 사람이 되었습니다. 치료받은 건강한 사람이 된 것입니다. 축복받은 부자가 된 것입니다. 천국 영생의 자녀가 된 것입니다.

하나님께서는 우리의 자녀들을 볼 때 변화된 사람으로 보고 있는 것입니다. 그러므로 자신의 이름이 이렇게 달라진 것을 꼭 이해해야 되는 것입니다. 한번 따라 말씀하세요. "나는 용서받은 의인이다. 거룩한 사람이다. 치료받은 사람이다. 축복받은 사람이다. 영생을 얻은 사람이다." 하나님이 볼 때 그렇게 달라진 자신을 보시고, 이름이 그렇게 달라진 것입니다. 우리는 예수 믿고 그냥 종교를 가진 사람이 아닌 것입니다. 근본적으로 달라진 것입니다. 우리 자녀들이 달라진 하나님의 자녀답게 창조적인 말을 하면서 살아가도록 지도해야 합니다. 말의 권세에 대하여 좀 더 알고 싶은 분은 "말의 권세를 사용하라"를 참고하시기를 바랍니다.

19장 축복기도 받는 것을 즐기게 하시는 하나님

(민 6:22-27)"여호와께서 모세에게 말씀하여 이르시되 아론과 그의 아들들에게 말하여 이르기를 너희는 이스라엘 자손을 위하여 이렇게 축복하여 이르되 여호와는 네게 복을 주시고 너를 지키시기를 원하며 여호와는 그의 얼굴을 네게 비추사 은혜 베푸시기를 원하며 여호와는 그 얼굴을 네게로 향하여 드사 평강 주시기를 원하노라 할지니라 하라. 그들은 이같이 내 이름으로 이스라엘 자손에게 축복할지니 내가 그들에게 복을 주리라"

우리 자녀들이 예수님의 이름으로 축복 안수를 받으면 영육의 축복을 받게 된다는 것입니다. 하나님의 축복은 하나님에게 축복을 받은 사람을 통하여 전이됩니다. 제가 누누이 말을 했습니다만, 성령이 역사하는 교회 시대인 현시대나 구약 시대를 막론하고 하나님의 축복은 하나님에게 축복을 받은 사람을 통하여 전이가 됩니다. 우리는 축복을 전이 하는 사람을 만나야 합니다. 사람 잘 만나는 축복을 받아야 합니다. 하나님의 축복을 전이 시키는 사람이 있다는 것입니다. 반대로 자신만 하나님의 축복을 받고 전이 시킬 수가 없는 사람도 있습니다. 이는 절대로 하나님의 주권에 해당되는 것입니다. 하나님의 축복을 받아 전이키는 사람은 하나님이 정하신다는 것입니다.

기름부음으로 말한다면 오늘의 기름부음을 받은 사람입니다. 현재 진행형으로 하나님의 축복을 나누어 주는 사람입니다. 이 사람은 항상 하나님과 친밀한 관계가 되어야 가능합니다. 성령의 음성을 들으면서 사역을 하는 사람입니다. 깊은 영의기도가 열려 하나님과 같은 영의 상태에 들어가 하나님의 음성을 듣고 행동하는 사람입니다.

우리 자녀들이 어려서부터 목사님의 축복기도를 즐겨 받는 자녀가 되게 해야 합니다. 성령의 기름부음이 있는 목회자에게 어려서부터 축복안수를 받으면 영육으로 축복받는 자녀가 됩니다. 성령으로 충만하여 혈통으로 내려오는 영적인 문제가 치유됩니다. 내적인 상처가 치유됩니다. 안수를 받으면 받을수록 영이 맑아집니다. 우리 교회에서 매주 토요일 날 하는 개별집중 치유를 받은 아이들이 영적인 문제와 육적인 문제가 치유되어 영육으로 강건하고 지혜로운 아이들이 됩니다.

저는 성도들에게 주기적인 영적진단을 받으라고 권면합니다. 그런데 영적진단을 어려서 받으면 영육의 문제가 미리 해결이 되니까. 어른이 되어서 불필요한 고통을 당하지 않습니다. 자녀가 영적인 체질로 변합니다. 성령의 역사를 알고 체험하는 체험적인 신앙을 추구하게 됩니다.

반대로 어려서 안수를 받지 않는 자녀들은 고등학생만 되어도 목사님의 안수를 받지 않으려고 합니다. 저의 충만한 교회와 같이 성령의 역사가 일어나는 교회를 가노라면 무섭다고 앉아 있지를 못합니다. 거의 대부분의 아이들이 그러는 것은 아닙니다. 가정이 우상을 많이 숭배하고 영적으로 혼택한 가정의 자녀들에게 두려움의 현상이 일어납니다.

그런데 어릴 때 그런 영적인 문제를 치유하지 않으면 나이가 들어서 반드시 정신적인 고통이나 영적인 고통을 당합니다. 부모님들이 우울증이나 정신적인 문제와 영적인 문제로 고생했다면 반드시 자녀들도 동일한 고통을 당합니다. 자녀들이 성장해서 자신과 같은 고통을 당하지 않게 하려면 우리 충만한 교회와 같이 성령으로 충만하여 주일 예배 시에도 안수를 해주는 교회에 등록하여 믿음 생활을 하는 것이 좋습니다.

부모님들이 우울증이나 정신적인 문제와 영적인 문제로 고생한 분들이 대략 이런 생각을 가지고 있습니다. 교회만 다니면 믿음이 있고 문제가 해결이 되는 줄로 착각을 하고 지냅니다. 그런데 자신이 당하던 문제는 반드시 성령의 깊고 강한 역사가 있어야 떠나갑니다. 그냥 교회에 다닌다고 절대로 떠나가지 않습니다.

속지 말고 미리 예방하시기를 바랍니다. 미리 예방하지 않고 있다가 성장하여 자신과 동일한 문제로 고통을 당하게 되면 그때야 치유를 받게 하려고 합니다. 그런데 때는 늦었습니다. 완전하게 치유되는데 시간이 많이 걸립니다. 자신의 혈통에 우울증이나 정신적인 문제와 영적인 문제로 고생한 분들이 있다면 미리 예방하는 것이 좋습니다. 예방하는 방법이 어릴 때부터 매주일 안수를 받게 하는 것입니다. 그러면 절대로 부모와 동일한 고통을 당하지 않게 됩니다. 하나님의 축복을 전이 받으려면 다음과 같은 영적인 원리를 알고 적용해야 합니다.

첫째, 하나님은 질서의 하나님이라는 것입니다. 절대로 영적인 질서를 지키신다는 것입니다. 축복의 통로를 명확하게 하신다는 것입니다. 우리는 하나님의 축복의 통로가 되려고 영적인 노력을 해야 합니다.

본문의 핵심은 하나님의 축복을 받은 자가 축복할 수 있고, 그 축복을 하나님의 대리권자로서 축복을 명할 수 있다는 것입니다. 하나님의 일을 하는 사람이라도 아무나 축복을 전이 시킬 수가 없다는 것입니다. 곧 제사장인 아론과 그의 아들들도 모세로부터 축복을 위임받아 이스라엘 백성들을 축복하게 하였습니다. 이것이 하나님께서 명하신 축복에 대한 영적 질서입니다.

특히 애굽에서 총리가 된 요셉은 현실상 직책이 국무총리로서 높은 자였지만, 자기 자식에게 축복을 명할 수 있는 축복을 받지 못했기 때문에 자신의 두 아들인 므낫세와 에브라임에게 축복 받게 하기 위하여 야곱에게로 데리고 갔습니다(창48:1-6). 요셉은 하나님으로부터 축복을 전이 받은 아버지 야곱만이 축복을 전이 시킬 수가 있다는 것을 알았기 때문입니다.

이렇게 볼 때에 하나님의 축복은 아무나 전이 시킬 수가 없다는 것으로 이해할 수가 있습니다. 우리는 하나님의 축복의 통로를 알고 따라갈 수 있는 영성이 무엇보다도 중요합니다. 하나님이 명한 사람만이 하나님의 축복을 전이 시킬 수가 있기 때문입니다. 이는 목사님들도 아무나 축복기도 한다고 축복이 전이 되지 않는 다는 뜻도 됩니다. 현재 목회를 하시는 목사님들도 하나님의 축복을 받아 전이 시키는 목사님이 계신다는 것입니다.

또 하나님의 축복은 받았지만 전이 시키지 못하는 목사님도 계시는 것입니다. 성도가 하나님의 축복을 전이 시키는 목회자를 만나는 것은 해변 모래사장에서 단추를 찾는 것과 같이 어려울 수가 있습니다. 그러나 하나님이 하락하시면 보다 쉽게 찾을 수도 있습니다. 그렇다고 목사님들에게 축복안수를 받는 것을 꺼려하지 마시기를 바랍니다. 하나님의 축복을 전이 시킬 권능이 없는 목사님에게 축복안수를 받아도 하나님이 허락하시면 축복을 받기 때문입니다.

둘째, 하나님께서는 아브라함을 축복하시고, 그 아브라함이 이삭을 축복하게 하였습니다. 이삭은 야곱을 축복하게 하였습니다. 야곱은 열두 아들을 축복함으로 하나님의 선민 이스라엘을 이루었습니다. 하나님의 축복은 반드시 축복 받은 자에 의해서 축복하게 하여 그 축복의 역사를 세상에 표현되게 하여 자신이 복의 근원이라는 사실을 알리시는 분이십니다.

특히 하나님은 자신이 명한 축복을 한 사람에게서만 머무르게 하시는 것이 아니라, 그 축복이 자손들에게까지 이어져 가도록 역사함으로 하나님은 항상 축복을 역사하시는 축복의 근원이심을 증거하고 계십니다.

그러나 성령이 역사하는 교회 시대를 살아가는 성도들은 성령이 자신의 영 안에 임재하여 계시므로 예수 이름으로 축복을 전이 시킬 수가 있습니다. 성령=축복이기 때문입니다. 그러므로 자신의 자녀들에게 축복 안수를 하여 축복을 전이 시킬 수가 있다는 것입니다. 저는 가장들이 자녀들에게 축복 안수를 하라고 합니다. 자신이 하나님에게 받은 축복을 자녀들에게 전이 시키는 것입니다. 가장인 나는 하나님에게 축복을 받았다는 믿음을 가지고 담대하게 자녀들에게 축복 안수를 합니다.

문제는 아버지의 축복 안수를 받으며 자란 아이들이 영육 간에 건강하게 자란다는 것입니다. 저는 우리 아이들은 초등학교 다닐 때부터 아침마다 축복안수를 했습니다. 결과는 모두 바른 신앙을 가지고 공부 잘하여 앞길을 열어가고 있다는 것입니다. 어디를 가나 곱게 자랐다고 칭찬을 듣고 있습니다. 가장들이여 자녀들에게 매일 아침 축복 안수를 하시기를 바랍니다. 조금만 관심을 가지면 할 수가 있는 것입니다. 관심이 중요합니다. 할 수만 있다면 목사님들로부터 축복기도를 많이 받는 것입니다. 저는 우리 교회 성도들의 아이들에게 매주 축복기도를 해줍니다. 목사님들로부터 축복기도를 받으면서 자란다는 것은 축복 중에 축복입니다.

1) 므낫세와 에브라임의 축복(창48:1-6). 므낫세와 에브라임은 요셉의 아들인데도 요셉은 자신의 아들들을 축복하지 못하고 야곱에게로 데리고 갔습니다. 그 이유는 자신에게는 아버지(야곱)에게서 물려받은 축복권이 없었기 때문이었습니다. 그래서 자신의 아들인데도 그 아들에게 축복할 수 있는 권리가 없기 때문에 요셉은 하나님의 축복을 이어받은 야곱에게 자기의 아들들을 데리고 간 것이었습니다. 야곱은 에서와 다르게 하나님의 축복을 아버지(이삭)에게서 물려받은 축복 권이 있는 사람이었습니다(창27:26-30).

야곱은 형 에서를 뒤로하고 아버지 야곱으로부터 축복을 받았습니다. 축복은 하나님에게 축복을 받은 자에게서 전이되고 흐르는 것입니다. 그래서 야곱은 므낫세와 에브라임을 보면서 요셉에게 "이들 후의 네 소생이 네 것이 될 것이다(창48:6)"라고 말했습니다. 곧 야곱에 의한 축복을 받은 후 탄생한 아들들만이 자신의 소유로 축복할 수 있다는 뜻입니다. 그래서 야곱의 축복을 전수받기 전에 태어난 요셉의 아들들은 야곱의 축복 안수를 받은 후부터 비로소 야곱의 소유라는 것입니다. 다시 말해서 가나안 루스 땅에서 하나님의 축복을 받은 야곱은(창48:3), 그 복에 따라 열두 아들들을 얻었기 때문에 요셉이 낳은 아들들은 야곱의 복으로 인해 탄생된 자들이기에 야곱의 것이라는 것입니다.

그런데 여기에서 한번 생각해보고 넘어가야 하는 부분이 있습니다. 축복안수 할 때 우수와 좌수의 관계입니다. 성경에 보면 요셉이 므낫세와 에브라임을 야곱에게 데리고 갔습니다. 데리고 가서 형 므낫세는 좌측에 세우고, 동생 에브라임은 우측에 세웠습니다. 이유는 눈이 어두운 야곱이 축복안수를 할 때 형 므낫세는 우수를 얹고, 동생 에브라임은 좌수를 얹도록 자리를 위치한 것입니다. "오른손으로는 에브라임을 이스라엘의 왼손을 향하게 하고 왼손으로는 므낫세를 이스라엘의 오른손을 향하게 하여 이끌어 그에게 가까이 나아가매"(창48:13). 그런데 야곱이 손을 엇바꾸어 얹어 요셉이 생각한 반대로 축복안수를 합니다. "이스라엘이 오른손을 펴서 차남 에브라임의 머리에 얹고 왼손을 펴서 므낫세의 머리에 얹으니 므낫세는 장자라도 팔을 엇바꾸어 얹었더라"(창48:14). 이를 본 요셉이 그 아버지가 오른손을 에브라임의 머리에 얹은 것을 보고 기뻐하지 아니하여 아버지의 손을 들어에브라임의 머리에서 므낫세의 머리로 옮기고자했다고 기록되어있습니다. 그러나 아버지 야곱이 자신도 안다하면서 그대로 축복안수를 했습니다(창48:17-20).

이렇게 축복 안수시 우수와 좌수는 서열을 나타내는 중요한 요소라는 것입니다. 그러므로 우리가 축복안수를 할 때 아무렇게나손을 얹고 축복안수를 하면 안 된다는 것입니다. 반드시 성령의음성을 듣고 성령께서 감동하시는 대로 손을 얹어 축복 안수를 해야 한다는 것입니다. 이처럼 요셉이 애굽 땅에서 므낫세와 에브라임을 낳았듯이 우리들도 애굽과 같은 이 땅에 오신 예수 그리스도로 말미암아 탄생된 므낫세와 에브라임 같은 존재들입니다.

그러나 하나님께서는 우리를 배척하지 않으시고 예수 그리스도로 말미암아 태어난 우리들을 하나님의 소유로 인정하고 축복하시는 것입니다. 예수를 믿어 성령이 영 안에 들어오심으로 하나님의 축복을 받은 성도들이라는 것입니다. 이것이 아들에 대한사랑의 표현인 것입니다.

2) 육신적 계보와 영적인 계보. 세상의 눈으로 보면 므낫세와에브라임은 요셉의 아들이지만, 영적 계보로 보면 야곱의 것인것입니다. 이 사실을 요셉도 잘 알고 있었습니다. 현실적으로는야곱은 늙고 병든 모습이었고, 요셉은 대국의 국무총리로서 대단한 위치에 있지만, 야곱만이 하나님의 축복권이 있는 자이기 때

문에 요셉은 자신의 두 아들을 야곱에게로 데리고 가서 축복을 받아야 합니다. 세상적인 지위는 요셉이 높았어도 하나님의 축복은 하나님의 축복을 받은 자만이 줄 수 있기 때문입니다.

신앙적인 적용으로 우리들도 육적인 계보로 보면 세상 사람의 아들들이지만, 영적인 계보로 보면 예수 그리스도를 믿음으로 하나님의 아들들이 되는 것입니다. 그래서 축복받은 자의 씨로서 축복하는 자에게 축복을 받을 권리가 있는 것입니다.

요셉으로 말미암아 그의 아들들이 야곱의 축복을 받았듯이 우리는 예수 그리스도로 말미암아 하나님의 축복을 받는 것입니다. 예수를 믿는 우리는 하나님의 축복을 받을 권리를 가진 성도들입니다. 하나님으로부터 기름부음을 받은 성직자로부터 하나님의 축복을 전이 받을 수 있는 권리가 있습니다.

셋째, 축복권이 없는 사람은 상대를 축복할 권리가 없습니다. 곧 하나님의 축복을 명할 수 있는 권리를 위임받지 못한 자는 절대로 남을 축복할 수 없는 것입니다. 저의 개인적인 소견으로 축복의 권리는 현재 성령이 역사하는 교회시대를 살아가는 성도들은 반드시 성령으로 세례를 받은 성도만이 축복권이 있다고 생각합니다. 그래서 타종교 교주나 무당들은 절대로 인간을 축복하며 행복하게 할 권리가 없기 때문에 사기꾼인 것입니다. 예를 들어서 결혼할 때 한국은 사회적으로 이름 있는 저명인사를 주례로 세워 신랑신부를 축복하지만, 미국에서는 반드시 목사를 주례로 세워 신랑신부를 축복하게 합니다. 그것은 목사만이 합법적으로 하나님의 축복을 명할 수 있는 대리권자라는 것입니다.

우리도 이를 명심해야 합니다. 하나님으로부터 축복 권을 위임받은 사람만이 축복을 전이 시킬 수가 있다는 것입니다. 그래서 가장은 자신의 자녀들을 축복 할 수가 있는 것입니다.

창세기에 나오는 두 사람을 비교하면 이렇습니다.

요셉 : 세상 적으로는 명성을 쌓고 출세를 했어도 축복권이 없었습니다.

야곱 : 세상 적인 주권은 없었어도 하나님의 축복권이 있었습니다. 야곱은 비록 양식이 없어서 애굽에 왔지만 자신이 가진 축복 권으로 당당히 바로 왕을 축복했습니다(창47:10).

> (창47:7-10)"요셉이 자기 아버지 야곱을 인도하여 바로 앞에 서게 하니 야곱이 바로에게 축복하매 바로가 야곱에게 묻되 네 나이가 얼마냐 야곱이 바로에게 아뢰되 내 나그네 길의 세월이 백삼십 년이니이다 내 나이가 얼마 못 되니 우리 조상의 나그네 길의 연조에 미치지 못하나 험악한 세월을 보내었나이다 하고 야곱이 바로에게 축복하고 그 앞에서 나오니라"

지금도 세상적인 지위는 높지만 축복권이 없을 수 있다는 것입니다. 반대로 세상 적인 주권은 없어도 하나님의 축복권이 있을 수 있다는 말입니다. 반드시 하나님으로부터 축복 권을 받아야 축복할 수가 있다는 말입니다.

하나님의 축복은 하나님의 질서와 법에 따라 움직입니다. 하나님 → 모세 → 아론 → 아론의 아들들(축복권을 위임하여 백성들에게 하나님의 축복을 명하게 함)의 관계처럼 하나님의 축복을 받은 자만이 하나님의 축복을 명할 수 있습니다.

1) **사울왕**. 아말렉과의 전쟁에서 이기고도 사무엘의 축복을 이어 받지 못해 망하는 자가 되었습니다. 사무엘의 말대로 하지 못한 것은 지도자로서의 축복을 받지 못했기 때문입니다. 아울러 우리들이 하나님의 말씀대로 살아갈 수 있다면 그 자체가 축복이며 능력인 것입니다.

2) **다윗왕**. 하나님의 축복을 받은 사실을 증거 함으로 하나님의 복을 나누는 자가 되었습니다. 출애굽 당시 가나안 전쟁 때를 보면 열두 지파의 족장들은 반드시 여호수아에게 권리를 위임받고 전쟁에 나아갈 수 있었습니다.

교회에서도 참된 지도자는 바리새인들처럼 전통적인 방법과 의식에 의해 지도자로 선출 되는 것이 아니라, 하나님의 축복을 받은 자로서 그 권리를 위임받아 교인들을 축복할 권리가 있는 자가 지도자인 것입니다. 저의 짧은 견해로는 하나님의 축복을 받은 자는 성령으로 기름부음을 받은 자라고 생각을 합니다.

오늘의 기름부음을 받은 목회자가 축복을 전이시킬 수가 있다는 것입니다. 성령으로 기름부음을 받으려면 반드시 성령으로 세례를 받아야 합니다. 그리고 성령이 하시는 말씀을 들을 줄 아는 지도자가 되어야 성령이 시시각각 지시하시는 명령대로 축복을 전이 할 수가 있기 때문입니다.

그런데 문제는 아무나 축복한다고 축복을 받는 것이 아니라는 것입니다. 축복은 하나님이 승인해야 자신의 것이 되는 것입니다. 아무나 축복 안수를 받았다고 당장 축복을 받는 것이 아닙니다. 반드시 하나님의 원하시는 수준이 되어야 비로소 하나님이 축복을 풀어놓아 주시는 것입니다. 우리는 무엇보다도 하나님이 원하시는 영육의 수준이 되려고 노력을 해야 합니다.

저에게 많은 장로님이나 목사님들이 질문을 합니다. 신령한 분들에게 예언을 받을 때 당대에 거부가 된다고 예언을 들었는데 지금 나이가 65세인데 거부가 안 되는데 이유가 무엇이냐고 질문하는 분들이 있습니다. 이는 당대에 거부가 될 영육의 수준이 되지 않았기 때문에 하나님이 미루시는 것입니다.

언제든지 하나님이 원하시는 영육의 수준이 되면 당대에 거부가 되는 축복을 풀어주십니다. 우리는 막연하게 축복 안수를 받았으니 가만히 있어도 축복을 받는다는 생각을 접어야 합니다. 부단하게 기도하여 영성훈련을 하여 하나님의 마음에 합한자가 되려고 노력을 해야 합니다.

이는 아브라함을 보면 알 수가 있는 것입니다. 하나님은 아브라함을 하나님의 시간표에 맞추어 훈련을 시키셨습니다. 성경이 말하는 시간에는 두 종류가 있습니다. '크로노스' '카이로스'입니다. 그러므로 우리가 시간성을 따질 때 크로노스에만 집착할 것이 아니라, 하나님의 카이로스에도 관심을 가져야 합니다.

어떤 약속은 먼 것 같지만 우리가 하나님의 뜻에 순종하고 준비되어 있으면 생각보다 빨리 이루어질 수 있고 어떤 약속은 가까운 것 같지만 불순종하고 준비되어 있지 않으면 마냥 질질 끌기만 합니다.

예언 사역자인 그래엄 쿡은 "하나님은 (성취의) 시기가 아니라 (인격의) 성장을 측정하신다"고 말했습니다. 원래 하나님은 출애굽한 백성들의 광야 훈련으로 일 년으로 예정하셨지만 그들이 번번히 불순종한 결과 그들은 40년 동안 광야에서 쳇바퀴 도는 생활을 하다가 멸망해갔습니다.

하나님은 아브라함이 75세 일 때 말씀을 주셨습니다(창 12:1-5). 그가 가나안 땅에 도착했을 때 하나님은 두 번째 말씀을 주셨습니다(창 12:7). 이것은 첫 번째 말씀에 대한 확인이라고 할 수 있습니다. 세 번째 말씀은(창 13:14-17) 첫 번째 말씀을 재 강조하신 말씀입니다. 그는 그 후 83세에 네 번째 말씀(창 15장)을 받았고 99세에 다섯 번째 말씀을 받았습니다(창 17장). 이때 그는 '너는 내 앞에서 행하여 완전하라'는 말씀을 받습니다.

하나님은 또한 우리에게 주신 말씀이 이루어져 가는 동안 우리를 하나님의 사람으로 변화시키십니다. 우리가 그 말씀이 이루어지기를 사모하고 기도하며 기다리는 동안 하나님의 사람으로 변해 가는 것입니다. 그리고 하나님이 원하시는 그릇으로 준비되었을 때 비로소 그 말씀이 이루어집니다. "그러므로 누구든지 이런 것에서 자기를 깨끗하게 하면 귀히 쓰는 그릇이 되어 거룩하고 주인의 쓰심에 합당하며 모든 선한 일에 예비함이 되리라"(딤후 2:21).

기다리는 기간은 사람에 따라 그릇에 따라 다릅니다. 미래에 대한 말씀이 이루어지기까지 아브라함은 25년을 기다렸고, 모세는 40년을 기다렸고, 요셉은 13년을 기다렸고, 다윗도 13여 년을 기다렸습니다. 더군다나 하나님은 힘든 일이나 장애물에 대해서는 잘 말씀해주시지 않습니다. 하나님은 요셉에게 형제들과 부모가 자기에게 절하는 꿈을 보여주셨지만 앞으로 어떤 장애가 놓여있다는 말씀은 해주시지 않았습니다.

비록 하나님은 다윗이 청소년일 때 왕으로 기름 부으셨지만 앞으로 어떤 고난이 닥쳐올 것인가에 대해서는 전혀 언급하시지 않았습니다. 그 꿈을 이루어 가는 동안 그들은 하나님이 원하시는 합당한 그릇으로 준비되고 연단되어 갔습니다.

그리고 요셉처럼 하나님의 은혜로 인해 세상적으로는 출세한 것 같았어도 참된 축복을 받기 위해 하나님의 축복권이 있는 야곱의 앞으로 나아간 것처럼, 날마다 하나님의 축복권을 가지신 예수 그리스도 앞으로 나아가 축복을 위임받고, 내 가족과 이웃을 축복할 수 있는 자가 복의 근원이신 하나님과 연합된 사람인 것입니다. 이러한 축복의 권한이 항상 우리에게 함께 하시기를 소원합니다. 자녀들에게 할 수만 있으면 담임목사님의 축복안수기도를 많이 받게 하세요. 축복 안수, 능력안수는 쌓입니다. 축복안수와 능력안수를 받으면 받을 수 록 아이에게 역사하는 육성이 없어집니다. 지혜로운 아이가 됩니다. 영육과 정신이 건강한 아이가 됩니다. 자녀가 성령으로 충만하여 안정한 심령이 되어 공부도 잘합니다.

20장 인간향한 하나님의 뜻을 알게 하시는 하나님

(요삼 1:2)"사랑하는 자여 네 영혼이 잘됨 같이 네가 범사에
잘되고 강건하기를 내가 간구하노라"

하나님의 뜻은 예수를 믿는 우리의 자녀들이 세상에서 성공하기를 원하시는 것입니다. 자녀들이 세상에서 성공하는 것이 하나님의 뜻이라는 말입니다. 우리에게 예수님을 보내주신 것도 성공하고 잘되게 하려고 하신 일입니다. 성경 66권을 주신 것도 우리 자녀들이 성공하게 하려고 주신 것입니다. 성령을 보내 주신 것 역시 우리가 성공하게 하려는 하나님의 뜻입니다. 우리 자녀들에게 하나님에 대하여 바르게 알도록 해야 합니다. 예수를 믿는 것이 축복이라는 것을 이해하게 해야 합니다.

우리 자녀들이 예수님과 교회에 대하여 잘못알고 있는 경우도 있습니다. 예수님을 믿고 교회 생활을 하는 것이 시간을 허비하는 일이라고 생각하는 자녀도 있습니다. 이는 절대로 시간을 낭비하는 일이 아닙니다. 우리가 예수를 믿었다는 것은 하나님의 자녀가 된 것입니다. 땅에 속한 사람들이 하늘에 속한 사람으로 바뀐 것입니다. 예수를 믿음으로 우리에게 주어지는 축복을 적자면 지면이 부족할 정도입니다.

우리의 생명은 예수님과 면밀하게 연결되어 있습니다. 예수님이 우리 위해서 죽었으므로 이 예수의 죽음을 우리는 걸머져야만

하는 것입니다. 예수님이 인간의 죄와 질병과 저주와 절망과 지옥을 짊어지셨습니다. 예수님이 우리를 위해서 십자가에서 걸머졌으니 그 걸머진 십자가를 내가 누려야 합니다. 그러면 예수님의 생명이 나에게 주어지는 것입니다. 예수님의 용서와 의, 거룩함, 성령 충만, 치료, 건강, 축복, 생명, 영원한 희망 모두 다 내 것으로 주어지게 되는 것입니다. 그러므로 예수의 죽으심과 부활은 우리와 일치가 되어야만 우리의 소유가 되는 것입니다.

바울은 고린도예수인들에게 우리가 항상 예수의 죽음을 몸에 짊어짐은 예수의 생명이 우리 몸에 나타나게 하심이라고 했습니다. 예수님이 우리의 삶에 나타나기 위해서는 십자가를 누려야 한다고 가르치고 있는 것입니다. 예수님의 죽음이 있는 곳에 부활의 생명이 있습니다. 예수님의 죽음이 없는 곳에는 예수님의 부활의 생명도 없습니다. 그러므로 기독교 복음이란 항상 예수의 죽음에 따라서 부활의 생명이 주어지는 것입니다. 예수 죽음 내 죽음, 예수 부활 내 부활, 예수 천국 내 천국, 예수 영생 내 영생. 예수와 나와 이처럼 하나가 되어 있는 것입니다.

미국의 목사이자 신학자이며 대 각성운동을 주도했던 조나단 에드워즈는 예수님의 구속은 두 가지 목적을 성취하였다고 말했습니다. 첫째는, 예수님이 우리 죄를 대신 갚으심으로 하나님의 뜻을 이루시고 하나님을 기쁘시게 했다는 것입니다. 둘째는, 예수님은 아담 이후 잃었던 인류의 신분을 되찾아 주셨다는 것입니다. 그래서 믿는 자마다 하나님의 자녀가 되고 하늘나라의 상속자가 되었다고 말했습니다. 우리의 삶에 예수님의 생명이 나타나기 위해서는 우리는 항상 십자가를 걸머져야만 하는 것입니다. 그러므로 우리는 자녀들에게 그리스도의 죽음을 통해서 하나님이 우리에게 주신 은혜를 바르게 알게 해야 되겠습니다.

첫째, 십자가에서 주신 영혼의 구속의 은혜를 생각해 보아야 되겠습니다. 아담과 하와가 하나님께 반역하고 죄를 짓고 타락하므로 그 영혼이 죽었습니다. 창세기 2장 16절로 17절에 "여호와 하나님이 그 사람에게 명하여 이르시되 동산 각종 나무의 열매는 네가 임의로 먹되 선악을 알게 하는 나무의 열매는 먹지 말라 네가 먹는 날에는 반드시 죽으리라" 선악과와 따먹었을 때 아담과 하와는 하나님의 명령대로 영적 죽음을 가져왔고 하나님과 분리되고 만 것입니다.

그러므로 아담과 하와는 생명을 잃어버렸습니다. 영혼이 하나님으로부터 버림을 받았기 때문에 아무리해도 인간의 힘과 능으로 하나님께 되돌아갈 수 없고 하나님과 대화할 수가 없습니다. 누가 우리를 이 죽음에서 건져줄 수 있습니까? 우리의 힘과 능력으로는 하나님과 화해할 수 없습니다. 하나님과 우리와 화해할 수 있는 길은 인간의 힘으로는 찾을 수가 없습니다. 그런데 하나님의 아들 예수님이 오셔서 우리의 죄와 불의, 추악, 저주, 절망, 죽음을 대신 짊어지고 십자가에 올라가서 몸찢고 피흘려 죽으심으로 단번에 우리의 죄를 청산해 버리고 만 것입니다.

예수님이 요한복음 19장 30절에 보면 내가 "다 이루었다 하시고" 운명하셨습니다. 예수님의 십자가를 통하여 우리를 구원하는 역사를 다 이루신 것입니다. 베드로전서 3장 18절에 보면 "그리스도께서도 단번에 죄를 위하여 죽으사 의인으로서 불의한 자를 대신하셨으니 이는 우리를 하나님 앞으로 인도하려 하심이라 육체로는 죽임을 당하시고 영으로는 살리심을 받으셨으니" 예수님이 육으로는 죽음으로 우리의 구원을 단번에 이루신 것입니다. 질질 끌지 않으셨습니다. 10년, 20년 걸리지 않았었습니다. 내가 다 이루었다 하실 때 단번에 우리의 죄와 불의, 추악과 저주, 절망과 죽음을 다 청산해 버린 것입니다. 우리가 예수 그리스도를 구주로 모시고 입으로 시인하면 그 순간에 용서와 의를 얻게 되는 것입니다.

에베소서 2장 8절에 "너희는 그 은혜에 의하여 믿음으로 말미암아 구원을 받았으니 이것은 너희에게서 난 것이 아니요 하나님의 선물"인 것입니다. 나같이 못난 놈이 어떻게 용서와 구원을 받을 수 있을까? 하나님이 예수 그리스도 안에서 선물로 주시는 것입니다. 사람이 아무리 못나도 선물은 받을 수가 있는 것입니다. 잘났기 때문에 선물을 주는 것이 아닙니다. 주는 사람이 주고 싶어서 선물을 주시는 것입니다. 하나님이 예수 그리스도 안에서 주고 싶어서 구원의 선물을 주신 것입니다. 그리고 십자가를 통해서 계속해서 용서의 선물을 주시고 계십니다. 우리가 예수님을 구주로 믿었을 때 단번에 영원히 구원을 얻었을 뿐 아니라, 계속해서 용서와 구원의 은혜를 주시는 것입니다. 그러므로 구원이 십자가에서 한번 이루어지고 난 다음 잃어버리는 것이 아닙니다. 내가 구원을 받았고 또 계속 구원을 받는 것입니다.

고린도후서 7장 1절에 "그런즉 사랑하는 자들아 이 약속을 가진 우리는 하나님을 두려워하는 가운데서 거룩함을 온전히 이루어 육과 영의 온갖 더러운 것에서 자신을 깨끗하게 하자" 항상 구원을 계속해서 주시기 때문에 우리는 영과 육을 주안에서 늘 깨끗하게 할 수가 있는 것입니다.

무디 목사님이 스코틀랜드에서 전도 집회를 하고 있을 때였습니다. 그 집회에서 한 소녀가 참석했는데, 소녀는 "나는 배운 것도 없고, 예쁘지도 않고 명성도, 돈도 없으며 하나님 보시기에 깨끗하지도 않아서 구원받을 자격이 하나도 없습니다." 굉장히 자격지심에 빠졌습니다. 집회 마지막 날, 무디 목사님은 하나님의 사랑과 용서에 대해 설교하셨습니다. 이 때 목사님의 설교가 아직 끝나지도 않았는데, 소녀가 갑자기 벌떡 일어나서 무디 목사님이 설교하는 강단으로 뛰어 나왔습니다. 그리고 군중을 헤치고 목사님을 향해 달려 나오면서 이렇게 외쳤습니다. "내 모습 이대로, 부족한 모습 이대로 하나님은 저를 받아주시나요?" 무디 목사님은 소녀를 바라보며 이렇게 말씀하셨습니다. "돌아온 탕자를 아버지께서 기쁘게 받아주신 것처럼 하나님께서는 자매님을 받아주십니다." 소녀는 하나님이 자기를 받으시고 죄를 용서해 주신다는 기쁨에 찬양과 감격의 기도를 올렸습니다.

그 때, 이 광경을 보고 있던 성가대의 해밀턴(E. H. Hamilton)이라는 여자가 종이를 꺼내어서 작사를 하기 시작했습니다. 그리고 옆에 서 있던 무디 목사님의 음악 목사였던 생키(I. D. Sankey)목사님이 작곡을 해서 탄생한 곡이 "나 주의 도움 받고자 주 앞에 나온다"는 찬송가 349장입니다. 예수님이 십자가에서 이루신 구속의 은혜로 우리는 단번에 죄를 용서 받았습니다. 주님은 오직 우리의 믿음을 보시고 지금 있는 그대로 우리의 모습을 받아주시는 것입니다. 그러므로 우리가 다 예수 그리스도의 십자가의 보혈을 항상 감사하고 찬양하며 예수 그리스도의 보혈을 통해서 내 영혼이 구원을 받았고 계속해서 받고 있다는 것을 알게 되시기를 주님 이름으로 축원합니다.

둘째, 십자가에서 주신 범사의 구속을 우리 깨달아 알아야 됩니다. 사랑하는 자여 내 영혼이 잘됨같이 두 번째 범사에 잘되라고 했지 않습니까? 범사란 무엇입니까? 아담이 타락해서 이 세상에 저주를 받은 삶이 범사인 것입니다. 태어나서 자라나고 입고 먹고 마시고 하는 모든 것이 범사 아닙니까? 그런데 우리가 사는 이 모든 범사가 다 저주를 받고 가시와 엉겅퀴가 나는 세상이 되고 말았어요. 옛날에 타락하기 전에는 이 범사가 저주를 받지 않았습니다. 그러나 오늘날은 인생으로 태어나서 사는 것이 저주를 받고 가시와 엉겅퀴가 나는 고난 속에 삽니다. 이 가시와 엉겅퀴와 저주와 고난을 예수님께서 십자가에서 청산해 주신 것입니다.

창세기 3장 17절로 18절에 보면 "아담에게 이르시되 네가 네 아내의 말을 듣고 내가 네게 먹지 말라 한 나무의 열매를 먹었은 즉 땅은 너로 말미암아 저주를 받고 너는 네 평생에 수고하여야 그 소산을 먹으리라 땅이 네게 가시덤불과 엉겅퀴를 낼 것이라" 우리 인생에 눈에 안 보이는 가시와 엉겅퀴가 나고 수고해야 소산을 먹고 사는 것입니다. 이 세상에 수고 안한 사람이 있습니까? 다 인생이 수고롭습니다. 사는 것이 수고하지 않고 사는 사람 한 사람도 없습니다.

그렇기 때문에 예수님께서 우리 보고 손을 내미시고 수고하고 무거운 짐 진 자들아 다 내게로 오라고 했습니다. "예수님! 나는 너무 수고롭습니다. 다른 사람도 수고로워요. 내 팔자 고약합니다. 다른 사람도 팔자 고약합니다." 조금 나을는지 몰라도 다 이 세상은 저주 받은 세상에 가시와 엉겅퀴를 걸머지고 살게 되어있기 때문에 고약하지 않은 사람 없습니다. 그런데 예수님께서는 십자가에서 몸 찢고 피 흘릴 때 우리의 저주의 가시채를 다 청산하시고 아브라함의 복으로 복 주신 것입니다. 원래 우리가 이제 예수님이 십자가에서 대속해서 우리를 구속하신 결과로 우리가 들어갈 천국은 어떠한 곳입니까?

요한복음 14장 1절로 3절에 보면 "너희는 마음에 근심하지 말라 하나님을 믿으니 또 나를 믿으라" 야~ 얼마나 고맙습니까? 날 믿어라. "내 아버지 집에 거할 곳이 많도다. 그렇지 않으면 너희에게 일렀으리라 내가 너희를 위하여 거처를 예비하러 가노니 가서 너희를 위하여 거처를 예비하면 내가 다시 와서 너희를 내게로 영접하여 나 있는 곳에 너희도 있게 하리라"그러므로 우리의 거처는 마련되어 있습니다. 우리가 이 땅에 행인과 나그네와 같이 지나가지만, 우리가 영원히 살 거처가 준비되어 있기 때문에 내일에 살 거처를 걱정하지 마십시오. 새 하늘과 새 땅을 주님이 가지고 오십니다. 요한계시록 21장 1절로 4절에 보면 "또 내가 새 하늘과 새 땅을 보니 처음 하늘과 처음 땅이 없어졌고 바다도 다시 있지 않더라 또 내가 보매 거룩한 성 새 예루살렘이 하나님께로부터 하늘에서 내려오니 그 준비한 것이 신부가 남편을 위하여 단장한 것 같더라 모든 눈물을 그 눈에서 닦아 주시니 다시는 사망이 없고 애통하는 것이나 곡하는 것이나 아픈 것이 다시 있지 아니하리니 처음 것들이 다 지나갔음이러라"

저주가 지나가버렸습니다. 가시와 엉겅퀴가 지나가고 수고하고 무거운 짐이 지나가고 하나님의 은총이 우리에게 나타나신 것입니다. 그 아름답고 영광스럽고 영원한 하늘나라가 이 땅에 살 때 벌써 시작한 것입니다. 우리 이 땅에서 주신 것입니다. 오늘 예수님을 주인으로 믿는 사람들에게 하나님의 축복이 주어지신 것입니다. 오늘 우리가 성령의 임재가운데 이 책을 읽을 때 다른 사람이 될 것입니다. 왜냐하면, 믿음은 들음에서 나며 들음은 그리스도의 말씀으로 말미암기 때문에 저의 말씀을 듣고 다른 사람이 되어 나갈 것입니다.

고린도후서 8장 9절에 "우리 주 예수 그리스도의 은혜를 너희가 알거니와 부요하신 이로서 너희를 위하여 가난하게 되심은 그의 가난함으로 말미암아 너희를 부요하게 하려 하심이라" 예수님만큼 부요한 분이 어디 있습니까? 하늘과 땅의 모든 권세가 예수님 것입니다. "부요하신 이로서 너희를 위하여 가난하게 되심은 그의 가난함으로 말미암아 너희를 부요케 하려 하심이라." 그러므로 바르게 알아야 돼요. 바르게 알고 예수를 믿어야 합니다. 예수 믿고 난 다음에 예수님으로 말미암아 가난이 물러가고 부요한 자가 되었다는 것을 알아야 됩니다.

저는 그것을 알고 20년간 주님 앞에서 즐겁게 살았습니다. 마음에 부요의식으로 꽉 들어차야 되는 것입니다. 나는 부요하다고 생각하고, 나는 부요하다고 모습을 꿈꾸고, 나는 부요하다고 믿고, 나는 부요하다고 말해야 되는 것입니다. 오늘날 예수 믿는 사람이 그리스도의 십자가를 통하여 자기가 부요하게 된 것을 모릅니다. 예수님께서 십자가를 통해서 우리를 부요하게 만든 것을 알아야합니다. 알고 믿어야 합니다. 항상 마음속에 부요함을 가지고 있어야 되는 것입니다. 좌우간 내 현재 환경이 어떠하든 남이야 뭐라고 말하든 내 마음속에 부요의식을 가지고 있으면 하나님이 그렇게 만들어 주시는 것입니다. 우리의 생각대로 꿈대로 믿음대로 말하는 대로 하나님이 만들어 주시는 것입니다. 하나님의 말씀은 저 하늘이 무너지고 이 땅이 꺼져도 일점일획 변함이 없다고 말하지 않았습니까?

그런데 고린도후서 9장 8절로 11절에 이렇게 말하고 있는 것입니다. "하나님이 능히 모든 은혜를 너희에게 넘치게 하시나니 이는 너희로 모든 일에 항상 모든 것이 넉넉하여 모든 착한 일을 넘치게 하게 하려 하심이라 기록된 바, 그가 흩어 가난한 자들에게 주었으니 그의 의가 영원토록 있느니라 함과 같으니라. 심는 자에게 씨와 먹을 양식을 주시는 이가 너희 심을 것을 주사 풍성하게 하시고 너희 의의 열매를 더하게 하시리니 너희가 모든 일에 넉넉하여 너그럽게 연보를 함은 그들이 우리로 말미암아 하나님께 감사하게 하는 것이라"

한번 따라 말씀하세요. 모든 일에 항상 모든 것이 넉넉하여 모든 착한 일을 넘치게 하려 하심이라. 기가 막힌 말 아닙니까? 모든 일에 한두 가지 일이 아닌 것입니다. 항상, 어제 하루가 아니라 항상, 모든 것이 넉넉하여, 찰랑찰랑하여 아닙니다. 넉넉하여 모든 착한 일을 넘치게 하게 하려 하심이라. 우리가 하나님의 축복을 항상 넉넉히 가지고 착한 일을 넘치게 하면 하나님이 영광 받으시고 안 믿는 세상 사람들이 우리를 보고 박수를 칠 것 아닌 것입니까?

갈라디아서 3장 13절로 14절을 읽어보겠습니다. "그리스도께서 우리를 위하여 저주를 받은 바 되사 율법의 저주에서 우리를 속량하셨으니 기록된 바 나무에 달린 자마다 저주 아래에 있는 자라 하였음이라 이는 그리스도 예수 안에서 아브라함의 복이 이방인에게 미치게 하고 또 우리로 하여금 믿음으로 말미암아 성령의 약속을 받게 하려 함이라"

우리는 아브라함의 복을 받은 사람인 것입니다. 하나님께서는 아브라함에게 내가 네게 복주고 복주며 번성케 하고 번성케 하리라. 내가 너를 복의 근원으로 삼겠다고 말한 것입니다. 우리가 복의 근원이 되어야 됩니다. 그러므로 예수 믿는 사람이 오면 복이 굴러 들어오는 것입니다.

따라 말씀하세요. 나는 예수님으로 말미암아 저주에서 해방되고 아브라함의 복을 받은 사람이다. 들어와도 복을 받고 나가도 복을 받는다. 그러니 예수 믿으면 영원이 용서받고 천국만 가는 것이 아니라 이 세상에 사는 동안에 저주에서 해방되고 가시와 엉겅퀴에서 해방되고 아브라함의 복을 받고, 마음에 천국을 이루고, 모든 일에 항상 모든 것이 넉넉하여 모든 착한 일을 넘치게 할 수 있게 되는 것이니 이 얼마나 좋습니까? 예수 믿는 것보다 더 놀라운 은혜가 세상에 어디 있어요?

세 번째, 내 영혼이 잘됨같이 내가 범사에 잘되고 강건하기를 간구하노라. 예수 믿으면 또 건강해집니다. 원래 죽음이 없던 아담이 선악과를 따먹고 영혼이 죽고 따라서 육체도 죽게 된 것입니다. 창세기 3장 6절에 "여자가 그 열매를 따먹고 자기와 함께 있는 남편에게도 주매 그도 먹은지라" 창세기 3장 19절에 "네가 흙으로 돌아갈 때까지 얼굴에 땀을 흘려야 먹을 것을 먹으리니 네가 그것에서 취함을 입었음이라 너는 흙이니 흙으로 돌아갈 것이니라"

별도리 없이 흙으로 돌아가라고 했습니다. 예수 그리스도를 믿지 않는 사람이나 믿는 사람이나 다 흙으로 다 돌아가요. 아담과 하와가 죄 짓고 난 다음에 하나님께 버림받았을 때 흙으로 돌아가라고 했습니다. 이 땅에 사는 동안에 그러나 예수 믿는 사람들은 건강합니다. 병에서 치료함 받고 건강하고 육신이 무너져도 손으로 짓지 않은 영원한 집으로 돌아가는 것입니다.

세브란스 병원에서 예수인들과 불신자들을 각각 100명씩 건강진단을 하여 비교 관찰했습니다. 그 결과 예수인은 100명 중에 40%가 병자였고, 불신자는 100명 중 80%가 병자였습니다. 병원 연구소에서는 어떠한 이유로 예수인들에게 병자가 더 적은지를 분석하여 다음과 같이 결과를 발표했습니다. 첫째, 예수인들은 하나님의 축복으로 건강하다. 둘째, 예수인들은 교회에서 박수치고 찬송할 때 마음에 기쁨과 평화가 넘치고 스트레스가 풀릴 뿐만 아니라, 온 전신의 근육과 신경이 운동하게 되므로 건강하다. 셋째, 예수인들은 새벽기도를 오며 가며 깨끗하고 신선한 공기를 마시기 때문에 폐가 아주 건강하다. 넷째, 예수인들은 교회에 와서 기도하여 마음속에 쌓였던 근심과 걱정, 속상함과 불안 등을 해소하므로 울화병이 안 생기고, 간에도 무리가 없어 건강하다는 것입니다. 다섯째, 성령의 역사로 무의식의 상처가 치유되니 오만가지 질병이 치유되어 강건하게 산다는 것입니다.

반면 안 믿는 사람들은 일상생활에서 받는 스트레스를 술이나 과식 등으로 풀려고 하므로 암이 생기고, 당뇨병이 생기는 등, 병을 짊어지고 살아간다는 것입니다. 예수님은 십자가에서 출발한 구속의 은혜로 우리 몸이 건강하기를 원하시며, 우리를 모든 질병에서 이 땅에 있을 동안에 치료해 주시는 것입니다. 육체의 구원을 주시는 것입니다. 육체가 구원을 받아 영원히 살게 되는 것입니다. 장차 육체도 부활을 해서 안 죽는 육체가 되는 것입니다.

고린도후서 5장 1절로 5절에 "만일 땅에 있는 우리의 장막 집이 무너지면 하나님께서 지으신 집 곧 손으로 지은 것이 아니요 하늘에 있는 영원한 집이 우리에게 있는 줄 아느니라 참으로 우리가 여기 있어 탄식하며 하늘로부터 오는 우리 처소로 덧입기를 간절히 사모하노라 이렇게 입음은 우리가 벗은 자들로 발견되지 않으려 함이라"

우리가 간절히 사모하는 것은 이 육체가 영원한 생명으로 덧입기를 원한다. 그것은 왜냐, 주님이 강림하시면 육체가 부활하기 때문인 것입니다. 이 죽을 몸이 죽지 아닌 몸을 입고 약한 몸이 강한 몸을 입고 버린 몸이 영화로운 몸이 되는 것입니다. 그러므로 우리의 몸이 없어지는 것이 아닙니다. 우리가 죽으면 땅에 파묻지만 나중에 그 자리에서 부활의 몸이 되어 주님 오시는 날에 부활해서 일어나는 것입니다. 그러므로 영원히 부활할 뿐 아니라 이 부활할 육체도 주님께서 성령으로 건강을 주시는 것입니다.

"참으로 이 장막에 있는 우리가 짐진 것 같이 탄식하는 것은 벗고자 함이 아니요, 오히려 덧입고자 함이니 죽을 것이 생명에 삼킨바 되게 하려 함이라. 곧 이것을 우리에게 이루게 하시고 보증으로 성령을 우리에게 주신 이는 하나님이시니라"

우리에게 주신 성령으로 말미암아 하나님이 우리의 몸도 건강하게 만들어 주시는 것입니다. 주님의 성령이 우리 속에 계시고 예수님의 약속의 말씀이 있기 때문에 그 약속의 말씀이 얼마나 큰 힘이 되는지 모르는 것입니다. 저가 채찍에 맞음으로 네가 나음을 얻었느니라. 주께서 우리 연약한 것을 친히 담당하시고 우리 병을 짊어지셨도다. 믿는 자들에게 이런 표적이 따르리니 병든 자에게 손을 얹은즉 나으리라. 이 말씀들을 생각하고 이 말씀대로 건강해진 것을 바라보고 그리고 이 말씀대로 기적이 일어날 것을 믿고 이 말씀대로 입으로 늘 시인하고 믿음으로 살면 건강이 다가오게 되는 것입니다. 남이 알지 못하는 그 시련과 어려움 속에서 주님의 긍휼과 자비로 건강하게 사는 것입니다. 주님께서 나는 부활이요 생명이니 나를 믿는 자는 죽어도 살겠고 무릇 살아서 나를 믿는 자는 영원히 죽지 아니하리라. 주님께서 우리에게 영원히 죽지 않는 삶을 허락하여 주십니다. 부활의 생명이 우리 가운데 늘 있습니다.

우리가 성경에 죽었다가 살아난 사람들의 이야기를 많이 볼 수 있는데 왕상 17장 17절로 24절에 보면 사르밧 과부의 아들이 죽었다가 살아났고, 수넴 여인의 아들이 왕하 4장 32절로 35절에 보면 살아났고, 야이로의 딸이 마가복음 5장 35절로 43절에 보면 살아났고, 과부의 아들이 누가복음 7장 12절로 15절에 보면 살아났고, 예수님이 사랑하시던 나사로는 죽은 지 나흘 만에 무덤에서 걸어 나왔습니다(요 11:39, 40, 44).

또한 성경은 예수님이 십자가에서 죽으시고 부활하실 때 많은 무덤이 열리며 자던 성도의 몸이 일어났다고 기록되어 있습니다 (마 27:52,53). 사도행전에 보면 선행과 구제를 많이 하던 다비다 '도르가'가 병들어 죽었으나 베드로 사도에 의해 살아났고(행 9:36~40), 바울의 강론을 듣다가 창에서 떨어져 죽은 유두고(행 20:9~12)가 살아났고, 마태복음 24장 31절에 예수님이 재림하실 때 모든 성도들을 모을 것을 말씀하시며 부활에 대하여 여러가지 교훈들이 기록되어 있는 것입니다.

마태복음 22장 30절과 마가복음 12장 25절에 부활 때에는 장가도, 시집도 아니 가고 하늘의 천사와 같은 존재가 된다고 했습니다. 누가복음 24장 39절에는 부활한 후에는 우리 몸을 보고 만질 수 있다고 했습니다. 마태복음 10장 28절에는 불신자들도 부활하나 지옥에서 영벌을 받게 될 것을 말씀하고 있습니다. 요한복음 5장 29절에 우리가 부활할 때 선한 일을 행한 자는 생명의 부활로, 악한 일을 행한 자는 심판의 부활을 하게 될 것을 말씀하고 있는 것입니다. 이처럼 우리는 성경을 통해서 어제나 오늘이나 영원토록 변함없는 하나님의 권능은 오늘 죽은 자를 살릴 뿐 아니라, 예수님이 다시 오실 때 믿는 자들이 모두 부활한다는 것을 말씀하고 계신 것입니다.

하나님께서 우리를 향한 뜻은 이 땅에서도 심령천국을 이루고 아브라함의 복 받는 것입니다. 우리 자녀들에게 바르게 알고 믿도록 해야 합니다.

21장 성공 신앙으로 방향을 잡아주시는 하나님

(잠 22:6)"마땅히 행할 길을 아이에게 가르치라 그리하면 늙어도 그것을 떠나지 아니하리라"

하나님은 어려서부터 성령의 인도를 받는 신앙을 갖기를 원하십니다. 어려서 신앙의 방향을 바르게 잡는 것은 무엇보다도 중요합니다. 제가 예수를 믿고 평신도 생활도 해보고, 목사가 되어 말씀과 성령으로 영육을 치유하며 성도들을 영적으로 바꾸는 사역을 전문으로 하다가 보니 어려서 신앙이 너무나 중요하다는 것을 깨닫게 되었습니다. 첫째, 기독교는 공부하여 이론을 아는 종교가 아니라는 것입니다. 많은 성도님들과 자녀들이 기독교를 말씀을 알고 예배와 기도 등 의식을 행하는 종교라고 생각하는 분들이 있습니다. 기독교는 이론의 종요가 아닙니다. 살아서 역사하는 생명의 종교입니다. 말씀과 같이 자신이 변하고 가정이 변하고 세상이 변하게 하는 생명입니다.

둘째, 신앙생활 오래하고 말씀을 많이 알면 믿음이 좋은 줄 아는 것입니다. 이것도 잘못알고 있는 것입니다. 신앙생활 오래하고 말씀을 많이 아는 만큼 하늘의 사람으로 변해야 한다는 것입니다. 아무리 신앙생활을 많이 했어도 변화되지 않으면 무엇인가 잘못된 것입니다. 빨리 원인을 찾아 해결해야 합니다. 예수를 믿으면 성령의 역사로 예수님의 성품으로 변화되는 것입니다. 변화되지 않는 것은 율법을 듣고 말하기 때문에 변화되지 않는 것입니다. 성령이 역사하는 생명의 말씀을 듣고 말하면 반드시 변화되게 되어있습니다. 자신이 믿음 생활은 열심 있고 성실하게 오래했는데 변화되지 않는 것은 성령의 세례를 받지 않았기 때문입니다.

셋째, 문제가 있을 때 신령한 사람에게 찾아가서 상담이나 예언을 받아야 한다는 것도 잘못된 신앙입니다. 지금은 성령이 역사하는 교회시대입니다. 그렇기 때문에 자신 안에 계신 성령님에게 상담도 하고 예언도 듣고, 하나님의 음성도 들어 하나님의 뜻을 알고 따라가야 합니다. 머리로 아는 말씀을 가지고 성령의 인도를 받는 것이 아니고 성령의 음성과 보증의 역사를 보고 성령님을 따라가야 합니다. 하나님이 살아계시기 때문입니다. 살아계신 하나님의 음성을 듣고 따라가려면 하나님과 같은 영적인 상태가 되어야 합니다.

하나님과 같은 영적인 상태가 되려면 성령으로 기도를 해야 합니다. 성령으로 기도하려면 먼저 성령으로 세례를 받아야 합니다. 지금 성령이 역사하는 교회시대를 살아가는 성도들은 무엇보다도 성령으로 세례를 받는 것이 중요합니다. 성령으로 세례를 받아야 살아계신 성령이 역사로 체험하며 믿음생활을 할 수가 있습니다. 성령으로 세례를 받으려면 성령의 역사가 있는 교회에 가야 빨리 성령으로 세례를 체험하게 됩니다. 지금은 성령께서 하늘에서 임하시는 것이 아니고 성령으로 세례를 받은 사람을 통하여 전이되기 때문입니다.

넷째, 성령의 감동을 선포할 줄 알아야 합니다. 많은 성도들이 능력 있는 사람만 말씀을 선포하여 기적을 일으키는 것으로 알고 있습니다. 이는 잘못알고 있는 것입니다. 성령으로 세례를 받은 성도는 누구나 성령의 감동을 선포할 때 믿음을 보고 성령의 역사가 일어나는 것입니다. 그러므로 우리 자녀들은 '누가 능력이 있다.' '없다.'를 논하려고 하지 말고 자신이 권능 있는 사람이라는 것을 믿고 행해야 합니다. 하나님은 예수를 믿는 하나님의 자녀가 모두 권능있는 자가 되기를 소원하십니다. 하나님은 우리를 통하여 이 땅에 하나님의 나라를 만들어 가시기 때문입니다. 우리 자녀들은 어려서부터 신앙의 틀을 바르게 해야 합니다.

다섯째, 성령으로 기도할 때 귀신이 떠나간다는 것을 알고 믿어야 합니다. 많은 자녀들이 교회에는 귀신이 없는 줄 압니다. 이는 잘못알고 있는 것입니다. 귀신은 교회에서도 역사합니다. 그렇기 때문에 성령으로 기도하라고 하는 것입니다. 성령으로 기도할 때 귀신이 얼씬도 못하기 때문입니다. 귀신은 예수를 믿고 성령으로 세례 받고 성령으로 기도하는 사람은 누구나 쫓아낼 수가 있습니다. 귀신은 능력이 있는 사람이 쫓아내는 것이 아닙니다. 성령의 권능으로 귀신이 쫓겨나가는 것입니다. 자신 안에서 성령의 역사가 일어나면 자신 안에서 역사하는 귀신이 성령의 권능에 의하여 떠나가는 것입니다. 그러므로 귀신은 성령의 역사 없이는 절대로 쫓아낼 수가 없는 것입니다. 우리 자녀들이 영적인 세계를 알아야 합니다. 왜냐하면 우리 예수를 믿는 하나님의 자녀는 영적인 존재들입니다. 영적인 사람이 영적인 세계를 모른 다면 시각장애인이나 마찬가지 인 것입니다. 영의 눈을 열어 영적세계를 알고 대처해야 합니다.

여섯째, 기독교는 행위 중심의 종교가 아닙니다. 지금 기독교의 병폐가 행위중심으로 신앙생활을 하는 것입니다. 기독교는 생명의 종교입니다. 행위뿐만 아니라. 예수님과 같이 변화되어야 합니다. 열심히 하면 모든 것이 이루어진다는 것은 샤머니즘의 신앙의 잔재입니다. 샤머니즘의 신앙이 신에게 열심히 빌어서 신이 잘되게 해주기를 바라는 것입니다. 기독교는 하나님께 성령으로 기도하여 하나님이 주시는 말씀대로 행동할 때 문제가 풀어지는 것입니다. 하나님의 음성을 들으려면 성령으로 충만하여 영적인 상태가 되어야 합니다. 하나님이 영이시기 때문입니다. 그래서 성경은 성령으로 봉사하라고 하시는 것입니다. 모든 일은 성령으로 영의 상태에서 해야 영이신 하나님이 받아주시는 것입니다. 기독교는 열심히 한다고 잘되는 종교가 아니라, 말씀과 성령으로 변화되어 하나님이 기뻐하시는 심령이 되어야 잘됩니다.

일곱째, 기독교는 심령(자신 안에 있는 교회)교회를 중요하게 여기는 것입니다. 많은 성도들이 보이는 교회를 중요하게 생각합니다. 보이는 교회가 좋아야 자기가 잘되는 줄 아는 성도들도 있습니다. 하나님의 우리의 마음 안에 임재하여 계십니다. 하나님은 예수를 믿는 사람의 마음 안에 성전삼고 계십니다. 그렇기 때문에 하나님은 보이는 교회보다 사람 안의 심령교회가 중요하게 여기십니다. 교회에는 유형교회와 무형교회가 있습니다. 유형교회는 보이는 성전을 교회를 말합니다. 무형 교회는 하늘나라에 있는 교회와 사람의 마음 안에 있는 교회를 말하는 것입니다. 하나님은 무형교회인 개인의 심령성전에 좌정하고 계십니다. 그렇기 때문에 심령성전이 보이는 성전보다 중요한 것입니다. 기도도 심령성전에 계신 하나님께 하는 것입니다. 우리가 하나님과 관계가 열리려면 심령에 계신 하나님과 영의 통로가 열려야 합니다. 하나님과 영의 통로가 열리게 하려면 심령에 계시는 하나님을 무시로 찾아야 합니다. 항상 하나님과 동행하며 대소사를 물어보는 것입니다. 물어보아 하나님의 뜻에 따라 일을 처리해야합니다.

잠언서 22장 6절에 보면 "마땅히 행할 길을 아이에게 가르치라"고 말했습니다. 무엇을 우리가 가르쳐야 할까요? 성경에는 마땅히 행할 바를 아이에게 가르치라고 말씀하셨습니다. 어린아이를 기르는 부모는 농심을 가지고 길러야 합니다. 자식을 낳아서 기르는 정성이 농부의 농심과 같지 않고는 훌륭한 자녀를 성장시킬 수가 없습니다. 먹을 것과 입을 옷과 살 곳만 제공하면 부모의 의무를 다했다고 생각하면 큰 잘못을 범하게 됩니다. 그 때문에 오늘날 비행청소년들을 양산하게 된 것입니다. 마땅히 행할 길을 아이에게 가르치라고 했는데 무엇이 마땅히 행할 것이겠습니까?

첫째, 자녀의 영혼문제를 소홀히 해서는 안 된다는 것입니다. 인간은 어머니 뱃속에서부터 죄중에서 잉태된다는 사실을 알아야 합니다. 시편 51편 5절에 "내가 죄악 중에 출생하였음이여 모친이 죄 중에 나를 잉태하였나이다"고 말했습니다. 아담과 하와가 타락한 이후로 그 이후 자손들은 이미 뱃속에 있을 때부터 죄인으로 잉태되고 죄인으로 태어나기 때문에 구원을 받지 못하면 어린아이라도 영원히 멸망을 받을 수밖에 없습니다. 인간은 어려서부터 악하다고 말합니다. 맹자는 사람이 태어날 때 선하게 태어난다고 말했는데 그것은 성서에 반한 일입니다. 성경에는 어린아이 때부터 악하다고 말했습니다.

창세기 8장 21절에 "여호와께서 그 향기를 받으시고 그 중심에 이르시되 내가 다시는 사람으로 말미암아 땅을 저주하지 아니하리니 이는 사람의 마음이 계획하는 바가 어려서부터 악함이라 내가 전에 행한 것 같이 모든 생물을 다시 멸하지 아니하리니"고 주님이 말씀하셨습니다. 말을 배울 때부터 우리는 그러므로 예수님의 구원과 하나님에 대한 경배를 마땅히 가르쳐야 합니다.

어려서부터 하나님께 기도하며 예배를 드리는 것을 습관이 되게 해야 합니다. 누가복음 18장 16절에 "누구든지 등불을 켜서 그릇으로 덮거나 평상 아래에 두지 아니하고 등경 위에 두나니 이는 들어가는 자들로 그 빛을 보게 하려 함이라"고 말했습니다.

어린아이들부터 하나님께서는 이미 예수께로 오도록 하라고 말했습니다. 그들을 위해서 하늘나라가 예비 되어 있다고 예수님께서 말씀하셨습니다. 우리는 다 계란과 같습니다. 수정되지 않는 계란은 겉모양은 같아도 결코 병아리가 되지 못합니다. 똑

같은 사람으로 태어났지만은 어린 아이 때부터 시작해서 그리스도 예수를 마음속에 모시지 아니하면 그 영혼은 죽은 영혼입니다. 버림받은 영혼이 되는 것입니다. 많은 학자들의 보고에 의하면 지능은 네 살 때 이미 90%이상이 형성이 되고 한 살부터 세살 이내에 어린아이의 정신 발달은 이미 결정이 되고 여섯 살 이전에 일생 살아갈 인격적인 토대가 형성된다고 말하고 있습니다.

우리나라도 이젠 세 살이면 옛날에 천자문을 가르쳤습니다. 우리 속담이 있지 않습니까? 세살 버릇이 여든까지 간다는 속담이 있습니다. 그런 속담이 있기 때문에 어린아이는 이미 세 살이면 거의 모든 것이 완성되어 가는 단계입니다. 그렇기 때문에 어리다고 생각하면 안 됩니다. 정신적 발단이 이미 세 살에 결정이 되고 여섯 살이면 일생의 인격이 결정되는 그런 상황이기 때문에 어릴 때에 마땅히 행할 바를 가르치는데 그 행할 바가 뭐냐, 예수 그리스도를 믿어야 구원을 받고 그리스도를 믿지 않으면 멸망을 받는다는 사실을 확실히 가르쳐야 하는 것입니다.

이슬람교의 시조는 아브라함입니다. 이슬람 교도들 코란에 보면 아담과 아브라함과 이삭과 야곱과 모세와 아론과 세례요한과 예수님도 선지자로 다 인정을 합니다. 마지막 선지자가 모함을 했다는 것입니다. 그러므로 너무나 성경에 똑같은 사촌인 것입니다. 그러나 중대하게 틀린 점은 뭐냐 이슬람교에서는 예수님은 십자가에 못 박히지 않고 하나님이 그대로 하늘로 데려 올라가시고 십자가에 못 박힌 것은 가롯 유다가 십자가에 못 박혔다고 말하고 있습니다. 이것이 근본적으로 틀린 것입니다. 예수님같이 고귀한 하나님의 종이 어떻게 십자가에 못 박히느냐 하나님이 바로 데려가시지, 그러나 십자가에는 가롯 유다를 못박았다. 그래서 예수 그리스도의 보혈을 부인해 버립니다. 보혈을 부인해 버리면 아무것도 남는 것이 없습니다.

이슬람교는 결코 예수님의 십자가의 보혈에 대한 말씀은 못하게 합니다. 그것이 바로 마귀의 역사인 것입니다. 피흘림이 없이는 죄사함도 없습니다. 보혈이 역사 없이 누가 죄사함을 받고 하나님께 나아갈 수 있습니까? 이슬람교는 너무나 기독교에 가깝지만은 예수님이 하나님의 아들이라는 것을 부인하고 하나의 선지자로 인정하고 예수 그리스도의 십자가의 죽으심을 부인하기 때문에 그들에게는 구원이 없습니다. 아들이 없는 자에게는 아버지도 없고 아들이 있는 자에게는 아버지가 있습니다. 이러므로 우리는 어린아이들에게 하나님의 아들, 예수 그리스도와 그 구원의 도리를 분명히 가르쳐야만 하는 것입니다.

둘째, 어린아이들에게 삶의 순서를 분명히 가르쳐야 한답니다. 인간 생활 계획에는 반드시 완급의 순서가 있습니다. 먼저 할 일과 나중 할 일을 혼돈하면 크게 낭패하게 됩니다. 잠언 1장 7절에 "여호와를 경외하는 것이 지식의 근본이어늘 미련한 자는 지혜와 훈계를 멸시하느니라"고 말했습니다. 아이들에게 어릴 때부터 온갖 과외를 다 시키고 온갖 고생을 시키지만은 지식이 근본이요, 지혜의 근본인 하나님 아버지와 예수님을 가르치지 아니하면 인간의 모든 지혜와 지식은 결국 부패하고 인간을 낭패하게 만들고 마는 것입니다. 살리는 진리와 지식이 되지 못하는 것입니다.

에베소서 6장 4절에 "또 아비들아 너희 자녀를 노엽게 하지 말고 오직 주의 교양과 훈계로 양육하라"고 말한 것입니다. 유대인이 노벨상 수상자의 3분지 1이 넘는 것은 하나님이 주신 생명으로 열심히 노력해서 인류에 공헌해야 한다는 신념 때문인 것입니다. 그들이 어릴 때부터 성경을 가르치고 구원은 받지 못했지만 여호와 하나님을 경외하는 신앙을 갖게 하고 말씀을 가르치기 때문에 그들 자녀들 중에 일어나서 오늘날 세계에 노벨상을 받은 사람 중에 3분지 1이 유대인입니다. 뉴욕 중고등학교 선생 절반이 유대인이고, 하버드, 스탠포드, 예일대의 의과대학 법대 교수 절반이 유대인으로 되어 있다는 것을 기억해 봐야 합니다.

말씀을 우리가 받아 드리면 그것이 지혜의 근본이 되고 지식의 근본이 됩니다. 말씀보다 위대한 지혜와 지식의 교본이 없습니다. 그러므로 어린아이들에게는 기도하는 것과 하나님 주인으로 모시는 일에 관해서 어릴 때부터 가르쳐야 되는 것입니다. 예수님이 부활의 날인 주일 예배를 먼저 드려야 되는 것입니다. 역사가 토인비가 주장하는 문명의 흥망성쇠이론은 도전과 응전에 의한 것인데 유대민족의 생존은 도저히 역사적으로 설명할 수 없다고 말한 것입니다. 유대가 나라가 망하고 온 세계에 뿔뿔이 흩어지는데도 불구하고 민족성을 유지하고, 결국에는 1948년 5월

15일에 나라로써 다시 존속할 수 있는 이유는 구약 성경을 가지고 있었기 때문에 어디에 흩어져도 그들은 구약 성경의 말씀 중심으로 서있기 때문에 민족성이 위대하며, 그들은 어느 곳에 가든지 토요일 안식일을 준수했는데 유대인이 안식일을 지킨 것이 아니라, 안식일이 유태인을 지켰다고 말합니다.

그처럼 나라 없이 2천년동안 유랑하는 민족이었지만, 그들은 구약 성경을 공부하고, 토요일 안식일을 지켰으므로 구약 성경과 토요일 안식일이 유대 민족을 멸망하지 않고 온 세계에 흩어져서 수없이 짓밟히고 핍박을 받아도 국가와 민족을 형성할 수 있었다는 것입니다. 그러므로 우리가 하나님의 말씀을 귀중히 여기고 성수 주일한다는 것은 하나님 앞에서 복 받는 가장 기본이 되는 것입니다. 그리고 가정 예배의 중요성을 깨닫게 되는 것입니다. 가정은 또 하나의 작은 천국이요. 가정 예배는 하나님과의 만남의 시간인 것입니다.

가족이 모두 모일 수 있는 시간에 가능한 아버지를 중심으로 예배를 인도하고 가족끼리 교제를 나누는 기회로 삼아야 되는 것입니다. 자녀에게 나눠줄 가장 큰 유산은 제물도 아니고 이 세상 학력도 아닙니다. 제물과 세상 학력은 시간이 지나가면 다 사라집니다. 하나님을 경외하고 그 아들 예수를 믿는 이 신앙을 유산으로 남겨 주는 것이 자녀에게 줄 수 있는 가장 큰 축복인 것을 알아야 되는 것입니다.

그리고 어린아이들에게 물질과 하나님 섬기는 일을 분명히 가르쳐야 하는 것입니다. 십일조는 어릴 때부터 가르쳐야 합니다. 어릴 때부터 가르치면 백수가 되어도 거기를 떠나지 않습니다. 하나님의 물질에 하나님의 주권 행사가 있다는 것을 가르쳐야 하는 것입니다. 미국의 유명한 부자 록펠러는 말하기를 여섯 살 때에 어머니에게 적은 용돈을 받아서 거기에서 십일조를 드린 이후로 아흔 두 살이 되어 죽을 때까지 십일조 도적질한 적이 없다고 말했습니다.

그래서 그는 미국 최대의 부자가 되었던 것입니다. 미국의 유명한 부자인 콜게이트는 어려서부터 비누 공장 직공으로 일하면서도 십일조를 띠어서 예수 그리스도의 계좌를 만들어 예금해서 하나님께 늘 바쳤습니다. 그 결과로 콜게이트라는 위대한 기업을 일으킬 수 있다는 것입니다. 어린아이에게는 감사의 예물을 드릴 때 부모의 손을 빌리지 말고 고사리의 손이라도 들려서 자기가 직접 하나님께 예물을 드리도록 해야 하는 것입니다. 유치원 입학 때 졸업 때, 초등학교 입학 때 졸업 때, 좋은 일, 생일 등, 기념할 만한 일이 있을 때에 어린아이들에게 꼭 감사의 예물을 손에 들려 하나님께 직접 드리도록 해 주어야 그것이 길이길이 남게 되는 것입니다. 어린아이에게 감사 예물 드리는 것이 하나님의 구원의 손길을 임하게 한다는 것을 분명히 체험하게 해 주어야 되는 것입니다. 그리고 일반적인 생활에서 하나님을 주인으로 모시는 일을 제일 먼저 해야 한다는 것을 늘 가르쳐야 합니다.

하나님의 나라와 하나님의 정의를 먼저 생각하고 택하라고 어린아이들에게 가르칩니다. 세상 나라 하나님의 나라가 있을 때에 어느 것을 먼저 택하겠는가 세상 것보다도 하나님의 나라 일을 먼저 생각하도록 어린아이에게 가르쳐야 합니다. 디모데후서 3장 15절에 "또 네가 어려서부터 성경을 알았나니 성경은 능히 너로 하여금 그리스도 예수 안에 있는 믿음으로 말미암아 구원에 이르는 지혜가 있게 하느니라"고 말씀하고 있는 것입니다.

시편 119편 105절에"주의 말씀은 내 발에 등이요 내 길에 빛이니이다"라고 말씀하고 있는 것입니다. 미국 초기 건국이념은 청교도 사상에 기초한 하나님만 믿고 감사하는 것입니다. 교회를 먼저 짓고 후세 교육을 위해서 성경 학교를 먼저 세운 것입니다. 오늘날 전 세계적으로 유명한 하버드 대학, 예일대학, 프린스턴 대학 이 모든 대학은 원래 성경 학교로 세운 것입니다. 사람들에게 성경을 가르치려고 세운 학교였습니다. 그렇기 때문에 하나님이 복을 주어서 세계적인 교육 기간이 되었습니다.

미국의 지폐에는 "in God we trust(인 갓 위 트라스트)" 라고 기록되어 있습니다. 하나님을 우리가 믿는다. 미국이 많이 타락하고 오늘날 하나님께 멀리 떠나갔지만 그래도 근본 밑에 흐름이 하나님을 경외하는 것으로 되어 있습니다. 어린 아이 때부터 하나님을 경외하는 것을 가르쳤기 때문에 오늘날 미국이라는 문화가 존속할 수가 있는 것입니다. 그러므로 우리도 어린아이들에게 하나님의 나라를 먼저 택하고, 세상 나라를 먼저 택하지 않도록 가르쳐야 합니다. 하나님의 정의를 먼저 택하고 세상의 정의를 먼저 택하지 말라는 것을 가르쳐야 하는 것입니다. 어린아이들에게 마땅히 행할 바를 가르치면 거기에서 지혜와 지식과 총명을 얻습니다.

미국 교육을 보면 60년대 조 케네디 때에 공립학교에서 기도와 성경 공부하는 것을 법으로 금지한 뒤부터 신앙 교육을 소홀히 하고 세상 학문에 치중했습니다. 그 결과 청소년들이 타락하고 대도시마다 범죄율이 급증하게 된 사실을 우리가 볼 수 있는 것입니다. 오늘 미국의 도덕적인 타락은 공립학교에서 기도하는 것과 성경 공부하는 것을 국법으로 한 다음부터 이와 같은 형상이 일어나서 교내에 총상 사건이 일어나고 젊은이들이 마약 중독과 도덕적인 부패와 타락이 일어 난 것입니다. 이렇기 때문에 우리가 어린아이들에게 그 나라와 그 의를 먼저 구하도록 가르치고 반드시 그들에게 십계명부터 먼저 외우고 인생을 살도록 도와주어야 하는 것입니다.

셋째, 우리는 어린아이들에게 기도의 중요성을 가르쳐야 되는 것입니다. 기도는 하나님과 사람 사이에 교통입니다. 사람과 사람만 이야기하지 말고 먼저 하나님과 이야기하고 그 다음 사람들과 이야기하는 것을 가르쳐야 합니다. 골로새서 4장 2절에 "기도를 항상 힘쓰고 기도에 감사함으로 깨어 있으라"고 말한 것입니다. 삼손을 보십시오. 삼손은 하나님이 성령으로 기름 부으셨으니 기도를 하지 않기 때문에 자기 마음대로 행해서 나중에는 데릴

라와 부정한 관계로 파멸 당하고 마는 것입니다. 그러나 사무엘은 어려서부터 하나님 앞에서 기도를 쉬면 죄를 짓는 것으로 생각했습니다. 엘리 대제사장 때 영적 도덕적인 타락이 극심했습니다.

그때 하나라는 여인이 아들 하나 주시면 평생을 주님께 바치겠다고 했는데 그 응답으로 사무엘을 낳아서 그가 젖을 떼었을 때에 그는 엘리에게 그 아들을 바쳤습니다. 그는 어릴 때부터 성소를 지키며 밤에도 기도로 깨어있던 중 하나님의 음성을 듣게 되었고 이스라엘이 어려움을 쳐했을 때 신앙으로 이끼는 지도자로 쓰임을 받아 위대한 사사가 되는 것입니다. 그는 어릴 때부터 하나님이 성전에 서서 늘 기도생활을 했기 때문에 하나님이 말씀하실 때에 그 음성을 알아들을 수가 있는 것입니다. 어린아이들은 마음이 유약하고 연약할 뿐 아니라 순수하기 때문에 음성을 쉽게 들을 수가 있습니다. 그렇기 때문에 어릴 때부터 기도를 가르쳐야 합니다. 성령 충만한 생활을 하도록 어린아이들에게 부모님을 관심을 기울이고 도와주어야 되는 것입니다.

어릴 때부터 성령으로 충만한 세례를 받게 되면 평생토록 성령의 도우심으로 말미암아 비록 크면서 세상과 걸음을 걷더라도 주님 안에 들어오게 되는 것입니다. 소원의 응답을 받고 도움을 받는 길이 기도의 길이라는 것을 알고 어린아이들에게 하나님께 소원을 아뢰고 하나님의 도움을 청하는 길을 가르쳐야만 하는 것입니다.

초립동 다윗에게 곰과 사자는 가공할 대상이었습니다. 그러나 그는 하나님을 알고 믿었기 때문에 용기 충천하여 곰과 사자를 이겼고 훗날에 골리앗을 쳐서 넘어뜨릴 수가 있었습니다. 골리앗을 칠 때에 다윗의 나이가 불과 17살에 불과했던 것입니다. 오늘날 이 세상에는 젊은이들에게는 거대한 유혹과 죄악의 곰과 사자들이 덤벼들고 있습니다. 우리 한국에 더구나 젊은이들을 짓누르는 교육 제도, 입시제도는 마치 골리앗과 같습니다. 이러한 정신적인 스트레스와 고통을 젊은이들이 어떻게 이기고 나갈 수가 있겠습니까? 이것은 예수 그리스도를 알고 기도함으로 성령의 도움을 받아야 이를 이기고 도덕적으로 건전하게 살아 갈 수가 있는 것입니다.

인터넷을 통해서 영화와 만화 음악 오락을 통해서 얼마나 부패와 폭력이 홍수처럼 젊은이들을 휘몰아쳐 가고 있습니까? 그들이 이 무시무시한 세상을 이기고 나갈 수 있는 길은 부모님들이 기도해 주고 그들에게 기도의 길을 가르쳐 주는 길 밖에 없습니다. 기도를 통해서 하나님의 능력을 받아야 매일 매일 이기고 나갈 수가 있는 것입니다. 그리고 이웃과 환경의 변화를 가져오는 유일한 길이 기도라는 것을 알아야 하는 것입니다. 폭력이 아니요, 인간의 힘이 아니라. 기도의 힘으로 이웃과 환경이 변화 될 수 있다는 것을 가르쳐야 되는 것입니다. 이 변화는 마음에 예수를 믿고 말씀을 공부하고 기도하므로 성령이 새롭게 해주시고 마음이 새롭게 되어야 환경이 변화 될 수가 있는 것입니다. 악이 이기게 하지 말고 선으로 악을 이겨야만 하는 것입니다.

넷째, 어린아이들에게 사랑의 중요성을 가르쳐야 되는 것입니다. 하나님을 사랑해야 한다 하나님을 사랑하지 않고 세상과 돈을 사랑하다가는 파멸된다는 것을 가르쳐야 하는 것입니다. 하나님과 예수님의 사랑 이 사랑을 몸에 체득하게 만들어야 되는 것입니다. "하나님이 세상을 이처럼 사랑하사 독생자를 주셨으니 이는 저를 믿는 자마다 멸망치 않고 영생을 얻게 하려 하심이니라"는 사실이 영혼에 깊이 박혀져야 하는 것입니다.

마태복음 22장 37절에 "예수께서 가라사대 네 마음을 다하고 목숨을 다하고 뜻을 다하여 주 너의 하나님을 사랑하라 하셨으니"고 했습니다. 하나님을 사랑하는 것이 가장 큰 보배인 것입니다. 미국16대 대통령인 링컨은 너무 가정이 가난해서 초등학교밖에 공부를 하지 못했습니다. 통나무집에서 살았습니다. 그러나 어려서부터 어머니가 성경을 열심히 교육하고 그가 아홉 살 때 어머니가 세상을 떠나면서 링컨에게 유언을 했습니다.

"사랑하는 아들아! 하나님 아버지를 생각하고 그 계명을 지키기 바란다." 그는 어머니의 유언을 따라서 일생 하나님을 사랑하고 그 계명을 지켜서 정직한 에이브라함이라는 소문이 났습니다. 결국에는 미국의 16대 대통령이 되고 노예를 해방시키는 위대한 역사를 한 인물이 된 것입니다. 그것은 하나님을 사랑했기 때문에 그런 일을 할 수가 있었습니다. 어린아이들에게 또 부모를 사랑하는 것을 가르쳐야 합니다.

부모를 공경하고 효도하는 것이 윤리와 도덕의 근본입니다. 우리가 우리를 아무리 사랑하려고 해도 사랑은 이웃을 사랑할 때에 그 사랑이 우리 자신을 사랑하도록 되는 것입니다. 자기를 미워하는 사람은 불행하지요. 자기를 사랑하는 사람은 행복한 사람이지만 자기를 어떻게 사랑합니까? 이웃을 사랑할 때에 그 사랑이 나를 사랑하도록 만들어 주는 것입니다. 그러므로 이웃 사랑은 자기 사랑이라는 것을 깨달아야 하는 것입니다. 가정에서도 아내를 사랑하는 것이 자기를 사랑하는 것이 됩니다. 남편을 사랑하는 것이 자기를 사랑하는 것이 되는 것입니다.

어린아이의 영혼의 문제와 신앙생활이 문제만큼 일생과 영생에 중요한 것은 없습니다. 하나님 아버지와 예수님을 믿고 동행하는 것이 마음에 확실하면 일생동안 어떤 일을 당해도 감당할 수 있는 마음의 바탕이 이루어지게 되는 것입니다. 어린아이가 일생동안 누릴 수 있고 영생토록 누릴 수 있는 제일의 재산이 신앙인 것을 잊지 말아야 하는 것입니다.

22장 사고와 생각의 차원을 높게 하시는 하나님

(빌 4:8)"끝으로 형제들아 무엇에든지 참되며, 무엇에든지 경건하며, 무엇에든지 옳으며, 무엇에든지 정결하며, 무엇에든지 사랑 받을 만하며, 무엇에든지 칭찬 받을 만하며, 무슨 덕이 있든지, 무슨 기림이 있든지, 이것들을 생각하라"

우리 자녀들에게 사고와 생각의 차원을 높여주는 것은 아주 중요합니다. 미국 젝웰치 회장이 제너럴 엘렉트릭을 세우고 최고의 기업으로 만들 수 있었던 것은 특별한 비결이 있었습니다. 그가 어렸을 때 지독한 말더듬이었습니다. 친구와 얘기하다가도 쑥스러워할 정도로 점점 자신을 잃어갈 때 어머니 말 한마디에 그의 정체성이 확인되었습니다. 그는 낙심에서 벗어났습니다. 어머니는 뭐라고 말씀했습니까? "너는 두뇌회전이 너무 빨라서 네 혀가 따라가지 못해 말을 더듬는 것이니 자신을 오히려 자랑스럽게 생각해라" 얼마나 좋은 말입니까?

애들이나 이웃 사람들은 "저 자식 바보야, 말도 똑똑히 하지 못해. 말더듬이야" 그런데 어머니는 "아니야, 아니야. 머리가 너무 좋아가지고 혀가 미쳐 못 따라가서 말을 더듬는 것이다. 그렇기 때문에 너는 절대로 바보가 아니야" 그 순간 열등감이 자신감으로 바뀌었다고 했습니다.

어머니가 말을 더듬는 것에 대한 사고와 생각을 바꾸게 한 것입니다. 젝웰치의 어머니는 가난하고 평범한 주부로 어느 조직에서도 리더를 해 본적이 없었지만 그러나 어머니가 그에게 늘 자신감을 심어 주었다고 말한 것입니다. "너는 할 수 있어. 좀 더 높은 목표를 세워라. 다른 것은 생각 말고 노력만 하면 된다." 이런 교훈이 회사 경영에 큰 힘이 되어서 오늘날 세계적인 제너럴 엘릭트릭의 회장이 되었고 그 회사를 세계적인 수익 있는 기업으로 만들 수 있었던 것입니다.

우리는 하나님이 지으신 새로운 우리 자신을 바라보고 헤아리는 사람이 되어야 되는 것입니다. 자기 스스로의 인간을 바라보지 말고, 자기의 환경과 무능력을 바라보지 말고, 하나님이 새로 만들어 주신 자신을 늘 바라보고 그를 헤아릴 수 있는 사람이 되어야 되는 것입니다.

삶의 패배는 태어날 때부터 패배를 안고 태어나는 사람은 없습니다. 또 운명적으로 패배할 수 없게 태어나는 사람도 없습니다. 삶의 패배는 마음에서부터 시작하는 것입니다. 생활환경이나 운명 때문에 패배하는 것은 아닙니다. 패배는 마음에서부터 출발합니다. 이스라엘 백성이 광야 끝 가데스바네아에 와서 12 정탐꾼을 가나안땅에 보내었던 사건을 잘 알고 있습니다. 40주 40야를 12명이 정탐하고 와서 10명은 굉장히 부정적인 보고를 했습니다. 그 보고를 들은 모든 이스라엘 백성들은 땅을 치고 통곡을 하고 장관을 세워서 애굽으로 돌아가자고 하나님과 모세를 대항했습니다.

그러자 하나님은 진노하셔서 열 사람을 그 자리에서 죽이시고 부정적인 사람, 모든 이스라엘 백성을 광야로 회진시켜 40년 동안 광야에서 방황하면서 다 죽게 만들었습니다. 오직 긍정적인 여호수아와 갈렙만이 그 후손을 데리고 젖과 꿀이 흐르는 땅으로 들어간 것입니다. 그런데 이 열 사람이나 열 사람의 말을 듣고 낭패와 실망을 당하고 패배한 사람들은 어디에서 낭패와 실망을 당했느냐. 그들의 마음에서부터 출발한 것입니다. 생각에서 이미 패배한 사람은 어느 곳에 가나 패배하고 마는 것입니다.

꿈을 잃어버리고 가나안땅을 사람이 못 살 땅이라 비난하여 하나님의 말씀에 정면으로 대립했던 열 사람과 그를 따르던 이스라엘 백성들은 이미 마음에서 패배한 사람들입니다. 이 사람은 어느 곳에 가나 패배할 수밖에 없기 때문에 하나님이 버리고 만 것입니다. 민수기 13장 31절로 32절에 보면 "그와 함께 올라갔던 사람들은 가로되 우리는 능히 올라가서 그 백성을 치지 못하리라 그들은 우리보다 강하니라 하고 이스라엘 자손 앞에서 그 탐지한 땅을 악평하여 가로되 우리가 두루 다니며 탐지한 땅은 그 거민을 삼키는 땅이요 거기서 본 모든 백성은 신장이 장대한 자들이며"라고 말한 것입니다.

이미 생각에 패배했습니다. "그 땅 백성은 강하고 우리가 보는 그 땅은 거민을 삼키는 황무지더라. 우리는 그곳에 가서 살 수 없다." 그렇게 마음속에 생각한 것입니다. 하나님께서는 젖과 꿀이 흐르는 땅이라고 말했는데 그들은 거민을 삼키는 황무지라고 말한 것입니다. 하나님이 거짓말 했나요? 그렇지 않습니다. 젖과 꿀이 흐르는 땅이라는 것은 꿈인 것입니다. 꿈은 현실이 아닙니다. 그러나 꿈을 받아들이는 사람은 꿈이 현실을 그렇게 변화시켜 가는 능력을 나타내는 것입니다. 믿음은 바라는 것들의 실상이요, 보지 못하는 것들의 증거라고 말한 것입니다. 그러므로 우리가 꿈을 현실과 착각을 하면 안 됩니다.

현실이 아무리 험악해도 꿈이 있으면 꿈이 현실을 변화시키는 것입니다. 하나님이 젖과 꿀이 흐른다고 했으면 반드시 젖과 꿀이 흐르게 현실이 변화되어 갈수 있는 것입니다. 그러나 그들은 생각에서 이미 부정적이 되었기 때문에 패배는 생각에서부터 출발합니다. 마음, 생각 속에서 못한다. 안 된다. 할 수 없다. 나는 실패자라고 생각하면 그 사람은 결단코 실패하고 마는 것입니다. 지킬만한 것보다 네 마음을 지켜라. 생명의 근원이 이에서 난다고 말했는데 마음에서부터 실패의 쓴물이 넘쳐나는데 결코 승리할 수가 없는 것입니다. 생각이 부정적이면 패배는 기정사실입니다. 뭐 두말할 것 없습니다.

사람의 말을 가만히 들어보고 이미 그 생각에 패배자의 생각이 있으면 그 사람은 절대로 실패하고 마는 것입니다. 시편 106편 24절로 26절에 "저희가 낙토를 멸시하며 그 말씀을 믿지 아니하고 저희 장막에서 원망하며 여호와의 말씀을 청종치 아니하였도다 이러므로 저가 맹세하시기를 저희로 광야에 엎더지게 하고"라고 말한 것입니다. 이미 생각이 부정적인 사람들은 벌써 죽은 것이나 다름이 없습니다. 하나님께서 그들을 광야에 내리 몰아쳐 다 그곳에서 죽게 만들고 만 것입니다.

사무엘 스마일이라는 심리학자는 '생각은 행동을 낳고 행동은 습관을 만들고 습관이 쌓이면 성품이 되고 성품은 그 사람의 운명을 결정한다.'고 했습니다. 운명은 벌써 생각에서부터 출발한다는 것입니다.

로만 빈센트 필박사는 '만일 우리의 머리에 패배감이 떠오르거든 그러한 생각에서 아예 몸을 피하라. 패배를 생각하면 실제에 있어서도 패배 당하기 때문에 오히려 패배는 있을 수 없다는 태도를 취해야만 한다.'고 말한 것입니다.

노만 빈센트 필 박사의 독수리와 닭이라는 이야기는 정말로 유명합니다. 어느 날 모험을 좋아하는 소년이 근처 산에서 발견한 독수리 알을 암탉이 계란을 품을 때 살짝 집어넣었습니다. 드디어 병아리도 독수리도 알에서 깨어났습니다. 이 독수리 새끼는 자기가 병아리라고 생각하며 병아리와 똑같이 행동을 했습니다. 병아리 사고로 바뀐 것입니다. 그런데 어느 날 큰 독수리 하나가 닭장 상봉을 날아 멋지게 맴돌다 지나갔습니다.

그런데 그것을 자세히 보고 있던 독수리 새끼는 야 나하고 닮았지 않느냐? 나는 여태까지 병아리하고 왜 안 닮았나 싶어 했는데 저 공중에 나는 저 어마어마한 새하고 나하고 닮았지 않으냐 비로소 독수리 새끼는 그제야 자기 모습을 살펴보고 자기가 누군지 발견하게 되었습니다. 자화상을 발견하게 되었습니다. 생각고 사고가 바뀌었습니다.

그래서 그는 말했습니다. 나는 병아리가 아니야 나는 저 독수리를 닮았어. 이 닭장은 내가 도무지 어울리지 않아 닭장에 살 팔자가 아니야 나는 높은 하늘을 날고 바위산을 오른 독수리야, 이제까지 병아리라고 생각하고 병아리처럼 생각하였으나 이를 다 청산하고 날개를 쳐보니 힘차게 솟아 올라갑니다. 그때부터 독수리로 살게 되었다는 것입니다.

사람의 생각은 자기의 운명과 환경에도 절대적인 영향력을 미치게 되는 것입니다. 그러므로 어떤 일을 하든지 우리의 생각이 부정적이면 그 생각대로 패배는 기정사실이 되고 마는 것입니다. 부정적인 군인을 일선에 보내면 전쟁에 집니다. 부정적인 일꾼을 일터에 보내면 일을 성사시키지 못합니다. 할 수 없다는 사람이 어떻게 해내요. 자화상에서 이미 패배한 사람은 이 세상에서 승리할 수 없습니다.

이스라엘 백성은 그들의 마음의 자화상에서 이미 가나안에 들어가기 전에 패배자의 자화상을 가지고 있었습니다. 가나안 땅의 대장부에 비해 자기들은 메뚜기라고 말했습니다. 말을 해도 그렇지 어떻게 가나안의 대장부에 비교하니까 자기들은 메뚜기들이라고 말합니까? 메뚜기가 들어가서 뭘합니까? 벌써 패배한 것입니다. 그래서 하나님이 광야를 돌다가 죽게 만든 것입니다.

민수기 13장 32절로 33절에 "이스라엘 자손 앞에서 그 탐지한 땅을 악평하여 가로되 우리가 두루 다니며 탐지한 땅은 그 거민을 삼키는 땅이요 거기서 본 모든 백성은 신장이 장대한 자들이며 거기서 또 네피림 후손 아낙 자손 대장부들을 보았나니 우리는 스스로 보기에도 메뚜기 같으니 그들의 보기에도 그와 같았을 것이니라"

메뚜기 자화상을 가졌습니다. 자신이 메뚜기라고 생각하면 아무것도 못합니다. 메뚜기가 뭘 합니까? 깡충깡충 뛰다가 밟혀 죽을 수밖에 없지요. 메뚜기 자화상. 그런데 오늘날 너무나 많은 사람들이 메뚜기 자화상을 가지고 있습니다. 이스라엘 백성과 한가지입니다. 아예 싸워 보기도 전에 나는 패배자라는 자화상을 가지고 있습니다. 나는 못한다. 안 된다. 할 수 없다. 돈이 없다. 능력이 없다. 실력이 없다. 학력이 없다. 나는 실패자라는 메뚜기 자화상을 가지고 있기 때문에 패배는 기정사실이 되어 버리고 마는 것입니다. 세상에서 부정적인 자화상을 가지고 살아가는 사람들이 의외로 많습니다.

미국의 성형외과 의사이면서 심리학자인 맥스웰 말츠 박사의 말에 따르면 미국 인구 전체의 95%에 달하는 사람들이 열등감을 느끼고 살고 있다는 것입니다. 자기는 못한다. 못났다는 열등의식, 메뚜기 상을 가지고 있습니다. 미국 가정상담사역의 권위자인 제임스 돕슨은 건강하고 남편과 아이들이 있고 경제적으로 안정되어 있는 가정주부들만을 대상으로 설문조사를 했습니다. 그런데 놀랍게도 그들이 가장 큰 고민이 낮은 자존감 즉 패배적인 자화상을 가지고 있다는 것입니다. 불신자의 경우에는 80%가 신자 중에서는 50%의 사람들이 자기는 패배자라는 자화상을 가지고 있기 때문에 자존심을 잃어버리고 불행하고 즐거움이 없는 삶을 살고 있다는 것입니다.

데이빗 시멘스라는 학자는 사탄이 인간을 무력화시키는 가장 좋은 무기는 열등감이라고 말했습니다. 나는 못한다. 못났다. 능력이 없다. 열등한 자화상을 가진 사람은 패배하기 때문에 마귀는 항상 사람들의 마음속에 열등한 자화상을 넣어 주기를 원하는 것입니다. 패배적인 자화상으로 인해 생기는 열등감은 자신을 파괴하고 삶을 실패로 이끄는 원동력이 되는 것입니다. 그렇기 때문에 사탄은 언제나 패배의식을 갖다 주기 위해서 패배하는 자화상을 갖다 주는 것입니다. 사람이 일단 자기가 못한다고 자화상이 들어가면 절대로 그 이상은 발전하지 못합니다.

안하려고 하는 것입니다. 실험실에서 선생님이 벼룩을 잡아 와서 벼룩을 긴 유리관에 집어넣습니다. 넣자마자 툭 뛰어 나와 버리고 툭 뛰어 나와 버립니다. 벼룩이 얼마나 잘 뜁니까? 시험관속에 벼룩을 넣어 놓을 수가 없어요. 넣어 놓으면 엄청나게 잘 뛰는 높이뛰기 선수인 벼룩이 뛰어서 나가버리는 것입니다. 아마 벼룩 못 본 사람도 있지요. 요사이 세대는 벼룩을 구경을 못했을 것입니다. 우리세대는 벼룩구경 많이 했어요. 방에 탁 튀는 것은 벼룩입니다.

그런데 그 플라스틱에 벼룩을 넣어 놓고 뚜껑을 덮어 놓으면 벼룩이 탁 뛰다가 머리에 탁 부딪히며 '아이고 골이야~ 아이고 이것 왜 이러느냐?' 또 한 번 탁 튀니까 또 골이 탁 부딪히니까 '아이고 골이야. 이 정신아~' 세 번 뛰니까 또 골에 부딪히고 네 번 부딪히니까 또 머리에 부딪히니까 그만 벼룩이 마음속에 자화상을 가집니다. '너무 뛰면 골이 박살난다. 적당히 뛰어라.' 딱 마음에 그러한 자화상이 벼룩 속에 만들어지면 그 다음에 벼룩은 플라스틱 뚜껑을 열어 놓아도 절대로 안 뛰어 나갑니다.

많이 뛰면 골 아프다. 적당히 뛰고 말자. 그래서 뚜껑을 열어 놓아도 안 뛰어 나가요. 적당히 뛰고 말아요. 부모들이 자식을 교육할 때 '너는 바보다. 너는 못한다. 너는 안 된다.'하면 딱 자기 자화상을 나는 못한다. 안 된다. 실패자의 자화상을 가지기 때문에 더 이상 나가려고 하지 않아요. 애쓰고 힘쓰고 노력하려고 안하는 것입니다. 사람들은 부정적인 자화상을 넣어 주면은 그 이상은 결코 나가지 않습니다. 이스라엘 백성들은 자기들이 메뚜기라는 자화상을 가지고 있으니까 메뚜기가 어떻게 네피림의 후손 아낙자손 대장부를 대항해서 싸웁니까? 싸우려고 생각도 하지 않고 들어가려고 생각도 하지 않는 것입니다.

우리는 부정적인 자화상을 가져서는 결코 안 되는 것입니다. 자녀들을 교육할 때 부정적인 말로써 교육하면 안 되는 것입니다. 패배자의 자화상을 가진 사람은 이미 침몰하는 배와 같습니다. 물에 가라앉아가는 배입니다. 건질 수가 없는 것입니다. 그리고 이스라엘 백성들은 패배자의 믿음을 가졌습니다. 그들은 하나님보다 환경을 믿었습니다. 환경을 보니까 안 된다고 그래요. 광야에서 그들은 하나님보다 환경을 믿었습니다. 환경을 보니까 안 된다고 그래요. 성은 하늘을 찌를 듯이 높고 그곳에 사는 사람들은 네피림의 후손 아낙자손 대장부들을 우리가 보니까 안 되겠더라.

그들이 말을 들어봐도 안 되겠더라. 우리 느낌에도 안 될 것 같더라. 그들은 환경을 믿고 하나님을 믿지 않았습니다. 하나님보다 환경을 믿어서는 결코 안 되는 것입니다. 우리가 인생을 살면서 우리 환경은 우리에게 제약을 많이 갖다 주는 것입니다. 환경을 통해서 우리 감각을 통해서 경험을 통해서 우리 이성을 통해서 모든 것을 판단하는 사람은 출발하기 전에도 패배자가 되고 마는 것입니다. 성은 높고 그곳에 사는 사람은 대장부더라.

신명기 7장 21절에 "너는 그들을 두려워 말라 너희 하나님 여호와 곧 크고 두려운 하나님이 너희 중에 계심이니라"

그들 중에 계시는 하나님을 바라보지 아니하고 환경을 바라보았습니다. 하나님을 바라보지 않은 믿음은 믿음이 아닙니다. 믿음이란 뭡니까? 믿음이란 내 기분입니까? 아닙니다. 내 지식입니까? 아닙니다. 믿음이란 하나님을 믿는 것이 믿음인 것입니다. 천지와 만물을 지으시고 우리를 사랑하사 우리와 함께 계신 하나님을 믿는 믿음이 믿음이지 하나님이 이외에 다른 것에 의존하는 것은 결코 믿음이 아닌 것입니다. 그러나 사람들은 이런 말을 합니다. 믿을 기분이 안 생깁니다. 마음에 두려움이 꽉 들어차고 믿을 감정이 안 생깁니다.

뭘 느껴져야 믿지 아무 느낌도 없는데 어떻게 믿습니까? 그렇게 말합니다. 느낌이 믿음이 아닌 것입니다. 믿음은 우리 마음속의 선택에 달려 있는 것입니다. 회당장 야이로를 보십시오. 예수님을 모시고 죽어가는 딸을 살리러 가는데 집 근처에 다 왔습니다. 그런데 집안에서 통곡소리가 천지를 진동하고 종들이 뛰어나와서 옷을 찢고 먼지를 휘날리면서 주인님 예수님을 더 괴롭힐 필요가 없습니다. 당신의 딸이 지금 죽었습니다. 그 말을 들을 때 회당장은 기분이 어떻겠습니까? 좌절하고 절망하며 무릎이 덜덜 떨리고 그 자리에 주저앉을 수밖에 없었습니다. 믿을 가능성이 없습니다. 기분이 다 사라졌습니다.

그때 예수님이 회당장의 귀에 대고 뭐라고 속삭였습니까? '두려워말고 믿기만 하라!' 두려움을 선택하지 말고 믿음을 선택하라. 여기에서 보면 믿음은 감정이 아니라는 것을 알 수 있습니다. 믿음은 감각이 아닙니다. 회당장 야이로는 믿을만한 감정도 없었고 감각도 없었습니다. 절망이 홍수처럼 휩쓸어 왔습니다. 그럼에도 불구하고 주님은 그 자리에서 두려움을 선택하지 말고 하나님을 믿는 믿음을 선택하라고 말한 것입니다. 그러므로 믿음은 절대로 감정이 아닙니다. 믿을 생각이 안생기고 믿을 감정이 안 생겨도 상관없어요. 여러분이 마음속에 믿겠다고 선택만 하면 되는 것입니다.

　　하나님을 나는 믿겠다. 살든지 죽든지 흥하든지 망하든지 성하든지 쇠하든지 눈에는 아무 증거 안보이고 귀에는 아무 소리 안 들리고 손에는 잡히는 것 없어도 나는 하나님을 믿는 것을 선택하겠다. 나는 믿는다. 이것이 믿음인 것입니다. 이를 하나님이 귀하게 여기시고 이런 믿음을 보시고 네 믿음대로 될찌어다. 할 수 있거든이 무슨 말이냐 네 믿음대로 될찌어다라고 말씀한 것입니다.

　　신명기 11장 25절에 "너희 하나님 여호와께서 너희에게 말씀하신대로 너희 밟는 모든 땅 사람들로 너희를 두려워하고 무서워하게 하시리니 너희를 능히 당할 사람이 없으리라" 하나님이 이렇게 말씀을 해주는데 왜 하나님 말씀을 저버리고 사람들을 바라보고 육신의 눈으로 본 것을 따라가는 것입니까? 민수기 14장 11절에도 "여호와께서 모세에게 이르시되 이 백성이 어느 때까지 나를 멸시하겠느냐 내가 그들 중에 모든 이적을 행한 것도 생각하지 아니하고 어느 때까지 나를 믿지 않겠느냐"

하나님을 믿지 않는 것은 하나님을 멸시하는 것입니다. 하나님을 무시하는 것입니다. 성경에는 볼찌어다 세상 끝날까지 내가 항상 너희와 함께 하리라고 말씀하신 것입니다. 지금 이 자리에 하나님은 와계신 것입니다. 예수님이 너희 두 세 사람이 내 이름으로 모인 곳에는 나도 너희 가운데 있겠다고 말씀한 것입니다. 이 하나님을 인정하고 믿지 아니하면 하나님을 무시하고 멸시하는 것이 되고 마는 것입니다. 우리 예수 믿는 사람들은 언제나 믿음을 선택하고 환경을 선택해서는 안 되는 것입니다. 그리고 이스라엘 백성들은 패배자의 말을 했습니다.

말이 우리를 묶고 사로잡습니다. 내 입에 말로 내가 묶였으며 내 입의 말로 내가 사로잡힘을 받았다고 말한 것입니다. 말이 하나님의 임재를 모셔오며 말이 하나님의 능력을 모셔오는 것입니다. 하나님 나를 보혈로 덮어 주시옵소서. 그러면 입술의 말이 보혈로 나를 덮는 것입니다. 옛날에는 짐승을 잡아 피를 우슬초에 묻혀서 뿌렸지만 오늘날은 우리 피를 짐승에서 뽑을 필요가 없습니다. 예수님이 십자가에서 영원히 피를 흘렸는데 그 피를 어떻게 우리가 우리 몸에 바르느냐. 말로써 바르는 것입니다. 예수님의 피로써 내 몸을 덮어 주시옵소서. 그러면 그 말로써 예수님의 피를 덮는 것입니다.

예수님의 보혈로써 우리를 덮어 주시옵소서. 우리의 말로써 예수님의 보혈로 덮는 것입니다. 말이 위대한 하나님의 능력을 우리에게 접속시키는 것입니다. 죽고 사는 권세가 혀에 있으니 혀를 사용하는 자는 그로 말미암아 살리라고 말씀하고 있는 것입니다. 민수기 14장 1절로 3절에 보면 "온 회중이 소리를 높여 부르짖으며 밤새도록 백성이 곡하였더라 이스라엘 자손이 다 모세와 아론을 원망하며 온 회중이 그들에게 이르되 우리가 애굽 땅에서 죽었거나 이 광야에서 죽었더면 좋았을 것을 어찌하여 여호와가 우리를 그 땅으로 인도하여 칼에 망하게 하려 하는고 우리 처자가 사로잡히리니 애굽으로 돌아가는 것이 낫지 아니하랴"

정말 망할 소리를 합니다. 얼마나 부정적인 말을 합니까? 파멸적인 말을 하는 것입니다. 이 말이 저들을 사로잡고 이 말이 저들을 붙잡은 것입니다. 죽고 사는 권세가 말에 있는데 말을 죽도록 하고 있는 것입니다. 패배의 말, 사망의 말, 좌절과 절망의 말을 하고 그곳에서 승리해 나올 수가 있겠습니까? 우리가 들어가지 못한다. 우리 처자가 포로로 잡힌다. 그런 말을 하는데 어떻게 그들이 승리할 수 있겠습니까? 말이 씨가 된다는 우리 속담이 있지 않습니까?

잠언서 6장 2절에 "네 입의 말로 네가 얽혔으며 네 입의 말로 인하여 잡히게 되었느니라"고 말했습니다. 잠언서 17장 20절에 "마음이 사특한 자는 복을 얻지 못하고 혀가 패역한 자는 재앙에 빠지느니라"고 말한 것입니다. 재앙이 따로 있는 것이 아니라 혀로써 말을 잘못하여 재앙에 빠지게 되는 것입니다. 잠언서 18장 21절에 "죽고 사는 것이 혀의 권세에 달렸나니 혀를 쓰기 좋아하는 자는 그 열매를 먹으리라"고 했습니다.

죽고 사는 권세가 혀에 있다. 어마어마한 하나님 말씀입니다. 죽고 싶으면 부정적인 말을 하십시오. 살고 싶으면 긍정적인 말을 하십시오. 실패하고 싶으면 못한다고 하십시오. 성공하고 싶으면 할 수 있다고 말을 하십시오. 성경에 말했습니다. 저 하늘이 무너지고 이 땅이 꺼져도 일점일획도 변치 않는 말씀이 죽고 사는 것이 혀의 권세에 달려있다고 말하고 있는 것입니다.

우리 한국인들이 너무나 죽겠다는 말을 많이 사용해서 얼마나 많은 사망의 사건이 우리 한국에 일어났습니까? 추워 죽겠다. 더워 죽겠다. 배불러 죽겠다. 배고파 죽겠다. 좋아 죽겠다. 슬퍼 죽겠다. 전부 죽겠다고 했으므로 얼마나 많은 사망의 역사가 다가옵니까? 또 못해먹겠다는 소리도 많이 합니다. 보통 사람만 못해 먹겠다고 하는 것이 아니라 높은 사람도 못 해 먹겠다고 자꾸 말합니다. 그것 큰일입니다. 보통일이 아닙니다. 왜, 입에서 나온 말이 씨가 되기 때문인 것입니다. 그것이 우리의 운명을 얽어 매기 때문인 것입니다.

23장 권능을 사용하도록 훈련하시는 하나님

(행3:2-8)"나면서 못 걷게 된 이를 사람들이 메고 오니 이는 성전에 들어가는 사람들에게 구걸하기 위하여 날마다 미문이라는 성전 문에 두는 자라. 그가 베드로와 요한이 성전에 들어가려 함을 보고 구걸하거늘, 베드로가 요한과 더불어 주목하여 이르되 우리를 보라 하니, 그가 그들에게서 무엇을 얻을까 하여 바라보거늘, 베드로가 이르되 은과 금은 내게 없거니와 내게 있는 이것을 네게 주노니 나사렛 예수 그리스도의 이름으로 일어나 걸으라 하고, 오른손을 잡아 일으키니 발과 발목이 곧 힘을 얻고, 뛰어 서서 걸으며 그들과 함께 성전으로 들어가면서 걷기도 하고 뛰기도 하며 하나님을 찬송하니"

하나님은 자녀들에게 권능을 사용하여 세상을 하나님의 나라를 만들기를 소원하십니다. 우리 자녀들에게 예수님의 권능을 알게 하고 사용하도록 훈련해야 합니다. 자녀들이 하나님이 부여한 권능을 사용하여 세상에서 예수님을 누려야 성공할 수가 있습니다. 세상에는 우리 자녀들을 불행하게 하려는 귀신이 있기 때문입니다. 기독교는 이론의 종교가 아니고 살아서 역사하시는 생명의 종교입니다. 자녀들에게 어려서부터 하나님의 권능을 사용하여 이 땅에 하나님의 나라를 만들어 가도록 훈련해야 합니다. 아브라함의 경우를 보면 알 수가 있습니다. 조카 롯이 연합군에게 포로로 잡혀 끌려갔습니다. 아브라함은 협상하지 아니하고 야음을 틈타

적진에 침투하여 승리에 도취되어 있는 적군을 멸망시키고 조카 롯을 구출했습니다. 우리도 마찬가지입니다. 부모나 자녀들, 친척이 악한 영의 포로가 되었을 때 성령의 권능을 사용하여 귀신을 몰아내고 구출해야 합니다. 그래서 하나님의 자녀는 어려서부터 하나님께서 부여하신 권능을 알고 사용할 줄 알아야 합니다.

우리의 자녀들을 괴롭히는 귀신들은 재능과 힘과 능력으로 싸워서 이길 수가 없습니다. 반드시 초자연적으로 역사하는 성령의 권능을 사용하여 대적해야 승리할 수가 있습니다. 예수님의 이름에는 분명하게 권세가 있습니다. 성도들에게 세상에서 가장 가치 있는 이름 하나를 찾으라고 한다면 "예수 그리스도의 이름"임을 찾아야 합니다. 예수의 이름의 뜻이 "구원"입니다. 예수님은 요한복음 14장 6절에서 "내가 곧 길, 진리, 생명이라고 하시며 나로 말미암지 않고는 아버지께로 올 자가 없다"고 하셨습니다. 죄에서 자유 함을 얻는 유일한 길이요. 요한복음 14장 13절에 "너희가 내 이름으로 무엇을 구하든지 내가 시행하리니" 하나님께 기도하여 응답 받을 수 있는 이름입니다. 이런 기도의 약속은 대단한 약속입니다. 그래서 성도들은 열심 있게 예수 이름으로 성령 안에서 기도해야 합니다. 그러나 기도는 열심히 하는데 아무 일도 일어나지 않는 일이 대부분입니다. 그것을 이상하게 여기지도 않습니다. 자신의 능력이 없어서, 믿음이 적어서, 죄가 있어서 등으로 생각하고 기도를 포기합니다.

그럼 과연 예수 이름의 권세는 언제 누구에게 나타나는 것일까요? "먼저 생각할 것은 우리가 이 땅에서 예수 그리스도의 이름을 부르는 의미를 알라"기도는 나를 위한 것이 아니라, 하나님을 위한 것임을 잊지 말아야 합니다. 즉 예수 이름을 사용하는 목적이 나를 위함이 아니라, 하나님의 영광을 위함이어야 한다는 것입니다. 예수의 이름은 내가 하나님을 이용하도록 주신 것이 아니라, 하나님께서 나를 사용하시기 위해 주신 이름이라는 말씀입니다. 이를 알고 성령으로 기도해야 합니다. 성령 안에서 예수님의 권세가 나타나는 것입니다.

성령 안에서 예수님의 이름으로 기도할 때 하나님이 들어주시고 응답하여 주십니다. 우리가 '예수님의 이름으로' 기도하는 것은, 예수님께서 돌아가시기 전에 제자들에게 마지막으로 부탁하신 말씀 때문입니다. 물론 '예수님의 이름으로' 기도할 때에는, 예수님의 가치와 목적과 성품이 그 기도 속에 포함되어 있어야 합니다. 즉 성령의 임재가운데 성령으로 기도해야 합니다. 그 구체적인 기도의 내용이 바로 주님이 가르쳐주신 주기도문에 담겨 있습니다.

무엇보다 우리가 기도하는 대상이신 하나님에 대해서 오해를 풀어야 합니다. 우리의 기도는 억지로 떼를 써서라도 인색한 하나님에게 우리가 원하는 것을 받아내는 고집스러운 행위가 아니라, 단순하고 솔직하게 필요한 것과 성령님이 감동하시는 것을 믿음으로 간구하는 것입니다.

그리고 '예수님의 이름으로' 기도할 때에 우리가 받게 될 가장 좋은 응답은 바로'성령'이라는 것을 알아야 합니다. 기도할 때 성령을 주십니다. 이것이 바로 예수님께서 우리에게 '예수님의 이름으로'기도하라고 가르쳐주신 진정한 이유입니다. 이 부분에 대해서 조금 더 깊이 묵상할 필요가 있습니다. 예수님께서 승천하시기 전에 제자들에게 남겨주신 말씀은"오직 성령이 너희에게 임하시면 너희가 권능을 받고 예루살렘과 온 유대와 사마리아와 땅 끝까지 이르러 내 증인이 되리라 하시니라."(행1:8)입니다. 누가복음 11장에서 주님은 우리가 '예수님의 이름으로' 기도하면 '성령'을 받게 될 것이라고 말씀하셨습니다. 여기 사도행전 본문에서는 '성령'이 임하면 '권능'을 받게 될 것이며, 그 '권능'을 받아야 땅 끝까지 이르러 '주님의 증인'이 될 수 있다고 하셨습니다. 그리고 오순절 성령강림을 통해서 실제로 주님께서 약속하신 성령이 제자들에게 하나씩 임했습니다.

예수님께서 행하신 '권능'(權能)이란 기사(wonders)와 표적(signs)을 행하실 수 있는 눈으로 보이는 '능력'(power)이라는 것입니다. 그 권능을 통해서 예수님이 하나님의 아들이요. 그리스도이심을 하나님께서 '증언'하셨다는 것입니다. 반드시 예수님의 권능은 말로만 그치는 것이 아니라 실제 몸으로 느끼고, 눈으로 보이는 실제적인 현상이 나타나야 합니다. 정리하자면, '권능'은 기사와 표적을 행하는 능력인데, 그것을 통해서 예수 그리스도가 증명(prove)될 수 있는 그런 능력입니다.

자, 그렇다면 오순절 성령강림 사건을 통해서 제자들이 받게 된 '권능'은 무엇일까요? 그것은 예수님과 똑같습니다. '기사'와 '표적'을 행할 수 있는 '능력'입니다. 그 권능을 사용함으로써, 주님께서 하신 말씀처럼, 제자들은 비로소 땅 끝까지 이르러 예수님을 증언하는 사역을 할 수 있게 되었던 것입니다. 그러니까 예수님께서 제자들에게 '예수님의 이름으로' 하늘 아버지께 기도하여 '성령'을 받으라(눅11:13)고 말씀하신 이유는, 결국 제자들이 성령을 받아야 이와 같은 권능을 사용할 수 있게 되기 때문인 것입니다. 권능은 성령으로 기도할 때 기사와 표적이 나타나기 때문입니다. 그렇기 때문에 예수님의 권능을 사용하려면 반드시 성령으로 세례를 받아야 합니다.

그렇게 해서 실제로 초대교회에서는 성령 받은 제자들로 말미암아 많은 '기사와 표적'이 나타나게 되었습니다(행2:43). 그 중의 그 첫 번째 사건이 바로 성전 미문에서 구걸하던 나면서부터 못 걷게 된 장애인을 베드로와 요한이 치유한 일입니다. 이때 베드로가 그를 향해서 무엇이라고 말했습니까? "베드로가 이르되 은과 금은 내게 없거니와 내게 있는 이것을 네게 주노니 나사렛 예수 그리스도의 이름으로 일어나 걸으라 하고…."(행3:6)라는 말입니다.

여기에서 우리가 주목해야 할 부분은, 베드로가 권능을 행하면서 사용한 '나사렛 예수 그리스도의 이름으로'라는 말입니다. 베드로는 '내가 명하노니 일어나 걸으라!'라고 하지 않습니다. '예수님의 이름으로 일어나 걸으라!'고 명령합니다. 바로 이것이 '예수님의 이름으로' 기도하여 성령의 권능을 받은 사람들이, 그 권능을 행할 때 하는 방법입니다. '예수님의 이름으로' 기도하여 얻은 권능은 오직 성령 안에서 '예수님의 이름으로' 명령함으로써 그 능력이 나타나게 되는 것입니다.

그렇다면 예수님은 기사와 표적을 행하실 때에 당신의 이름을 사용하셨을까요? 아닙니다. 예수님은 당신의 이름을 사용하실 필요가 없으셨습니다. 그냥 '말씀하심'으로 놀라운 기사와 표적을 보이셨습니다. "…중풍병자에게 말씀하시되 일어나 네 침상을 가지고 집으로 가라 하시니 그가 일어나 집으로 돌아가거늘…"(마9:6b-7). 베데스다 연못가에 누워 있던 38년 된 병자를 향해서도 예수님은 그냥 명령하셨습니다. "예수께서 이르시되 일어나 네 자리를 들고 걸어가라 하시니 그 사람이 곧 나아서 자리를 들고 걸어가니라."(요5:8-9). 명령하셨습니다.

예수님은 굳이 '예수님의 이름으로' 선포하실 이유가 없으십니다. 왜냐하면 그분이 바로 예수 그리스도 자신이시기 때문입니다. 그러나 제자들은 다릅니다. 제자들은 자신의 능력으로 기사와 표적을 나타내 보이는 것이 아닙니다. 성령 안에서 예수님의 이름으로 기도하여 얻은 '권능'으로 기사와 표적을 보이는 것입니다. 따라서 그들은 반드시 '예수님의 이름으로' 그렇게 선포하고 명령해야 하는 것입니다.

그러니까 엄밀하게 말하자면 제자들이 기사와 표적으로 '권능'을 행할 때에, 예수님께서 그 일을 행하신다는 믿음을 가지고 '예수님의 이름으로' 기도하는 것이며, 동시에 예수님께서 행하실 일(기사와 이적)에 대해서 선포하고 명령하는 것입니다. 예수님께서는 믿음의 '기도'를 들으시고 이적이 나타날 대상에게 성령으로 '명령'하는 것입니다. 이 명령을 대상이 알아듣고 순종하니 기적이 나타나는 것입니다.

이와 같은 놀라운 일은 베드로에게만 경험된 것이 아니었습니다. 바울은 그보다 더 놀라운 일을 행했습니다. 빌립보에서는 예수 그리스도의 이름으로 귀신들린 여종에게서 귀신을 내쫓기도 했습니다. "…바울이 심히 괴로워하여 돌이켜 그 귀신에게 이르되 예수 그리스도의 이름으로 내가 네게 명하노니 그에게서 나오라 하니 귀신이 즉시 나오니라."(행16:18). 바울이 말 한대로 귀신이 나왔습니다. 에베소에서 사역할 때에는 정말로 믿기지 않는 놀라운 역사가 나타나기도 했습니다. "하나님이 바울의 손으로 놀라운 능력을 행하게 하시니 심지어 사람들이 바울의 몸에서 손수건이나 앞치마를 가져다가 병든 사람에게 얹으면 그 병이 떠나고 악귀도 나가더라."(행19:11-12). 이는 실제로 일어난 성령의 역사입니다.

이 이야기는 마치 12년 동안 혈루증을 앓던 여인이 예수님의 옷에 손을 대고 고침을 받은 장면을 연상하게 합니다. 그러나 그것은 어디까지나 예수님 이야기입니다. 하나님의 아들이신 예수님이라면 물론 얼마든지 그런 일을 행하실 수 있습니다. 그런데 바울의 몸에서 손수건이나 앞치마를 가져다가 얹으면 병이 고쳐지고 악귀가 나가는 이런 일이 어떻게 벌어진단 말입니까? 오랫동안 선교활동에 헌신하다가 보니까 바울도 예수님과 같은 어떤 초자연적인 능력을 가지게 된 것일까요? 아닙니다. 그것은 바울이 가지고 있는 능력이 아닙니다. 본문은 이와 같은 오해를 막기 위해서 분명한 어조로 말합니다. "하나님이 바울의 손으로 놀라운 능력을 행하게 하셨다."

바울을 통해서 나타난 일은 분명히 보통 사람들로서는 감히 행할 수 없는 아주 '이례적인'(extraordinary) 것이었습니다. 그러나 그것은 바울이 자신의 능력으로 행한 일이 아니라, 하나님께서 바울을 통해서 하신 일입니다. 지금도 하나님은 성령으로 세례를 받고 믿음 있는 성도들을 통해서 일을 하십니다.

왜 하나님께서는 바울을 통해서 그런 놀라운 능력을 나타내셨을까요? 그것은 바울이 선포하는 '말씀의 권위'를 세워주시기 위해서였습니다. 잘 새겨들으십시오. '바울의 권위'가 아닙니다. '말씀의 권위'입니다. 바울이 가르치고 전하는 주님의 말씀의 권위를 높여주시기 위해서 놀라운 능력을 보여주신 것입니다. 하나님이 바울을 통하여 일을 하신다는 것을 나타내신 것입니다.

이와 같은 일은 예수님의 공생애 기간 동안에 이미 경험되어진 일입니다. 예수님께서 제자들을 파송하셨을 때에도 제자들을 통해서 놀라운 권능이 나타났습니다. "예수께서 열두 제자를 불러 모으사 모든 귀신을 제어하며 병을 고치는 능력과 권위를 주시고 하나님의 나라를 전파하며 앓는 자를 고치게 하려고 내보내시며…."(눅9:1-2). 예수님은 열두 제자를 한 자리에 불러놓으시고, 그들에게 '모든 귀신을 제어하며 병을 고치는 능력(power)과 권위(authority)를 주셨다'고 합니다.

이 '능력'과 '권위'를 한 마디로 줄여서 말하면 바로 '권능'(權能)이 되는 것입니다. 그런데 이 '권능'의 구체적인 내용이 무엇이었을까요? 그렇습니다. 바로 성령 안에서 '예수님의 이름을 사용할 수 있는' 능력과 권위입니다. 우리는 이 능력과 권위를 예수 이름으로 사용해야 합니다.

실제로 이때 파송 받은 제자들은 '각 마을에 두루 다니며 곳곳에 복음을 전하며 병을 고쳤다'(눅9:6)고 합니다. 또한 '귀신들이 제자들에게 항복하는'그런 일들도 체험했습니다(눅10:17). 그것 또한 제자들의 능력이 아니었습니다. 오히려 그들이 전하는 하나님 나라의 '복음의 권위'를 드러내기 위해서 주님께서 제자들에게'예수님의 이름을'사용할 수 있는 권능을 주셨고, 그것을 통해 놀라운 능력을 실제로 나타내신 것입니다.

베드로와 바울이 행했던 권능도 이와 같이 예수님의 이름을 사용하는 능력이었습니다. 그것을 통해서 놀라운 기사와 표적이 나타났던 것입니다. 그러나 '예수님의 이름'을 사용한다고 해서, 누구에게나 이와 같은 놀라운 일이 나타나게 되는 것은 아닙니다. 바울이 에베소에서 사역할 때에 '예수님의 이름으로'귀신을 쫓아내는 것을 본 마술사들이 그 흉내를 냈던 일이 있었습니다."이에 돌아다니며 마술하는 어떤 유대인들이 시험 삼아 악귀 들린 자들에게 주 예수의 이름을 불러 말하되 내가 바울이 전파하는 예수를 의지하여 너희에게 명하노라 하더라."(행19:13). 여기에서 '돌아다니며 마술하는 어떤 유대인들'은 그냥 눈속임수로 사람들을 즐겁게 해주는 '마술사'를 의미하지 않습니다. 이들은 사실'악한 영들을 쫓아내는' '유대인 퇴마사'였습니다.

사도행전 8장에서 빌립이 사마리아 성에 내려가 복음을 전하다가 만난 '시몬'이라는 마술사나, 사도행전 13장에서 바울이 첫번째 선교여행 중에 구브로의 바보에서 만난 '바예수'라는 유대인 거짓 선지자인 마술사도, 엄밀하게 말하면 사실 퇴마사들이었습니다. 물론 그들이 행하는 것은 눈속임수의 가짜 마술에 불과했지만, 그것을 잘 모르는 사람들에게는 '퇴마사'로서 큰 영향력을 행사하고 있었습니다. 그러다가 빌립이나 바울을 통해서 진짜 능력이 나타남으로써 그들의 가짜 행세가 들통 나고 말았었습니다.

바로 이곳 에베소에도 그와 같이 여기저기 떠돌아다니며 사기쳐서 먹고 사는 가짜 퇴마사들이 나타났던 것입니다. 그들은 바울을 모방하여 '시험 삼아' 귀신을 축출하려고 했습니다. 악귀 들린 사람들에게 '내가 바울이 전파하는 예수를 의지하여 너희에게 명하노라!'라고 말하면서, 예수님의 이름을 이용하여 귀신을 쫓아내려고 했던 것입니다. 아마도 바울이 '예수 그리스도의 이름으로' 귀신을 쫓아내는 장면을 목격했었던 모양입니다.

자, 과연 어떤 일이 벌어졌을까요? 그들도 정말 귀신을 쫓아낼 수 있었을까요? "악귀가 대답하여 이르되 내가 예수도 알고 바울도 알거니와 너희는 누구냐 하며 악귀 들린 사람이 그들에게 뛰어올라 눌러 이기니 그들이 상하여 벗은 몸으로 그 집에서 도망하는지라."(행19:15-16).

그렇습니다. 예수 그리스도의 이름을 아무리 큰 소리로 부른다고 하더라도, 만일 그가 예수님을 구주로 믿지 않는 사람이라면, 그에게는 아무런 능력도 나타나지 않습니다. 왜냐하면 그 능력의 근원은 '예수 그리스도의 이름'에 있는 것이 아니라 '예수님 자신'에게 있기 때문입니다. 예수님께서 행하신다는 믿음이 없는데, 그 이름을 부른다고 무슨 일이 나타나겠습니까?

믿음 없이 부르는 '예수 그리스도의 이름'은 아무런 능력도 나타내지 않는 공허한 '주문'(呪文)이 되고 맙니다. 그것이 바로 하나님께서 십계명을 통해서 엄중하게 금지하신 '하나님의 이름을 망령되이 일컫는'죄를 범하는 것입니다.

베드로가 성전 미문에서 행한 표적을 보고 놀란 사람들이 솔로몬 행각으로 모여들었을 때에, 그들에게 베드로는 이렇게 선포했습니다."그 이름을 믿으므로 그 이름이 너희가 보고 아는 이 사람을 성하게 하였나니 예수로 말미암아 난 믿음이 너희 모든 사람 앞에서 이같이 완전히 낫게 하였느니라."(행3:16). 그렇습니다. 예수님의 이름을 불렀다고 권능이 나타나는 것이 아니라, 예수 그리스도의 이름을 믿는 믿음이 그와 같은 놀라운 기적을 나타낸 것입니다. 예수님이 자신을 통해서 일하신다는 믿음이 있을 때 성령이 역사합니다. 절대로 자신이 행하는 것이 아닙니다. 예수님이 하신다는 믿음을 보고 행하시는 것입니다. 우리는 예수님이 사용하시는 도구에 불과합니다.

요한복음 14장에서 주님은 '내 이름으로 무엇이든지 내게 구하면 내가 행하리라'(요14:14)고 말씀하셨습니다. 그래서 우리 그리스도인들은 기도할 때마다 반드시 예수님의 이름으로 기도합니다. 그러나 예수님의 이름으로 구한다고 해서, 무조건 우리가 간구하는 모든 기도와 소원이 이루어지는 것은 아닙니다. 믿음으로 기도해야 합니다. 예수를 그리스도로 믿는 믿음으로 기도해야 합니다. 그럴 때에 우리의 생각과 기대를 뛰어넘는 하나님의 놀라운 은혜와 능력으로 응답되는 것입니다.

'예수님의 이름으로' 기도할 때에 우리는 성령으로 세례를 받습니다. 성령을 세례를 받아 성령이 임하게 되면 우리는 '예수 이름으로 명령하는 권능'을 받게 됩니다. 예수님께서 행하신다는 확실한 믿음을 가지고 '예수님의 이름으로' 기도하며, 또한 '예수님의 이름으로' 명령할 때에, 하나님께서는 우리를 통해서도 얼마든지 놀라운 기사와 표적을 나타내시면서 예수님이 하나님의 아들이요, 그리스도이심을 증언하게 하실 것입니다.

성도들은 하나님께서 주신 예수 이름의 권세를 사용해야 합니다. 많은 목회자들이 성도들에게 예수님을 믿으면 하나님의 자녀가 되는 권세가 있다고 말합니다. 그래서 많은 성도들이 자신에게 하나님의 권세가 있는 줄 압니다. 자신에게 권세가 있다는 것을 안다고 권세가 나타나는 것이 아닙니다. 성령 안에서 믿음으로 사용할 때 권세가 권능으로 나타납니다. 그런데 문제는 권세를 사용할 줄을 모른다는 것입니다. 권세가 있어도 사용하지 않으면 무용지물입니다. 사용할 때 권능으로 역사가 나타나는 것입니다.

경찰관에게는 나라에서 부여한 권세가 있습니다. 그러나 경찰에게 부여한 권세를 사용하지 않으면 세상에 범죄가 판을 치고, 교통이 혼잡하게 됩니다. 교통사고가 많이 나고, 도둑이 판을 칠 수가 있습니다. 경찰관이 나라에서 부여한 권세를 사용하면 모든 것이 질서를 잡고 잠잠해지는 것입니다. 이와 마찬가지로 성도에게 하나님이 주신 권세를 사용하지 않으면 마귀 귀신이 활개를 칠 것입니다. 성령의 임재가운데 예수이름으로 명령하면 병이 고쳐지고, 귀신이 떠나가는 역사를 체험합니다.

하나님의 아들이신 예수 그리스도가 이 땅에 오셔서 마귀와 그의 추종자 귀신들을 쫓아내셨습니다. 예수님은 공생애 3년 동안 가는 곳마다 귀신을 쫓아내시고, 병든 자를 고치셨습니다. 왜냐하면 예수님이 이 땅에 오신 것은 마귀의 일을 멸하기 위함이었기 때문입니다(요일3:8). 그리고 예수님은 십자가를 지시고 죽으셨고, 사흘 만에 부활하셨습니다. "이르시되 너희는 가서 저 여우에게 이르되 오늘과 내일은 내가 귀신을 쫓아내며 병을 고치다가 제삼일에는 완전하여지리라 하라"(눅13:32).

부활하신 후 예수님은 다시 오신다는 약속을 하시고 승천하셨습니다. 그러나 그냥 가신 것이 아닙니다. 우리를 고아처럼 버려두고 그냥 가신 것이 아니라는 것입니다. 우리를 잠시 이 땅에 두고 가시는 주님은 우리를 염려하사 우리를 지키고, 우리를 인도하고, 우리를 보호할 다른 분을 보내주셨습니다. 바로 성령이십니다. "내가 아버지께 구하겠으니 그가 또 다른 보혜사를 너희에게 주사 영원토록 너희와 함께 있게 하리니"(요14:16).

예수님은 예수님이 떠나고 우리에게 그 성령이 오시는 것이 더욱 유익하다고 말씀하셨습니다. "그러나 내가 너희에게 실상을 말하노니 내가 떠나가는 것이 너희에게 유익이라 내가 떠나가지 아니하면 보혜사가 너희에게로 오시지 아니할 것이요 가면 내가 그를 너희에게로 보내리니"(요16:7). 왜 유익이냐면 육체를 입으신 예수님은 우리 각자와 연합할 수 없으나 성령은 우리 한 사람,

한 사람의 보혜사로 각 심령에 임재하실 수 있기 때문입니다.

예수님은 이 세상이 얼마나 험한지 잘 알고 계셨습니다. 주님이 그의 제자들을 세상으로 보내면서 "너희를 보냄이 양을 이리 가운데 보냄과 같다"고 말씀하실 정도로 이 세상이 무서운 곳임을 그 분은 잘 알고 계셨습니다. 왜 무섭습니까? 이 세상의 임금은 사단, 마귀이기 때문입니다. 그런 곳에서 당신이 피 값을 주고 산 하나님의 자녀들이 혼자서는 살아갈 수 없음을 아셨기에 성령을 보내주신 것입니다.

성령을 받으면 하늘의 권세를 받게 됩니다. "오직 성령이 너희에게 임하시면 너희가 권능을 받고"(행1:8). 권능이 무엇입니까? 권세와 능력입니다. 무슨 권세와 능력입니까? 하나님이 모든 권세를 예수 그리스도에게 넘기셨지 않습니까(마28:18)? 그 권세와 능력을 예수님이 우리에게 주신 것입니다. 즉 성령 안에서 '예수 이름'을 사용하면 우리도 예수님이 하셨던 것처럼, 악한 마귀와 귀신들을 추방할 수 있고, '예수 이름'을 사용하면 하늘의 것과 땅의 것, 그리고 땅 아래 있는 것들이 우리 앞에 복종할 수밖에 없다는 것입니다. 왜냐하면 예수의 이름은 곧 예수님이기 때문입니다.

예수님은 "믿는 자들에게는 이런 표적이 따르리니 곧 그들이 내 이름으로 귀신을 쫓아내며 새 방언을 말하며, 뱀을 집어 올리며 무슨 독을 마실지라도 해를 받지 아니하며 병든 사람에게 손을 얹은즉 나으리라 하시더라"(막16:17~18)라고 말씀하셨는데, 이런 능력은 성령이 임해야 가능합니다. 그래서 예수님이 승천하기 바로 전에 "볼지어다! 내가 내 아버지께서 약속하신 것을 너희에게 보내리니 너희는 위로부터 능력으로 입혀질 때까지 이 성에 머물라 하시니라"(눅24:49)라고 말씀하신 것입니다.

그 말씀대로 120문도가 마가의 다락방에 모여 기도하며 성령을 기다렸던 것입니다. 성령이 불 같이 하나씩 임하자 그들이 나가 민간에게 표적과 기사를 행했습니다. 심지어는 베드로의 그림자만 밟아도 병이 낫는 일이 일어났습니다. 베드로뿐입니까? 스데반이나 빌립 집사 등 일곱 집사들도 성령의 권능이 충만하여 귀신을 쫓아내고 병을 고쳤습니다. 왜요? 어떻게요? 베드로의 말대로 '나사렛 예수 그리스도의 이름으로' 행한 것입니다. 사도 바울이 귀신을 쫓은 것 역시 '예수 이름'입니다.

예수 그리스도가 성령으로 주신 '예수 이름'으로 귀신을 향하여 명령하면 귀신은 떠날 수밖에 없는 것입니다. 그런데 안합니다. 사용하지 않습니다. 안 믿습니다. 왜요? 그게 되냐는 겁니다. 그런 법이 어디 있냐는 겁니다. 한 번도 예수 이름으로 기도하여 기사와 표적을 행하는 것을 보지 못했기 때문입니다. 예수 이름을 사용하는 훈련을 받지 못해서 하는 말입니다. 말씀 만 많이 알면 다된다고 배웠기 때문입니다. 머리로 아는 지식적인 말씀은 실제 살아있는 역사를 일으키지 못합니다. 그러면 총을 쏘면 총알 나가서 짐승이 죽는 건 어떻게 믿습니까? 아마 총을 쏘면 짐승이 죽는 것은 모두 믿을 것입니다. 총을 쏘면 총알이 나가서 죽이는 것처럼, 성령 안에서 예수 이름으로 명령하면 예수 이름이 귀신을 쫓아내게 되어 있는 것입니다.

아무리 말씀을 많이 알아도 방해꾼이 있으면 평안하지 못합니다. 성령 안에서 예수 이름을 사용하면 방해꾼들이 떠나갑니다. 생각해보십시오. 적이 없으면 편안한 거 아닙니까? 우리를 망하게 하고, 병들게 하고, 부부간에 싸우게 하는 영적인 놈을 쫓아내면 우리 가정이 편안하지 않겠습니까? 그 악한 것들로 인해 우리의 영혼이 병들어 지옥에 가면 어쩝니까? 그러므로 귀신은 무조건 쫓아내야 합니다. 그러나 귀신 쫓는 것만 가지고 안 됩니다. 생명의 말씀과 성령으로 충만 받아야 합니다. 그래야 귀신이 감해 넘보지 못합니다.

예수 이름의 권세는 성령으로 세례 받은 남녀노소를 무론하고 다 나타납니다. 그러나 만 원짜리와 천 원짜리의 가치가 다르듯 하나님의 능력 또한 기도의 양과 정비례한다는 것을 알아야 합니다. 한 시간 기도한 사람과 세 시간 기도한 사람의 능력은 차이가 있습니다. 성령으로 기도하면 성령이 충만해지기 때문입니다. 성령으로 충만하면 그 만큼 권능이 강하게 나타나는 것입니다. 베드로의 그림자만 밟아도 병이 낫는 것은 베드로가 성령 안에서 기도를 습관화했기 때문입니다. 우리 자녀들이 권능을 사용하여 예수님을 세상에서 누릴 때 인생을 성공할 수가 있는 것입니다. 과감하게 권능을 사용해야 자신이 있는 곳이 하늘나라가 됩니다.

24장 아브라함의 교훈을 깨닫게 하시는 하나님

(창 12:1-4)"여호와께서 아브람에게 이르시되 너는 너의 고향과 친척과 아버지의 집을 떠나 내가 네게 보여 줄 땅으로 가라. 내가 너로 큰 민족을 이루고 네게 복을 주어 네 이름을 창대하게 하리니 너는 복이 될지라. 너를 축복하는 자에게는 내가 복을 내리고 너를 저주하는 자에게는 내가 저주하리니 땅의 모든 족속이 너로 말미암아 복을 얻을 것이라 하신지라. 이에 아브람이 여호와의 말씀을 따라갔고 롯도 그와 함께 갔으며 아브람이 하란을 떠날 때에 칠십오 세였더라"

하나님은 우리 자녀들이 세상에서 성공하기를 소원하십니다. 자녀들이 세상에서 성공하려면 아브라함의 믿음을 본받아야 합니다. 아브라함과 같은 영적인 수준이 되어야 하나님께서 인생을 성공하도록 역사하시기 때문입니다. 우리는 아브라함을 믿음의 조상이라고 말합니다. 육체의 조상은 아담과 하와였지만 영적인 조상인 아브라함이 우리의 조상이 되시는 것입니다. 그는 한없는 축복을 받은 사람이지만 그러나 그의 생활은 결코 평탄하지 않았습니다. 불같은 시험을 당해서 그는 복과 함께 믿음과 순종을 배웠던 것입니다. 인생의 시련을 만났을 때, 이성과 감각과 인본주의와 물질주의 장막에서 나와서 하나님을 바라보아야 됩니다. 그러면 하나님께서 새로운 꿈을 주시고, 망가진 인생의 행로에 손을 대셔서 멋진 걸작 품으로 완성시켜 주시는 것입니다. 우리 자녀들은 이 세상에 걸작 품이 되도록 하나님이 내놓았지 걸작 품이 되지 않은 형편없는 그림으로 인생을 내놓지는 아니한 것입니다. 우리 자녀들이 아브라함의 복을 받으면서 세상을 살아가기 위하여 아브라함이 하나님과 동행하면서 무슨 일들을 체험 했나 말씀 속에서 교훈을 얻어야 합니다. 하나님은 절대로 하나님의 손에 훈련되지 않은 사람에게 복을 허락하지 않기 때문입니다.

첫째, 옛 사람을 떠나와야 합니다. 아브라함이 하나님의 부르심을 받을 때까지 하나님은 이 세상에 당신이 구주의 영광을 나타내지 아니하셨습니다. 그러나 75세까지 자기 멋대로 산 아브라함을 하나님이 택하셨습니다. 하나님께서는 아브라함을 부르시되 "너는 너의 고향과 친척과 아버지의 집을 떠나 내가 네게 보여 줄 땅으로 가라"(창12:1-3)고 새 출발을 명령하신 것입니다. 아브라함은 하나님의 부르심을 받아 있는 둥지를 다 털어버리고 떠나서 내가 지시할 땅으로 가라고 했습니다. 우리가 하나님의 부르심을 받을 때는 하나님이 반드시 아브라함과 같은 순서를 주십니다. 떠날 때는 떠나라. 그리고 갈 때로 가라. 떠나고 가는 것이 분명해야 하나님 앞에 은혜와 축복을 받는 것입니다. 하나님께서는 아브라함에게 살고 있던 고향과 친척과 아버지의 집을 떠나 네가 가나안 땅으로 가라고 한 것입니다(창12:1-3).

엄청난 하나님이 축복을 주신 것입니다. 아브라함이 복이 되겠다고 하신 것입니다. 아브라함에게 축복을 하는 자는 축복을 주고 저주하는 자에게는 하나님이 저주하겠다고 하신 것입니다. 그런 약속을 주셨음에도 불구하고 하나님께서는 아브라함에게 시련과 고난도 허락하신 것입니다. 떠나온 땅에서 완전히 손을 털고 오도록 만드시고, 들어온 가나안 땅에 와서도 믿고 순종하는 사람이 되도록 하나님께서 지시하신 것입니다.

우리 자녀들도 마찬가지입니다. 하나님은 훈련되지 않는 사람에게 절대로 복을 허락하지 않습니다. 성령의 인도를 받으며 하나님의 혹독한 시험을 통과해야 합니다. 그러나 아무리 시험이 어려워도 하나님께서 동행하기 때문에 넉넉하게 이길 수가 있습니다. 시험은 육체로 살던 세상을 버리고 하나님의 말씀에 순종하는 삶으로 바꾸는 것입니다. 오로지 하나님만 바라보고 하나님의 음성을 듣고 순종하는 사람으로 만들어 가십니다. 자신이 하나님을 위하여 무엇을 하려고 하는 사람이 되면 시험은 길어집니다. 하나님은 사람의 도움을 받아서 세상을 치리하지 않습니다. 오로지 하나님께서 하라는 대로 순종하는 사람을 통해서 세상에 하나님의 나라를 만들어 가십니다. 그렇기 때문에 하나님은 우리자녀들을 하나님의 음성을 듣고 순종하는 사람으로 바꾸는 사람으로 만들어 가십니다.

둘째, 하나님은 혈통의 문제를 해결하게 하십니다. 떠나온 땅에서 많이 아브라함은 갖고 데리고 이고 지고 가나안 땅으로 온 것입니다. 하나님이 내 고향과 친척과 아버지의 집을 떠나라고 했는데 떠난 것이 힘듭니다. 더구나 75년 동안 살아온 고향산천을 떠난다는 것이 쉽지 않을 것입니다. 그렇기 때문에 하나님께 순종한다고 떠나는 왔지만 떠나올 때 친척들이 와서 "날 따라와! 봇짐 싸! 하나님이 나에게 복 주신다고 했으니 따라와!" 그리고 종들도 "너희들 다 계속 내게 고용되어 있으니 따라와! 월급 줄 테니까! 다 따라와!" 종들도 데리고 재산도 그가 모아놓은 재산을 나눠주고 올 수가 없어 아까워서 전부 꾸러미를 만들어서 걸머지고 그는 고향산천을 떠났습니다.

아마 하늘에서는 하나님이 내려다보시고 있는데 천사장이 와서 이런 말을 했을 것입니다. 하나님! 저 사람이 누굽니까? '아브라함이 나의 명령을 따라 고향 친척 있는 것을 떠나서 갈대아 땅으로 가는 길이다.' 안 그런 것 같은데요? 보니까 온갖 일가친척이 다 따라오고, 조카도 따라오고, 그다음에 소, 짐승들도 다 데리고, 종들도 데리고 일대 군단이 걸어가는데요? 그러니 아버지 하나님이 웃으시면서 '시련을 톡톡히 당해야 저것 다 떨어져 나갈 것이다. 두고 봐라!'

그런데 아브라함은 당장 가면 축복이 마구 떨어질 줄 기대했습니다. 그리고 가나안에 왔는데 아니 이럴 수가 있습니까? 비가 안 와서 전부 땅이 바짝 말랐습니다. 초목, 곤충이 다 타죽고 의지할 곳이 없고 농사지을 곳이 없습니다. 그러니 아브라함을 따라온 친척들이 모두 불평을 말하고 종들도 야반도주하고 엉망진 창이 되고 만 것입니다. 하나님, 복을 주신다고 해서 하나님 따라서 나왔는데 복은 안 와도 화가 이렇게 다가오니 어떻게 합니까? 하나님 날 버렸습니까? 아무 대꾸가 없습니다.

그 땅에 기근이 들었으므로 아브라함이 도저히 견디지 못하므로 살러 가야 되겠다. 하나님이 하라는 데로만 했다가는 큰일 나겠다. 그저 적당히 믿어야지 100% 믿었다가는 신세 망치겠다. 지금 이런 기근이 가나안에는 왔어도 애굽 땅에는 물이 풍부하고 농사도 잘되고 사람들이 많이 와서 사니 우리 애굽으로 살러 가자. 이제는 하나님이 가라고 말하지 않은 곳에 마음대로 갑니다.

그리고 꾀를 자기 마음대로 부리는 것입니다. 아브라함은 오랜 세월 동안 사라와 같이 살았으나 자식은 없었는데 아브라함은 자기가 보기에도 사라는 너무나 절세미인이었습니다. 아브라함은 그 긴 세월동안 살아오면서 인생에 별 재미는 없었으나 자기 부인 얼굴 쳐다보는 재미로 살았습니다. 절세미인이었다고 했습니다. 마음에 감탄할 정도로 예뻤습니다. 그렇기에 아브라함이 내려갈 때 그 아내에게 부탁을 한 것입니다. 여보! 당신하고 오래 살아서 당신이 굉장히 미인인 것을 내가 아는데 내가 미안해서 입으로는 그 말 못했지만, 오늘 시인한다. 틀림없이 내려가면 애굽 사람들은 당신의 아름다움을 보고 기절초풍을 할 것이다. 그리고 나를 잡아서 죽이는 것은 간단한 문제다. 나는 당신을 뺏기고 목숨도 잃을 것인데 나를 좀 살려주시오.

사래가 어떻게 살려줘요? 이제부터는 여보라고 말하지 말고 오빠라고 말하십시오. 요사이 같으면 아무것도 아니지요. 요사이는 다 오빠 하니까 누가 진짜 오빠인지 가짜 오빠인지 모르는데 '나를 오빠라고 하면 나는 동생, 동생이라고 할 테니까' '그러다가 진짜 내가 동생인 줄 알고 장가오겠다고 하면 어떻게 합니까?' '그때는 그때 가서 보자.' '좌우간 나를 보고 오빠라고 해달라고.' 그래서 애굽에 도착하니까 뭐 새로운 사람이 오면 원래 다들 호기심을 가지지만 이번에는 그야말로 절단강산입니다. 사람들마다 다 아브라함의 여동생 구경한다고 떼를 지어서 모여오니 아브라함이 기가 막힙니다.

그런데 임금님이 그 소식을 들었습니다. 바로가 듣기로 가나안에서 한 가족이 왔는데 여자는 기가 막히게 아름다운 여자다. '빨리 데려오너라.' 그래서 아브라함은 자기 아내를 데리고 왕궁이 들어가니까 왕궁에 들어가자마자 부인이 아브라함을 보고 오빠 여기 어디예요? 동생, 여기가 바로의 궁이란다. 바로에게 절을 하니까 너희 어떻게 되느냐? 그러니까 아브라함이 내 부모가 일찍 세상을 뜨시고 내가 이 여동생 데리고 떠돌아다니는 나그네같이 삽니다. 너 진짜 여동생이냐? 내 여동생입니다.

네 여동생은 이렇게 예쁜데 너는 왜 호박 같나? 나는 호박 같아도 내 여동생은 틀림이 없습니다. 자네, 정말 이것이 네 오빠냐? 네! 내 오빠입니다. 그럼 잘되었다. 나하고 결혼하자. 그날로 당장 결혼해서 바로가 데리고 가 버리고 그 대가로써 소와 양과 짐승을 잔뜩 얻었습니다. 그런데 왕궁에 들어갈 때는 동생하고 같이 들어갔다가 만들어 놓은 동생하고 들어갔다가 나올 때는 짐승을 데리고 대신 나왔어요. 가만히 있으니 기가 막힙니다.

그때 비로소 아브라함이 기도를 많이 했을 것입니다. 하나님 살려 주십시오. 이 길만이 내가 살 길이라고 생각하고 꾀를 내었는데 내 꾀가 통과되지 않습니다. 하나님이 바로의 궁전을 쳤습니다. 하나님께서 나타나셨습니다. 하나님이 화를 주니까 다 회개하고 도로 내주어서 그 아내를 데리고 애굽땅에서 있지도 못하게 빨리 떠나라. 그래서 가나안 땅으로 왔습니다. 오니까 가나안 땅에는 그동안 비가 많이 와서 곡식이 잘되고 풀도 푸르고 좋습니다. 그런데 또다시 인위적으로 사니까 시련이 다가왔습니다. 그 시련이 뭐냐면 조카하고 싸움이 벌어진 것입니다.

조카도 삼촌 따라다니다가 삼촌에게 조금씩 도움을 받아서 큰 목장을 가진 사람이 되었습니다. 많은 양 떼와 소 떼와 짐승 떼를 거느린 목장주가 되었는데 삼촌의 목장 목동들과 자기의 목장 목동들이 싸움이 붙어서 야단법석이 났습니다. 왜냐하면, 서로 좋은 초지를 얻기 위해서 삼촌이 가진 초지에 자기 짐승들이 와서 풀을 뜯어 먹이니 삼촌의 목장들이 쫓아내고 그래서 아재비와 싸움이 벌어지고 그곳에 있는 다른 이방 민족들도 손가락질하고 야단법석입니다.

하나님 뜻을 거역하면 언제고 문제가 생겨나는 것입니다. 내 아비 집을 떠나라고 했는데 조카는 아버지 혈통에 이은 조카입니다. 조카를 떠나고 와야 되는데 조카를 데리고 왔기 때문에 그런 문제가 생긴 것입니다. 그래서 조카를 보고 '우리 헤어지자! 여기 타민족도 많은데 아재비와 조카가 싸워서 피투성이가 되고 소문이 자자하게 나는데 우리 헤어지자. 네가 동이라 하면 내가 서로가고, 네가 남이라 하면 내가 북으로 가겠다.' 아무리 일가친척 간이라도 물질 문제 가지고는 양보가 없습니다. 그렇게 하면 조카가 삼촌을 따라왔으니 '삼촌이 먼저 좋은 데를 택하십시오. 그러면 내가 다른 데를 택하겠습니다.' 그렇게 말하지 않았습니다. '얼씨구~ 내가 먼저 택하지 삼촌이 어떻게 되든지.' 그래서 소돔과 고모라가 있는 요단강 쪽을 바라보니 풀도 많고 물도 많고 좋았습니다.

롯이 보니까, 여호와의 동산 같고 애굽 땅과 같았습니다. 나는 풀도 많은 저 고모라성이 있는 동쪽을 택하고 갈 테니 그러면 삼촌만 여기 계세요. 그렇게 하라. 그리고 떠나버렸습니다. 이제는 메마른 초지가 있는 한쪽에 앉아 있으니 하나님이 조카가 떠나고 나니 일어서라! 동서남북을 바라보라. 똑똑히 바라보라. 네 눈에 보이는 그 땅을 내가 네게 주리니 영원하리라. 가볼 필요 없이 바라봄의 법칙을 통해서 네가 바라볼 수 있는 그 땅을 내가 다 주겠다. 우리도 성경을 읽어서 하나님께서 주신 약속을 믿음으로 바라볼 수 있는 것을 다 바라보면 은혜로서 축복을 주실 것입니다 (창13:7-12).

하나님은 이제 아브람에게 믿음으로 사는 법을 가르쳐 주었습니다. 갈대아 우르를 떠날 때 하나님의 말씀을 믿음으로 살았으면 괜찮을 것인데 그는 자기의 계획과 자기의 지혜를 따라 애굽으로도 내려갔고, 조카 롯에게 짐승들도 많이 나눠 주었고, 자기 인간의 수단과 방법으로 잘 살려고 했다가 실패를 많이 했습니다. 성경에는 주님께서 나의 의인은 믿음으로 말미암아 살리라고 했는데 오늘날 우리도 이 세상살이를 떠나서 하나님을 따라서 나왔으면 믿음으로 살아야 되는 것입니다.

믿음으로 사는 것이 쉽지 않기 때문에 훈련을 통해서 배우는 것입니다. 장막에서 늘 엎드려서 기도할 때도 땅만 보고 기도하면 소용이 없습니다. 꿈을 마음속에 품고 기도해야 하나님이 축복을 해주시는 것입니다.

이렇게 성경에 기록한 것은 우리 자녀들에게 이런 교훈을 깨달아 아브라함과 같이 불필요한 고생을 하지 않게 하기 위하여 기록한 것입니다. 하나님은 성령으로 인도하면서 아브라함과 같이 인간적인 모든 것을 끊어내게 하십니다.

셋째, 이성과 감각, 인본주의, 물질주의의 장막에서 나와야 되는 것입니다. 천막을 치고 옛날 사람들은 살고 있지 않았어요? 천막 밑에서 자꾸 기도만 하면 천막과 흙밖에 보이지 않습니다. 그러나 천막 밖에 나오면 하늘을 쳐다보면 수많은 별들이 보이는 것입니다. 하나님은 기도를 그렇게 하라는 것입니다. 세상의 부귀, 영화, 공명, 낭패, 실망만 생각하고 땅만 바라보고 기도하지 말고 천막 밖에 나와서 우리말로 다 한다면 이성이라는 천막, 감각이라는 천막, 인본주의라는 천막, 물질주의적인 천막에서 나와서 하늘을 바라보라. 수많은 별들이 있지 않느냐. 그 별들을 통해서 하나님이 아브람보고 네 자손이 저 별들처럼 많을 것을 생각하라. 마음에 꿈을 가지고 생각하고 바라보고 기도하라. 꿈을 가지고 무슨 꿈이냐. 별 하나가 내 한 자식이 된다는 것을 꿈을 꾸면 말로 다할 수 없는 많은 자식 아닙니까? 나는 저 많은 자손들의 아버지가 되고 할아버지가 되고 조상이 된다. 그것을 마음속에 그려라! 오늘 예수 믿는 사람들은 하나님의 나라를 바라보고 하나님의 약속의 말씀으로 마음에 그림을 그려야 되는 것입니다.

우리가 어떻게 하늘을 쳐다보고 별들을 헤아리라는 것입니까? 우리의 하늘은 성경이 우리 하늘인 것입니다. 창세기부터 계시록까지 성경을 바라보고 읽고 성경에 있는 하나님의 약속의 말씀을 별처럼 마음에 간직하라는 것입니다. 성경을 읽고 말씀의 별을 가슴에 품고 기도하면 기적이 일어나는 것입니다. 마음속에 오랫동안 간직하고 바라보고 기도하는 그 목표의 별은 이루어지는 것입니다. 목표를 마음속에 그림으로 그려놓고 꿈을 꾸면서 기도하지 아니하면 믿음이 생겨나지 않습니다. 믿음이라는 것은 참 힘이 있되 꿈이 있어야 믿음이 있는 것입니다. 왜냐하면, 제가 묻겠습니다. 무엇을 믿습니까? 몰라요. 그러면 믿음이 뭔지 모르지 않습니까? 무엇을 믿지요. 목적이 있어야 되지 않습니까? 몸이 아프니까 몸이 나으려고요. 그렇지요. 몸이 낫겠다고 꿈을 꾸면 그 꿈을 믿는 것입니다. 몸이 낫는 건강의 꿈을 꾸기 때문에 네 믿음대로 될 것이라고 할 것입니다.

이와 같이 아브라함에게 하나님께서 상속자를 준 것도 아브라함이 오랫동안 85세에 기도했으나 꿈이 없이 기도했습니다. 천막 아래서 불평을 해가면서 내 아내는 지금 75세가 되고 나는 85세인데 아들을 못 낳았으니 이제 아들을 낳을 수가 없습니다.

하나님이 아들을 안 주므로 나는 종을 키워서 아들로, 후사를 삼겠습니다. 불평을 말하고 하나님을 공갈하고 그렇게 했습니다. 그러니까 하나님께서 이 사람아, 꿈을 갖고 기도해야지. 꿈이 없는 기도를 어떻게 하느냐. 저녁까지 기다려라! 저녁이 되니까 천막에서 나와라! 꿈을 가지고 기도하기 위해서 하늘 쳐다보라! 하늘을 쳐다보니까 뭐가 보이니? 별들이 보입니다.

헤아려 보아라! 아이고 헤아릴 수 없이 많은데요. 너의 자손이 저것처럼 많을 것이다. 아브람이 입을 딱 벌리고 별들을 바라보고 별들이 자기의 자손이 된 것 같은 느낌으로 가슴에 꽉 들어차니 하나님, 내가 믿습니다. 전에는 무엇을 믿을 줄 몰랐는데 저 별들이 내 자손인 것을 믿습니다. 하나님이 아브람 보고 만족한다. 잘했다. 그것이 너의 의로움이 된다.

그래서 그는 서나 앉으나 이제는 아들이 가슴속에 별들처럼 꽉 있는 것을 바라보았습니다. 그 결과로 그 아내가 90이 되고, 아브라함의 나이가 100세가 되었을 때 아들을 낳으니 이름이 이삭인 것입니다. 그러므로 장막에서 나와서 하늘을 바라본 것이 그는 큰 계기가 되었습니다(창15:3-6).

바라봄과 믿음, 그 법칙을 통해서 역사가 일어난 것입니다. 꿈이 생길 때 믿음이 생깁니다. 무엇을 믿느냐. 꿈을 믿는 것입니다. 현재 있는 것 보고 믿을 사람이 어디 있습니까? 꿈이란 것은 장차 생겨날 것을 지금 믿는 것을 말합니다. 뭘 믿느냐. 건강을 믿습니다. 그것이 바로 꿈을 믿는 것입니다. 무엇을 믿느냐. 사업이 일어날 것을 믿습니다. 그것이 꿈입니다. 그것이 믿음이고. 그러므로 꿈은 마음속에 현재 그림으로 그리고 그것을 바라보고 있으면 그것이 내 것이 되었다는 믿음이 생겨나는 것입니다. 믿음이 생겨나면 믿음을 입술로 고백하는 것입니다. 그것이 내 것이라고 고백을 하면 현실적으로 날이 가고 달이 가면 이루어지게 되는 것입니다.

로마서 14장 17절로 18절에"기록된바 내가 너를 많은 민족의 조상으로 세웠다 하심과 같으니 그가 믿은 바 하나님은 죽은 자를 살리시며 없는 것을 있는 것으로 부르시는 이시니라 아브라함이 바랄 수 없는 중에 바라고 믿었으니 이는 네 후손이 이같으리라 하신 말씀대로 많은 민족의 조상이 되게 하려 하심이라"말씀하십니다.

그러므로 하나님은 죽은 자를 살리시고 없는 것을 있는 것같이 부르시는 전지전능, 영광스러운 하나님이시기 때문에 하나님 앞에서 그가 없는 것을 있는 것같이 바라보고 믿고 입술로 자백

하면 하나님이 책임지신다는 것입니다. 하나님이 그의 일이 이루어지도록 역사하시는 것입니다.

넷째, 하나님의 시험을 통과해야 합니다. 하나님을 삶의 목표로 삼지 않고는 지위나 명예나 돈이나 이런 것이 생활의 목표가 될 수 없다는 것입니다. 그러므로 우리는 하나님 말씀을 읽고 듣고 성령님을 환영하고 모셔드리며 의지할 때 성령이 우리 마음속에 훈련시켜서 하나님을 제일주의로 만들어서 살게 해주시는 것입니다. 오늘날 우리가 인생을 살면서 한편에는 복을 주시면서 다른 면에는 시험과 환난을 반드시 주십니다.

왜냐하면, 믿음을 가르쳐주고 사랑을 가르쳐 주는 데에는 시련이 필요한 것입니다. 학교 다닐 때 어린아이들이 공부하는데 공부 좋아하는 애들 보았습니까? 공부가 싫어요. 그래도 공부가 장차 그를 현명하게 만들고 더 놀라운 삶을 살게 만들어 주기 때문에 억지로라도 공부를 해야 되는 것입니다. 공부는 싫으나 해야 된다. 시험과 환난을 하나님이 못 지킬만한 것을 주지 않지만, 반드시 시련과 환난을 통해서 신앙이 자라고 사랑이 자라게 해서 이 세상을 훌륭하게 살도록 만들어 주는 것입니다.

제가 순종이라는 말을 보면 언제나 마음속에 떠오르는 생각이 있습니다. 우리 시골에서 자랄 때 송아지가 어느 정도 자라면 송아지 코를 뚫습니다. 코뚜레를 박기 위해서. 송아지가 코뚜레를 하기 전에는 아주 귀엽습니다. 저는 아주 송아지를 사랑해서 송아지를 끌어안고 얼굴에 이렇게 뺨을 비비기도 하고 쓰다듬어 주기도 하고 끌고 다니기도 했는데 코뚜레 하는 날은 송아지 코를 뚫는 날 그 주인이 막걸리를 가지고 와서 서로 막걸리를 마시고 그다음에는 코를 뚫습니다. 시뻘겋게 쇠를 달구어서 송아지를 끌어안고 잡고서 송아지 코에 구멍을 뚫습니다. 어른 들이 말씀하시기를 '소는 힘이 세고 고집이 세기 때문에 저것이 어른 소가 되면 사람을 떠받아 버리고 쓰지 못한다. 밭도 못 갈고 물건도 싣고 다니지 못한다. 어릴 때 코를 뚫어 놓으면 거기에 코뚜레를 하고 당기면 순종을 한다. 순종하는 소를 만들려고 코뚜레를 하는 것이다.' 어른들이 송아지를 잡고 시꺼면 쇠꼬챙이를 갖다가 넣으면 고함을 치고 음매~ 음매~ 눈물을 주르륵 흘립니다. 저도 같이 보고 안타까워했는데 어른들이 하시는 말이 맞습니다. 소는 힘이 세고 고집이 아주 강한 짐승이라, 그래서 코를 뚫지 않으면 주인이 쓸 수 없게 되는 것입니다.

그러나 코를 뚫어서 코뚜레를 걸어 놓으면 그때야 소는 주인이 끄는 데로 따라가는 것입니다. 우리에게 하나님이 안 됐지만 코뚜레를 좀 뚫어보자! 적게 고집이 센 사람은 조그마한 코뚜레를 뚫습니다. 그러나 고집이 센 저 같은 사람은 굵은 코뚜레로 뚫으니까 더 많이 아프지요. 그러나 이 세상에서 반드시 하나님이 우리에게 시험을 보내셔서, 그 시험이 우리의 코뚜레가 되어서 우리를 끌어당기는 것입니다. 시험을 통해서 더 굳은 믿음을 갖게 되고 순종을 하고 사랑을 갖게 되는 것입니다.

그러므로 하나님께서는 아브라함에게 고난을 준 것은 그를 통해서 하나님 순종하는 것을 배우고 하나님을 사랑하는 것을 배운 것입니다.

그가 하나님이 대한 절대적인 사랑을 배운 것은 외아들 이삭을 모리아 산에서 제물로 바치라는 것입니다. 시험치고 그렇게 흉악한 시험이 어디 있습니까? 100살에 낳은 아들을 모리아 산에 데리고 가서 죽여서 각을 떠서 제물로 드려라. 시험치고는 꿩장히 어려운 시험입니다. 답을 써야 돼요. 무슨 답을 씁니까? 하나님 좀 시험을 쉽게 만들어 주시옵소서. 그렇게 하든지 나는 못해요. 그렇게 하든지. 내가 시험을 성심껏 응답하겠습니다.

그렇게 하든지. 좌우간 시험을 쳐야 되는 것입니다. 그래서 점수를 매기는 것입니다. 아브라함은 엄청난 시험을 당했습니다. 축복을 많이 받은 이상, 그 축복을 잘 간수할 수 있는가 시험을 치르는 것입니다. 아브라함은 자기 아내 사라에게 이야기도 하지 않고, 자기 아들을 보고 '야! 하나님이 제사를 드리라고 하는데 모리아 산에 나와 같이 가자.' 한 사흘 걸릴 테니까 장작 매고 칼 들고 불씨 내가 가지고 가자! 사흘 길을 걸어서 모리아 산에 왔습니다. 그리고 그 아들 데리고 장작 걸머지고 불 횃불 들고서 모리아 산으로 올라가는데 "아버지, 장작은 내가 걸머지고 불도 손잡고 있는데 제사드릴 양은 어디에 있나이까?" 기가 막힌 질문 아닙니까? "애야! 이것은 중요한 제사니까 제물은 하나님이 직접 준비한다고 하더라. 가자!" 그래서 가서 아들과 함께 제단을 쌓고 장작을 펴놓고, 그 다음에 이삭에게 네 손발 내놓아라. 왜요? 하나님이 너를 잡아서 제물로 드리라고 한다. 어찌할 도리가 없다. 아마 그 아들이 아버지를 쳐다보고 눈물을 뚝뚝 흘렸을 것입니다. 아버지, 나이가 많으셔서 머리가 좀 어떻게 된 것 아닙니까? "백살에 낳은 아들이라고 그렇게 자랑하고 사랑하더니 나를 잡아서 제물로 드린다니요." "그래도 너를 주신 이도 하나님이시오 너를 도로 데리고 갈 이도 하나님이시니 나는 하나님을 위해서 너를 낳고 기른 대리인에 불과하다." 칼을 받아 잡고 그를 눕혀서 잡고 칼을 들었습니다.

그때 마지막 순간까지 가만히 있던 하나님께서 보좌에서 확 일어났을 것입니다. "아브라함아 아브라함아, 네 외독자 이삭에게 칼 대지 마라! 네가 네 외독자 이삭도 아끼지 아니하고 나에게 내놓았으니 내가 이제 안다. 네가 나를 사랑한 줄 안다." 사랑은 증거가 있어야 되는 것입니다. 이 세상에 부부라도 여보, 당신 사랑해. 나도 당신 사랑해! 쉽습니다. 왜 대가가 지불 안 되니까. 말로써 사랑한다고 누가 못해요? 그러나 사랑에는 대가가 지불됩니다. 대가가 있어야 되요. "내가 너를 사랑한다." 적은 대가가 있으면 적게 사랑하는구나. 많이 사랑하면 많은 대가를 지불하게 되는 것입니다.

예레미야애가 3장 33절은 "주께서 인생으로 고생하게 하시며 근심하게 하심은 본심이 아니시로다" 하나님은 시련을 주시고 난 다음에 찌푸리시고 고함을 치면 하나님도 조금만 더 참아라. 된

다. 괜찮다. 괜찮다. 그렇게 하시는 하나님이라는 것입니다. 시
련을 하나님이 주신 것은 유익을 주시기 위해서 주시는 것입니
다. 시험 동안에 고통스럽다고 고함을 치면 "다 되었어. 다 되었
어. 조금만 참아." 그렇게 말하시는 것입니다. 실제로 조금만 참
으면 시련은 끝나는 것입니다. 하나님이 우리에게 유익을 주시
는 것입니다. 그러므로 고난당할 때 불평할 것이 아니라, 그것이
내게 유익이 될 것이라 믿고, 더욱 하나님께서 하라는 대로 순종
하며 견뎌야 되는 것입니다. 그러면 고난이 변하여 오히려 복이
되는 것입니다. 하나님을 사랑하는 자 곧 그의 뜻대로 부르심을
입은 자들에게는 모든 것이 합력하여 선을 이루느니라. 모든 것,
좋고 나쁜 것, 즐겁고 슬픈 것 다 합쳐서 유익이 된다.

그러므로 우리 예수 믿는 사람은 하나님을 바라보고 믿고 나
가면 모두다 유익이 되는 것입니다. 손해나는 것 하나도 없습니
다. 중간에 포기해 버리면 그만큼 손해가 나지만 포기하지 않는
사람은 끝까지 가면 하나님이 끝에 유익이 되게 해주시는 것입니
다. 우리 자녀들이 아브라함의 복을 받기 위해서는 이와 같은 시
험을 반드시 통과해야 한다는 것을 알고 견디게 해야 합니다.

우리 자녀들이 세상에서 성공하려면 아브라함의 신앙의 여정
을 마음에 새기고 아브라함과 같은 실수를 하지 않아야 합니다.
하나님은 온전한 믿음과 순종을 요구하십니다. 우리 자녀들에게
도 동일한 수준이 되기를 바라십니다. 우리 자녀들이 성령의 인
도를 받으며 하나님의 시험을 통과하여 성공하기를 바랍니다.

25장 자녀들의 성공을 위한 축복기도

우리는 자녀들이나 가족들에게 '이런 사람'에 대하여 말 해 주고 싶어 합니다. 그러나 그럴 경우 부정(否定)의 언어를 자주 사용하는 방식은 좋지 않습니다. 부정의 언어로 이야기하면 긍정의 언어로 이야기 할 때보다 교육적으로나 심리적으로 효과가 적은 경우가 많이 있다고 합니다. 자녀들에게 내가 진정 바라는 사람의 모습을 이야기 해 줄 때 "너 저런 사람 되지 마, 이것 하지 마, 저것 하지 마"보다는 나는 "이런 사람이 되면 좋겠다." "이것을 먼저 해보자"등등 긍정의 언어를 사용하세요. 기도 할 때에도 "오늘 나쁜 일 안하게 해주세요, 우리 애들 아프지 않게 해주세요."보다는 비교적 긍정의 기도를 많이 하는 게 좋습니다. 맥아더 장군의 "자녀를 위한 기도"에서 이러한 점을 배울 수 있습니다. 맥아더 장군은 50이 넘어 느지막하게 외아들을 둔 사람입니다. 늦게 얻은 자녀가 얼마나 귀여웠을까요? 또 늦게 얻은 자녀에게 들려주고 싶은 말들은 얼마나 많았을까요? 그는 자녀에게 해 주고 싶은 말을 이렇게 기도에 담았습니다.

"주여! 제게 이런 자녀가 되게 하소서, 약할 때에 자기를 아는 강한 힘과, 두려울 때에 자신을 잃지 않는 용기를 가지고, 정직한 패배에 부끄러워하지 않고 태연하게 하며, 겸손하고 온유할 수 있는 자녀를 주시옵소서. 생각해야 할 때에 고집하지 말게 하시고, 저들로 하여금 마땅히 앞서야 할 때에 뒤서지 않게 하시며. 당신과 자신을 아는 것이 지식의 근원임을 알게 하소서. 바라옵건대 그를 요행과 안일의 길로 인도하지 마시고, 고난과 도전에 대하여 분투 항거할 줄 알도록 인도하여 주시옵소서. 그리하여 폭풍 속에서도 용감히 싸울 줄 알고, 패자에게 긍휼을 베풀도록 가르쳐 주소서. 마음은 깨끗하며, 목표는 높게 하시고, 남을 정복하기 전에 자신을 다스리게 하시며, 웃음과 배움과 동시에 울음을 잊지 않으며, 미래를 지향하는 동시에 과거를 잊지 않도록 하옵소서. 이 모든 것을 주신 후에 기도 하옵나니, 겸하여 유머를 알게 하시어 인생을 엄숙히 살아감과 동시에 삶을 즐길 줄 아는 마음과 자시자신을 너무 중대하게 여기지 말게 하시고, 겸손을 주사 참으로 위대함은 소박한 것에 있음을 항상 기억하게 하시고, 참 지혜에 대하여 마음을 열며, 참된 힘에 대하여 온유하게 하소서. 그리하여 나, 그의 어버이는 '나의 헛된 생을 살지 아니 하였노라.'고 속삭이게 하소서, 아멘."

맥아더는 "너는 이런 사람이 되었으면 좋겠다." 아들에게 들려주고 싶은 말과 자녀를 향한 마음의 소원을 기도에 담았습니다. 우리의 마음에는 '이런 사람'에 대한 분명한 인간상이 있어야 합니다. 그리고 자녀들에게 "너희는 이런 사람이 되어라"라고 분명히 말해 줄 '이런 사람'이 정리되어 있어야 합니다. 하나님께 기도 할 때도 "하나님 저의 자녀가 '이런 사람'이 되면 좋겠습니다." 라는 간절한 마음의 내용이 있어야 합니다. "하나님 잘 되면 좋구요. 안되면 말구요."이런 기도는 없습니다. 우리 자녀들을 위하여 기도합시다. 이 세상에 남겨두고 가는 것은 모두 자녀입니다. 성령 안에서 이런 자녀가 되게 하옵소서. 될 수 있으면 목사님들의 축복기도와 안수를 많이 받게 하고, 대적히며 선포하며 기도합시다.

1. 태중상처치유 기도. 제가 지금까지 성령치유 사역을 하다가 보니 태중에서의 상처로 인하여 고통을 당하는 분들이 많습니다. 태중의 상처가 평소에는 잠복하여 있다가 스트레스를 받으면 고개를 들고 나와서 영육으로 문제를 일으킵니다. 기독교 신앙은 예방 신앙이어야 합니다. 어린 시절에 치유를 해버리면 자라면서 불필요한 고통을 당하지 않는 다는 것입니다. 예수를 믿는 분들이 당하는 고통은 어떻게 보면 영적으로 무지하고 깨닫지 못하고 안일하게 대처해서 당하는 경우가 많습니다. 태중의 상처를 어린 시절에 치유를 받으면 영육 간에 강건하게 지낼 수 있습니다. 치유하는 방법은 간단합니다. 부모가 자주 안수를 하면 됩니다. 아니면 성령 충만한 목사님에게 안수기도를 받으면 태중에서 받은 상처가 성령의 권능으로 서서히 없어집니다.

저는 어린 아이들을 대상으로 안수를 잘 합니다. 어린 아이들이 안수를 받으면 첫째로 건강하게 자랍니다. 둘째로 지혜로워집니다. 셋째로 혈통으로 내려오는 영적인 문제가 치유되어 영이 맑아집니다. 넷째로 상처와 질병이 치유가 됩니다. 상처와 영적인 문제는 어릴 적에 치유 받는 것이 제일로 좋은 방법입니다. 치유기도는 이렇게 하면 됩니다. 아이를 앉고 머리에 손을 얹어서 기도를 합니다. 자그마한 소리로 기도를 합니다. 어머니가 해도 됩니다. 아버지가 해도 좋습니다. 성령님 임하소서. 사로잡아 주옵소서. 우리 사랑하는 아이를 축복하여 주옵소서. 하나님의 은혜로 태어나게 하신 하나님 감사합니다. 우리 아이가 강건하게 하옵소서. 지혜로운 아이가 되게 하여 주옵소서. 세상 세파를 이기는 강함을 허락하여 주옵소서. 사람을 잘 만나는 복을 허락하여 주옵소서. 형통의 복이 함께하여 가는 곳마다 잘되게 하옵소서. "내가 나사렛 예수의 이름으로 명하노니 태중에서 들어온 상처는 치유될 지어다. 태중에서 혈통을 타고 들어온 악한 세력은 떠나갈 지어다. 대물림되는 질병의 영은 떠나갈 지어다. 지혜로워질지어다. 강건하여 질지어다. 부모에게 순종 잘하는 아이가 될지어다. 사람 잘 만나는 축복이 임할 지어다." 예수님의 이름으로 기도합니다. 아멘. 지속적으로 안수를 하세요. 어릴 때부터 영적체질이 되어서 아주 좋습니다.

2. 순종하는 자녀 되는 축복기도. 하나님은 부모에게 순종 잘하는 아이를 선택하여 사용하십니다. 이는 성경을 보면 잘 알 수가 있습니다. 이삭이 부모에게 순종을 잘했습니다. 야곱도 사기꾼기질이 있었지만 어머니 말에 순종을 잘했습니다. 요셉도 아버지에게 순종을 잘했습니다. 다윗도 부모에게 순종을 잘했습니다. 사무엘도 부모에게 순종을 잘했습니다. 반면에 삼손은 부모 말에 순종을 하지 않았습니다. 하나님은 부모에게 순종 잘하는 사람을 택하여 사용하십니다.

아이들이 순종 잘하는 자녀가 되도록 기도를 하시기를 바랍니다. 기도는 이렇게 하시기를 바랍니다. 아이를 앉고 머리에 손을 얹어서 기도를 합니다. 자그마한 소리로 기도를 합니다. 어머니가 해도 됩니다. 아버지가 해도 좋습니다. 성령님 임하소서. 사로잡아 주옵소서. 우리 사랑하는 아이를 축복하여 주옵소서. 하나님의 은혜로 태어나게 하신 하나님 감사합니다. 우리 아이가 강건하게 하옵소서. 지혜로운 아이가 되게 하여 주옵소서. 세상 세파를 이기는 강함을 허락하여 주옵소서. 특별히 부모 말에 순종 잘하는 아이가 되게 하여 주옵소서, 요셉과 같이 부모에게 순종을 잘하는 아이가 되게 하여 주옵소서. 어려서 부모에게 순종하는 습관을 들여서 어른이 되어 하나님에게 순종하여 쓰임 받게 하옵소서. 사람을 잘 만나는 복을 허락하여 주옵소서. 형통의 복이 함께하여 가는 곳마다 잘되게 하옵소서. "내가 나사렛 예수의 이름으로 명하노니 우리 아이에게 순종의 영이 임할지어다. 요셉과 같이 순종 잘하는 아이가 될지어다. 예수 이름으로 명하노니 아이에게 역사하는 불순종의 영은 떠나갈지어다. 불순종의 영은 떠나갈지어다. 마음에 상처는 치유될 지어다. 심령이 옥토가 될지어다. 심성이 착한 아이가 될지어다. 하나님의 말씀에 순종 잘하는 아이가 될지어다. 형통의 복이 임할 지어다. 지혜로워질지어다. 영육으로 강건하여 질지어다. 사람 잘 만나는 축복이 임할 지어다." 예수님의 이름으로 기도합니다. 아멘. 지속적으로 안수를 하세요. 어릴 때부터 영적체질이 되어서 아주 좋습니다.

3. **지혜로운 자녀 되는 축복기도.** 아이들이 성령으로 충만하면 지혜로워집니다. 어려서부터 안수를 받아 마음에 상처와 혈통으로 대물림되는 문제가 치유되면 지혜로워집니다. 성령으로

충만하면 마음이 안정이 되기 때문에 공부를 잘합니다. 아이들이 상처가 있으면 산만하고 집중하지 못하므로 공부를 하지 못합니다. 어려서 안수를 자주 함으로 산만하게 하는 상처가 떠나가니 아이가 안정을 찾는 것입니다. 많은 부모님들이 아이가 산만하다고 걱정을 합니다. 이는 걱정한다고 해결될 문제가 아닙니다. 이미 태중에서부터 상처를 받아 심신이 안정되지 못한 연고입니다. 제가 지금까지 성령치유 사역을 하면서 체험한 바로는 태중에서 상처를 받은 아이들이 산만했습니다. 반드시 하나님의 역사가 일어나야 산만한 것들이 치유가 됩니다. 어렸을 때 우리 충만한교회에서 매주 토요일 하는 집중치유를 받게하는 것도 좋습니다. 어려서부터 이렇게 성령으로 치유받고 안수를 받으면 아이들의 웬만한 문제는 쉽게 빨리 치유가 됩니다.

기도는 이렇게 하시기를 바랍니다. 아이를 안고 머리에 손을 얹어서 기도를 합니다. 자그마한 소리로 기도를 합니다. 어머니가 해도 됩니다. 아버지가 해도 좋습니다. 성령이 충만한 목사님이면 더욱 좋습니다. 그런데 큰 교회 목사님들이 아이까지 안수기도할 수가 없습니다. 그러나 작은 교회 목사님은 할 수가 있습니다. 성령님 임하소서. 사로잡아 주옵소서. 우리 사랑하는 아이를 축복하여 주옵소서. 하나님의 은혜로 이 세상에 태어나게 하신 하나님 감사합니다. 우리 아이가 강건하게 하옵소서. 안정한 심령이 되게 하여 주옵소서. 집중하고 몰입을 잘하게 하여 주옵소서. 사람을 잘 만나는 복을 허락하여 주옵소서. 형통의 복이 함께하여 가는 곳마다 잘되게 하옵소서. "내가 나사렛 예수의 이름으로 명하노니 아이에게 집중하고 몰입을 잘하는 영이 임할지어다. 아이에게 역사하는 산만하게 하는 영은 떠나갈지어다. 태중에서 받은 상처는 치유될 지어다. 산만하게 하는 영은 떠나갈지어다. 안정한 심령이 될지어다. 혈통의 대물림은 끊어질지어다. 심령이 옥토가 될지어다. 심성이 착한 아이가 될지어다. 형통의 복이 임할 지어다. 지혜로워질지어다. 영육으로 강건하여질지어다. 사람 잘 만나는 축복이 임할 지어다." 예수님의 이름으로 기도합니다. 아멘. 지속적으로 안수를 하세요. 어릴 때부터 영적체질이 되어서 아주 좋습니다.

4. 강건한 자녀 되는 축복기도. 제가 지금까지 성령치유 사역을 하면서 임상적으로 경험한 바로는 태중에서 상처를 받은 아이들이 병 치례를 자주했습니다. 태중에서 놀램의 상처를 받은 아이들이 심장이 약하여 병 치례를 하는 것입니다. 이를 예방하기 위하여 어려서부터 안수를 자주 받는 것입니다. 안수를 받으면 상처가 치유되면서 심장이 강해집니다. 제가 지금까지 체험한 바로는 어린아이가 안수를 자주 받으니까, 영육으로 강건하여지더라는 것입니다. 이런 방법으로 안수를 합니다.

아이를 안고 머리에 손을 얹어서 기도를 합니다. 자그마한 소리로 기도를 합니다. 어머니가 해도 됩니다. 아버지가 해도 좋습니다. 성령이 충만한 목사님이면 더욱 좋습니다. 그런데 큰 교회 목사님들이 아이까지 안수 기도할 수가 없습니다. 그러나 작은 교회 목사님은 할 수가 있습니다. 성령님 임하소서. 사로잡아 주옵소서. 우리 사랑하는 아이를 축복하여 주옵소서. 하나님의 은혜로 이 세상에 태어나게 하신 하나님 감사합니다. 우리 아이가 강건하게 하옵소서. 안정한 심령이 되게 하여 주옵소서. 영육으로 강건하게 하옵소서. 집중하고 몰입을 잘하게 하여 주옵소서. 사람을 잘 만나는 복을 허락하여 주옵소서. 형통의 복이 함께하여 가는 곳마다 잘되게 하옵소서. "내가 나사렛 예수의 이름으로 명하노니 아이에게 영육으로 강건한 축복이 임할지어다. 아이에게 역사하는 질병의 영은 떠나갈지어다. 태중에서 받은 상처는 치유될 지어다. 태중에서 받은 두려움의 상처는 치유되고 그 때 들어온 악한 영은 떠나갈지어다. 심장에 있는 두려움의 상처는 떠나갈 지어다. 심장이 강심장이 될지어다. 오장 육부 사지백체가 강건하여 질지어다. 정신도 건강할 지어다. 머리에 산소가 잘 공급되고 피가 잘 순환될지어다. 위장이 튼튼해질지어다. 안정한 심령이 될지어다. 집중하고 몰입을 잘하는 아이가 될지어다." 예수님의 이름으로 기도합니다. 아멘. 지속적으로 안수를 하세요. 어릴 때부터 영적체질이 되어서 아주 좋습니다.

5. 성령충만한 자녀되는 축복기도. 일부 성도들이 아이들이 그저 교회에 나가는 것으로 만족을 하는 경우가 많습니다. 그러나 그렇지 않습니다. 아이가 부모의 보살핌으로 순탄하게 자랄 때는 아무런 문제가 없는 것 같습니다. 그러나 나타나지 않았을 뿐이지 문제는 아이의 심령 안에 잠재해 있을 수 있습니다. 잠재해 있는 문제는 취약시기가 되면 고개를 들고 나타납니다. 고개

를 들고 나타나기 전에 성령으로 세례를 받고 치유를 해버리는 것입니다. 그러면 어른이 되어도 강건하게 지낼 수가 있습니다.

이런 방법으로 안수를 합니다. 아이를 안고 머리에 손을 얹어서 기도를 합니다. 자그마한 소리로 기도를 합니다. 어머니가 해도 됩니다. 아버지가 해도 좋습니다. 성령이 충만한 목사님이면 더욱 좋습니다. 그런데 큰 교회 목사님들이 아이까지 안수 기도할 수가 없습니다. 그러나 작은 교회 목사님은 할 수가 있습니다. 성령님 임하소서. 사로잡아 주옵소서. 우리 사랑하는 아이를 축복하여 주옵소서. 하나님의 은혜로 이 세상에 태어나게 하신 하나님 감사합니다. 우리 아이가 강건하게 하옵소서. 어려서부터 성령으로 충만하게 하옵소서. 안정한 심령이 되게 하여 주옵소서. 영육으로 강건하게 하옵소서. 집중하고 몰입을 잘하게 하여 주옵소서. 사람을 잘 만나는 복을 허락하여 주옵소서. 형통의 복이 함께하여 가는 곳마다 잘되게 하옵소서. "내가 나사렛 예수의 이름으로 명하노니 아이에게 성령으로 충만한 역사가 일어날지어다. 아이에게 역사하는 상처는 치유될지어다. 아이에게 잠재하여 있는 질병의 영은 떠나갈지어다. 태중에서 받은 상처는 치유될 지어다. 태중에서 받은 두려움의 상처는 치유되고 그 때 들어온 악한 영은 떠나갈지어다. 심장에 있는 두려움의 상처는 떠나갈 지어다. 심장이 강심장이 될지어다. 오장 육부 사지백체가 강건하여 질지어다. 정신도 건강할 지어다. 머리에 산소가 잘 공급되고 피가 잘 순환될지어다. 위장이 튼튼해질지어다. 안정한 심령이 될지어다. 집중하고 몰입을 잘하는 아이가 될지어다."

예수님의 이름으로 기도합니다. 아멘. 지속적으로 안수를 하세요. 어릴 때부터 영적체질이 되어서 아주 좋습니다.

6. 사람 잘 만나는 자녀 되는 축복기도. 하나님은 하나님의 사람을 통하여 역사하십니다. 그러므로 사람을 잘 만나는 것은 축복 중에 축복입니다. 저는 아이들을 안수 할 때 빼놓지 않는 것이 사람을 잘 만나게 해달라고 기도합니다. 사람을 잘 만나야 합니다. 날마다 아이를 축복하세요. 사람 잘 만나는 아이가 되게 해달라고 말입니다. 만남은 변화와 성장의 시작입니다. 사람은 다른 사람과의 만남을 통해 성장합니다. 서로에게 영향을 미치지 않는 만남이란 존재하지 않습니다. 꽃 가게에서 일하는 사람은 자기도 모르게 몸에 꽃의 향기가 배어나듯이. 내가 누구와 함께 하느냐에 따라 그 사람의 영향을 받게 되어 있습니다. 그래서 플레밍은 "나에게 영향을 미치지 않는 사람은 아무도 없고, 또한 나의 영향을 받지 않는 사람도 아무도 없다."고 말했습니다.

이런 방법으로 안수를 합니다. 아이를 안고 머리에 손을 얹어서 기도를 합니다. 자그마한 소리로 기도를 합니다. 어머니가 해도 됩니다. 아버지가 해도 좋습니다. 성령이 충만한 목사님이면 더욱 좋습니다. 그런데 큰 교회 목사님들이 아이까지 안수 기도할 수가 없습니다. 그러나 작은 교회 목사님은 할 수가 있습니다. 성령님 임하소서. 사로잡아 주옵소서. 우리 사랑하는 아이를 축복하여 주옵소서. 하나님의 은혜로 이 세상에 태어나게 하신 하나님 감사합니다. 우리 아이가 강건하게 하옵소서. 어려서부터 성령으로 충만하게 하옵소서. 특별히 사람을 잘 만나는 복을 허락하여 주옵소서. 형통의 복이 함께하여 가는 곳마다 잘되게 하옵소서. "내가 나사렛 예수의 이름으로 명하노니 아이에게 사람 잘 만나는 축복이 임할 지어다. 성령의 인도를 받는 하나님의 사람을 만나는 복이 임할지어다. 학교에서는 선생님을 잘 만나고 친구 잘 만나는 복이 임할 지어다. 형통의 복을 받은 하나님의 사람을 만날지어다. 하나님을 두려워하는 사람을 만날지어다. 배우자를 만나는데 하나님을 두려워하고, 형통의 복이 함께하는 사람을 만날 지어다. 성령으로 충만한 사람을 만날지어다. 천사들아 좋은 친구를 만나도록 도울 지어다." 예수님의 이름으로 기도합니다. 아멘. 지속적으로 안수를 하세요. 어릴 때부터 영적체질이 되어서 아주 좋습니다.

7. 형통한 자녀 되는 축복기도. "형통"이라는 단어에 대하여, 영어성경에는 "성공"이라고 기록되어 있습니다. 즉, 형통은 성공과 번영, 그리고 부요라는 뜻입니다. 기도가 얼마나 중요한지 모릅니다. 기도하지 않고, 절망 가운데 사는 사람과 믿음을 갖고 기도하는 사람의 삶은 천지차이입니다. 하나님께서 기도하는 사람을 도와주시기 때문입니다. 마찬가지로 하나님을 믿고 섬기는 가정과 하나님을 믿지 않고, 섬기지 않는 가정의 경제력과 생활수준, 마음의 태도의 차이는 천지차이입니다. 하나님을 믿고 기도하는 자에게 형통함과 하늘의 축복이 있음을 믿으시기 바랍니다. 우리 자녀들이 형통한 자녀가 되어야 합니다. 축복하며 대적

기도하십시오.

　이런 방법으로 안수를 합니다. 아이를 안고 머리에 손을 얹어서 기도를 합니다. 자그마한 소리로 기도를 합니다. 어머니가 해도 됩니다. 아버지가 해도 좋습니다. 성령이 충만한 목사님이면 더욱 좋습니다. 그런데 큰 교회 목사님들이 아이까지 안수 기도할 수가 없습니다. 그러나 작은 교회 목사님은 할 수가 있습니다. 성령님 임하소서. 사로잡아 주옵소서. 우리 사랑하는 아이를 축복하여 주옵소서. 하나님의 은혜로 이 세상에 태어나게 하신 하나님 감사합니다. 우리 아이에게 형통의 은총을 허락하여 주옵소서. 어려서부터 성령으로 충만하게 하옵소서. 인생의 고비고비마다 하나님의 역사하심으로 형통하게 하옵소서. 특별히 사람을 잘 만나는 복을 허락하여 주옵소서. 형통의 복이 함께하여 가는 곳마다 잘되게 하옵소서. "내가 나사렛 예수의 이름으로 명하노니 아이에게 형통의 복이 임할 지어다. 형통의 복이 함께하는 사람을 만날 지어다. 성령으로 충만한 사람을 만날지어다. 어려움 중에도 잘 풀리는 축복이 임할 지어다." 예수님의 이름으로 기도합니다. 아멘. 지속적으로 안수를 하세요. 어릴 때부터 영적 체질이 되어서 아주 좋습니다.

　8. 왕따 당하지 않는 자녀 되는 축복기도. 이런 방법으로 안수를 합니다. 아이를 안고 머리에 손을 얹어서 기도를 합니다. 자그마한 소리로 기도를 합니다. 어머니가 해도 됩니다. 아버지가 해도 좋습니다. 성령이 충만한 목사님이면 더욱 좋습니다. 성령

님 임하소서. 사로잡아 주옵소서. 우리 사랑하는 아이를 축복하여 주옵소서. 우리 아이에게 성령으로 충만하게 하여 주옵소서. 성령의 권능으로 상처가 치유되게 하옵소서. 혈통으로 대물림되는 영육의 문제를 해결하여 주옵소서. 사람을 잘 만나게 하옵소서. 학교에서나 세상에서 왕따 당하지 않도록 도와주옵소서. 천군천사가 동행하게 하옵소서. 눈동자 같이 지켜 보호하여 주옵소서. 항상 주의 날개 안에 품어주옵소서. 특별히 사람을 잘 만나는 복을 허락하여 주옵소서. 형통의 복이 함께하여 가는 곳마다 잘되게 하옵소서. "내가 나사렛 예수의 이름으로 명하노니 우리 아이에게 사람 잘 만나는 복이 임할 지어다. 도와주며 바른길로 인도할 수 있는 사람을 만날 지어다. 마음에 상처는 치유될 지어다. 혈통으로 내려오는 영육의 문제는 치유될 지어다. 어디를 가나 형통한 사람을 만날지어다."예수님의 이름으로 기도합니다. 아멘. 지속적으로 안수를 하세요. 어릴 때부터 영적체질이 되어서 아주 좋습니다.

9. **기도하는 자녀 되는 축복기도.** 기도는 하나님이 주시기로 계획하신 축복을 실어 나르는 도구입니다. 그러기에 자녀가 귀하면 귀한만큼 자녀가 누릴 축복을 기대하며 기도에 승부를 걸어야 합니다. 자녀들에게 기도하는 법을 가르치시기를 바랍니다. 기도를 어렵게 가르치지 말고, 쉽게 알려주세요. 호흡을 들이쉬고 내쉬면서 하나님 사랑합니다. 하나님 감사합니다. 하나님 도와주세요. 하나님 용서하여 주세요. 문제가 있을 때는 하나님 어떻게 해

야 합니까? 이렇게 간단하게 하여 지속적으로 기도하게 하세요.

　이런 방법으로 안수를 합니다. 아이를 안고 머리에 손을 얹어서 기도를 합니다. 자그마한 소리로 기도를 합니다. 어머니가 해도 됩니다. 아버지가 해도 좋습니다. 성령이 충만한 목사님이면 더욱 좋습니다. 성령님 임하소서. 사로잡아 주옵소서. 우리 사랑하는 아이를 축복하여 주옵소서. 우리 아이에게 성령으로 충만하게 하여 주옵소서.　우리 아이가 어려서부터 하나님에게 기도하는 자녀가 되게 하옵소서. 무시로 하나님에게 기도하게 하옵소서. 매사를 처리할 때 하나님의 뜻을 알고 순종하게 하옵소서. 형통의 복이 함께하여 가는 곳마다 잘되게 하옵소서. "내가 나사렛 예수의 이름으로 명하노니 우리 아이에게 기도의 영이 임할지어다. 기도문이 열릴 지어다. 성령으로 충만해질지어다. 어디를 가나 형통한 사람을 만날지어다." 예수님의 이름으로 기도합니다. 아멘. 지속적으로 안수를 하세요. 어릴 때부터 영적체질이 되어서 아주 좋습니다.

　10. 복의 근원되는 자녀 되는 축복기도. "주여! 제게 이런 자녀가 되게 하소서 약할 때에 자기를 아는 강한 힘과, 두려울 때에 자신을 잃지 않는 용기를 가지고, 정직한 패배에 부끄러워하지 않고 태연하게 하며, 겸손하고 온유할 수 있는 자녀를 주시옵소서. 생각해야 할 때에 고집하지 말게 하시고, 저들로 하여금 마땅히 앞서야 할 때에 뒤서지 않게 하시며. 당신과 자신을 아는 것이 지식의 근원임을 알게 하소서.

바라옵건대 그를 요행과 안일의 길로 인도하지 마시고, 고난과 도전에 대하여 분투 항거할 줄 알도록 인도하여 주시옵소서. 그리하여 폭풍 속에서도 용감히 싸울 줄 알고, 패자에게 긍휼을 베풀도록 가르쳐 주소서.

마음은 깨끗하며, 목표는 높게 하시고, 남을 정복하기 전에 자신을 다스리게 하시며, 웃음과 배움과 동시에 울음을 잊지 않으며, 미래를 지향하는 동시에 과거를 잊지 않도록 하옵소서.

이 모든 것을 주신 후에 기도 하옵나니, 겸하여 유머를 알게 하시어 인생을 엄숙히 살아감과 동시에 삶을 즐길 줄 아는 마음과 자기 자신을 너무 중대하게 여기지 말게 하시고, 겸손을 주사 참으로 위대함은 소박한 것에 있음을 항상 기억하게 하시고, 참 지혜에 대하여 마음을 열며, 참된 힘에 대하여 온유하게 하소서. 그리하여 나, 그의 어버이는 '나의 헛된 생을 살지 아니 하였노라.'고 속삭이게 하소서, 아멘."

선포기도를 하세요. 성령이여 임하소서. "내가 나사렛 예수의 이름으로 명하노니 우리 아이에게 형통의 복이 임할 지어다. 복의 근원이 될지어다. 폭풍 속에서도 당황하지 않는 담대한 사람이 될지어다. 다윗과 같이 강하고 담대한 사람이 될지어다. 요셉과 같이 형통한 사람이 될지어다. 하나님과 교통하는 사람이 될지어다. 성령으로 충만해질지어다. 어디를 가나 사람을 잘 만나는 복이 임할 지어다." 예수님의 이름으로 기도합니다. 아멘. 지속적으로 목사님 안수를 받게 하세요. 어릴 때부터 영적체질이 되어서 아주 좋습니다. 필요하면 집중치유도 받아야 합니다.

이 책을 통해 예수님이 땅끝까지 전파 되기를 소원합니다.
(출판으로 인한 이익금은 문서선교와 개척교회 선교에 사용합니다.)

자녀들을 성공시키는 하나님

발 행 일 I 2015.02.10초판 1쇄 발행

지 은 이 I 강요셉

펴 낸 이 I 강무신

편집담당 I 강무신

디 자 인 I 강은영

교정담당 I 원영자

펴 낸 곳 I 도서출판 성령

신고번호 I 제22-3134호(2007.5.25)

등록번호 I 114-90-70539

주   소 I 서울 서초구 방배천로 4안길 20(방배동)

전   화 I 02)3474-0675/ 3472-0191

E-mail I kangms113@hanmail.net

유   통 I 하늘유통. 031)947-7777

ISBN I 978-89-97999-29-3 부가기호 I 03230

가   격 I 16,000원